商务数据分析及应用

主 编 刘 琪

北京理工大学出版社
BEIJING INSTITUTE OF TECHNOLOGY PRESS

内 容 简 介

本书采用模块化设计，理论与实践相结合，强调锻炼读者的数据分析应用能力，注重培养具备数据分析技能的运营人才。

本书以企业的真实数据分析项目为载体，将商务数据分析师岗位典型整合成 6 个工作任务，分别为商务数据分析概述、商务数据处理、市场数据分析、运营数据分析、产品数据分析和数据分析可视化。本书结构清晰，内容简明扼要，从基础知识到实战应用，力求理论联系实际，具有非常强的实用性，可系统培养读者的商务数据分析与应用的实践能力。

本书可作为高职院校电子商务、商务数据分析等专业的教材，也可作为商务数据分析与应用从业人员的自学参考用书。

版权专有　侵权必究

图书在版编目（CIP）数据

商务数据分析及应用／刘琪主编．－－北京：北京理工大学出版社，2024.1

ISBN 978-7-5763-3466-1

Ⅰ.①商… Ⅱ.①刘… Ⅲ.①商业统计-统计数据-统计分析 Ⅳ.①F712.3

中国国家版本馆 CIP 数据核字（2024）第 034382 号

责任编辑：时京京　　**文案编辑**：时京京
责任校对：周瑞红　　**责任印制**：施胜娟

出版发行	/ 北京理工大学出版社有限责任公司
社　　址	/ 北京市丰台区四合庄路 6 号
邮　　编	/ 100070
电　　话	/（010）68914026（教材售后服务热线）
	（010）68944437（课件资源服务热线）
网　　址	/ http://www.bitpress.com.cn

版 印 次	/ 2024 年 1 月第 1 版第 1 次印刷
印　　刷	/ 唐山富达印务有限公司
开　　本	/ 787 mm×1092 mm　1/16
印　　张	/ 14.5
字　　数	/ 341 千字
定　　价	/ 75.00 元

图书出现印装质量问题，请拨打售后服务热线，负责调换

前　　言

　　数字经济时代已经到来，数字化正在成为商业成功的关键驱动力。无论您是一名职场从业者，渴望提升数据分析技能，还是一名学生，想要为未来职业做好准备，这本书都将为您提供宝贵的知识和实践指导。本书从理论到实践，从基础到高级应用，全面涵盖商务数据分析的方方面面。我们将带领您深入了解商务数据处理、市场数据分析、运营数据分析、产品数据分析和数据可视化等主题。每一章都提供了具体的学习目标、案例研究、任务练习和补充阅读，以确保您能够全面理解和应用所学知识。

　　在编写本书时，全体作者团队共同努力，通过简单、浅显、易懂的案例，对复杂的数据分析问题进行全面、详细、深刻且独特的解析。编写体例采用了理论知识与实践拓展相结合的方式，涵盖了商务数据分析概述、商务数据处理、市场数据分析、运营数据分析、产品数据分析和数据分析可视化6个模块。每个模块都可以作为独立的部分，都设有学习目标、头脑风暴、知识储备、任务实践、巩固练习等部分，以此为学习者提供明确的指引和丰富的练习。

　　教材开发立足学生德智体美劳全面发展，将劳动素养、职业素质、工匠精神和人文精神等要素有效融入教材，深入贯彻党的二十大精神，将党的理论、矢志爱国奋斗、锐意开拓进取等精神有机融入教材。聚焦教材技术技能点，从时间、空间和逻辑三个维度有效挖掘素质教育要素，实现专业教学和德育培养互相支撑、协同共进的育人效果。本书学习目标包括知识目标、技能目标和基本素养三部分，以帮助学生全面提升数据分析能力。基于商务数据分析师岗位的典型工作任务，根据工作过程系统化的思想进行设计，以企业的真实数据分析项目为载体，对接职业能力发展规律，循序渐进实施，有利于开展"做中学"，让学习者置身真实的业务情境，边学边练，学用结合，螺旋式地提升职业核心能力。

　　在编写本书的过程中，我们参考了国内外专家学者的观点和大量的文献资料，在此感谢他们的贡献。我们期望这本书能帮助广大读者克服数据分析这个障碍，轻松提升技能。最后，笔者要感谢您选择了本书。无论您是刚刚起步，还是已经在数据分析领域有一定的经验，我们希望这本书能成为您在商务数据分析旅程中的忠实伙伴。祝愿您在学习和实践中获得丰硕的成果，为数字经济时代的发展贡献自己的力量。

编　者

目　　录

模块一　商务数据分析概述 ... 001

【学习目标】 ... 001
【思维导图】 ... 001
任务一　初识商务数据分析 ... 002
　　头脑风暴 ... 002
　　知识储备 ... 002
　　任务实践 ... 013
任务二　商务数据采集 ... 017
　　头脑风暴 ... 017
　　知识储备 ... 017
　　任务实践 ... 024
任务三　商务数据分析模型 ... 025
　　头脑风暴 ... 025
　　知识储备 ... 026
　　任务实践 ... 031
　　巩固练习 ... 034
　　补充阅读 ... 036

模块二　商务数据处理 ... 038

【学习目标】 ... 038
【思维导图】 ... 038
任务一　数据清洗处理 ... 039
　　头脑风暴 ... 039
　　知识储备 ... 039
　　任务实践 ... 043
任务二　函数计算处理 ... 047
　　头脑风暴 ... 047
　　知识储备 ... 047
　　任务实践 ... 049

任务三　分类统计处理 ··· 052
　　头脑风暴 ·· 052
　　知识储备 ·· 053
　　任务实践 ·· 060
任务四　描述统计处理 ··· 063
　　头脑风暴 ·· 063
　　知识储备 ·· 063
　　任务实践 ·· 065
任务五　次数分布处理 ··· 069
　　头脑风暴 ·· 069
　　知识储备 ·· 069
　　任务实践 ·· 072
　　巩固练习 ·· 077
　　补充阅读 ·· 078

模块三　市场数据分析 ·· 080

【学习目标】 ·· 080
【思维导图】 ·· 080
任务一　目标市场发展分析 ·· 080
　　头脑风暴 ·· 080
　　知识储备 ·· 081
　　任务实践 ·· 090
任务二　市场需求趋势分析 ·· 097
　　头脑风暴 ·· 097
　　知识储备 ·· 097
　　任务实践 ·· 106
任务三　市场竞店分析 ··· 109
　　头脑风暴 ·· 109
　　知识储备 ·· 109
　　任务实践 ·· 114
　　巩固练习 ·· 116
　　补充阅读 ·· 117

模块四　运营数据分析 ·· 119

【学习目标】 ·· 119
【思维导图】 ·· 119
任务一　客户数据分析 ··· 120

头脑风暴 ··· 120
　　知识储备 ··· 120
　　任务实践 ··· 126
任务二　关键词推广分析 ··· 131
　　头脑风暴 ··· 131
　　知识储备 ··· 131
　　任务实践 ··· 135
任务三　活动推广分析 ·· 137
　　头脑风暴 ··· 137
　　知识储备 ··· 137
　　任务实践 ··· 138
任务四　内容运营推广分析 ·· 141
　　头脑风暴 ··· 141
　　知识储备 ··· 141
　　任务实践 ··· 143
任务五　客单价分析 ··· 148
　　头脑风暴 ··· 148
　　知识储备 ··· 148
　　任务实践 ··· 152
任务六　供应链数据分析 ··· 156
　　头脑风暴 ··· 156
　　知识储备 ··· 156
　　任务实践 ··· 160
　　巩固练习 ··· 165
　　补充阅读 ··· 167

模块五　产品数据分析 ··· 169

【学习目标】 ··· 169
【思维导图】 ··· 169
任务一　产品结构分析 ·· 169
　　头脑风暴 ··· 169
　　知识储备 ··· 170
　　任务实践 ··· 174
任务二　SKU分析 ·· 177
　　头脑风暴 ··· 177
　　知识储备 ··· 177
　　任务实践 ··· 183
　　巩固练习 ··· 189
　　补充阅读 ··· 191

模块六　数据分析可视化 ……………………………………………………………… 193

【学习目标】 ……………………………………………………………………… 193
【思维导图】 ……………………………………………………………………… 193
任务一　数据报表制作 ……………………………………………………………… 193
　　头脑风暴 ………………………………………………………………………… 193
　　知识储备 ………………………………………………………………………… 194
　　任务实践 ………………………………………………………………………… 197
任务二　数据图表美化 ……………………………………………………………… 199
　　头脑风暴 ………………………………………………………………………… 199
　　知识储备 ………………………………………………………………………… 199
　　任务实践 ………………………………………………………………………… 207
任务三　数据分析报告 ……………………………………………………………… 209
　　头脑风暴 ………………………………………………………………………… 209
　　知识储备 ………………………………………………………………………… 209
　　任务实践 ………………………………………………………………………… 211
　　巩固练习 ………………………………………………………………………… 220
　　补充阅读 ………………………………………………………………………… 223

参考文献 ……………………………………………………………………………… 224

模块一

商务数据分析概述

【学习目标】

【知识目标】
(1) 了解数据、信息、大数据及商务数据相关概念
(2) 熟悉商务数据分析的分类、流程及应用领域
(3) 掌握商务数据分析指标体系
(4) 掌握常用的商务数据采集原则
(5) 掌握商务数据采集的方法和步骤

【能力目标】
(1) 能够充分认识和理解具体商业场景的商务数据分析
(2) 能够针对具体商业场景指定商务数据分析流程
(3) 能够根据具体的商业问题来确定相应的数据分析指标
(4) 能够根据商务数据采集目的设计采集指标
(5) 能够使用商务数据采集工具采集相应的数据

【素质目标】
(1) 具有数据敏感性
(2) 能够在商务数据分析过程中坚持科学的价值观和道德观
(3) 具有良好的数据保密意识和法律规范意识

【思维导图】

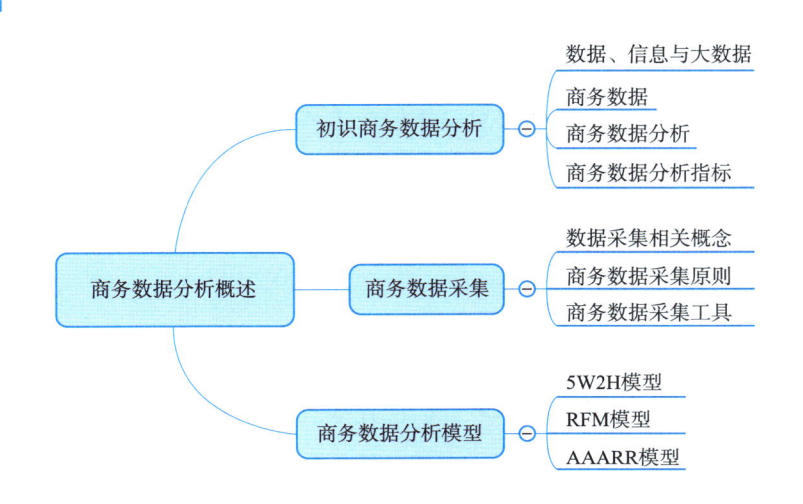

商务数据分析概述
- 初识商务数据分析
  - 数据、信息与大数据
  - 商务数据
  - 商务数据分析
  - 商务数据分析指标
- 商务数据采集
  - 数据采集相关概念
  - 商务数据采集原则
  - 商务数据采集工具
- 商务数据分析模型
  - 5W2H模型
  - RFM模型
  - AAARR模型

任务一　初识商务数据分析

头脑风暴

尽管数据有很多，但如果没有对数据进行分析，那么这些数据可能是毫无意义的。进行数据分析可以帮助人们从大量的数据中提取出有价值的信息，为企业制定决策和优化业务提供有力支持。通过数据分析，可以发现企业在销售、市场、运营等方面存在的问题和机会，从而为制定相应的解决方案提供依据。通过对客户数据的分析，可以深入了解客户的需求和偏好，从而调整产品和服务，提高客户满意度。通过对生产、物流、人力资源等方面数据的分析，可以发现运营瓶颈和资源浪费，从而优化流程、降低成本、提高效率。通过对历史数据的分析和建模，可以预测未来的趋势和结果，为企业制定长期发展战略提供参考。所以，数据分析是从海量数据中提取有价值信息的关键步骤，它能够帮助企业了解当前状况和发展趋势，决策和优化策略，提高效率和盈利能力。那么，请思考：数据、信息、大数据和商务数据都是什么呢？

知识储备

一、数据、信息与大数据

（一）数据与信息

1. 数据

数据是描述客观事物或现象的数字、文字、图像或声音等信息的集合。数据可以是定量的，如长度、重量、温度、时间等；也可以是定性的，如颜色、口味、情感等。数据可以通过观察、测量、调查、实验等方式获得。

在信息技术和数据科学领域，数据通常指计算机中的数字化信息。数据可以以多种形式存在，如结构化数据（如关系型数据库）、半结构化数据（如 XML 文档）和非结构化数据（如文本、图像、音频和视频）。结构化数据具有明确定义的格式和模式，易于处理和分析；而半结构化数据和非结构化数据则需要更高级的技术和算法进行处理和分析。

数据在商业、科学、医疗、政治和社会等领域都具有重要的作用。通过分析数据，人们可以了解事物的本质、预测未来趋势、优化决策和实践、发现新的机会和挑战等。数据科学、人工智能、大数据分析等技术的发展，也为数据的收集、处理和分析提供了更多的机会和挑战。

2. 信息

信息是关于客观事物或现象的有用或有意义的知识或数据。信息可以通过各种方式传递和表达，如语言、文字、数字、图像、声音、视频等。信息是一种有组织的、有目的的、可传递的、可存储的和可处理的知识。

信息可以被用来做出决策、解决问题、进行沟通和交流、改善生活、推动科学和技术进步等。信息对现代社会的运作和发展至关重要，信息技术的发展也为信息的传递、处理和存储提供了更多的机会和工具。

在信息科学领域，信息可以通过各种方式进行表示、编码和处理。例如，数字信息可以通过二进制编码来表示和存储，可以通过计算机程序进行处理和分析。信息的处理和分析可以通过人工智能、机器学习、数据挖掘等技术来实现。

总之，信息是一种重要的资源，可以为人类社会的各个领域带来更多的机遇和挑战。

3. 数据与信息的联系与区别

数据是指未经处理或解释的原始事实或数字。数据通常以离散形式存在，可以是数字、文本、图像或其他形式的信息，具有客观性和中立性。数据本身通常没有意义，它需要经过分析和解释才能被转化为有用的信息。

信息是指通过处理和解释数据而获得的知识或理解。信息通常具有上下文、含义和解释，可以帮助人们做出决策或行动，具有主观性和可理解性。信息可以由一个或多个数据元素组成，它们被组织、解释，以便提高人们的洞察力。

数据和信息之间的联系在于数据是信息的构成要素。在处理数据时，将数据组织、解释后，就可以转化为信息。信息可以帮助人们做出决策、推动业务增长等，因此在商务和其他领域中，信息的价值通常比数据更高。

比如，一个电商平台可以收集大量的购物行为数据，这些数据本身没有意义，但是经过处理和分析后，可以得到销售趋势、客户需求、产品评价等信息，这些信息能够帮助企业制定更好的销售策略和产品设计。

（二）大数据

大数据是指数量巨大、种类繁多、处理速度快的数据集合，这些数据集合超出了传统数据处理软件能够有效处理和存储的范围。大数据的特点包括四个方面，即"4V"：体量（Volume）、多样性（Variety）、速度（Velocity）和价值（Value）。

体量是大数据最显著的特点，指数据的规模非常大，以至于传统技术无法处理。多样性是指大数据包含不同类型的数据，包括结构化、半结构化和非结构化数据。速度是指大数据的产生和流动速度非常快，传统的数据处理方法已无法满足需求。价值是指大数据对业务和决策有重要的价值。

大数据应用广泛，包括商业、科学、医疗、金融等领域。通过大数据分析，可以揭示商业趋势、客户需求、产品性能、市场机会等信息，帮助企业做出更准确的商业决策。在科学领域，大数据可以用来分析天文、气象、生物等各种数据，帮助科学家发现新的知识和解决科学难题。在医疗领域，大数据可以帮助医生和研究人员更好地理解疾病的本质和治疗方法，为患者提供更好的医疗保健服务。

大数据的处理和分析需要使用先进的技术和算法，如分布式计算、云计算、机器学习、深度学习、人工智能等。大数据的发展也带来了一系列的挑战和问题，如数据隐私、安全性、伦理和法律问题等。

数据和大数据之间的区别在于规模、种类和价值密度等方面的不同。大数据的规模通常比普通数据要大得多，种类也更加复杂，处理速度更快，但是其中的价值密度比较低，需要进行更加深入的分析和挖掘才能得到有用的信息。

然而，数据和大数据之间也存在联系。大数据是由数据组成的，数据是构成大数据的基本单元。在处理大数据时，需要对其中的数据进行处理和解释，以从中提取有用的信息。数据的分析和挖掘也为大数据的处理和分析提供基础和支持。因此，大数据处理的过程也是数据处理的过程，两者之间具有密切的关系。

二、商务数据

（一）概念

商务数据是指公司或组织在日常的商业活动中产生的各种数据，包括市场数据、运营数据和产品数据等。像销售额、成本、利润、客户数量、产品库存、供应链等这些数据可以帮助企业管理者更好地了解企业运营情况，制定决策并优化业务流程。商务数据可以通过各种方式收集和处理，包括手动输入、自动采集、数据挖掘和分析等方法。通过对商务数据的分析，企业可以识别出行业趋势、客户需求、业务瓶颈等问题，并采取相应的措施来优化运营。

（二）特点

大量性：商务数据通常是数量庞大的，包括大量的记录、交易和交互。商务数据的数量随着企业规模和业务范围的扩大而增加。

多样性：商务数据有多个来源和渠道，包括结构化、半结构化和非结构化数据。商务数据的多样性要求分析师具备处理各种类型数据的能力。

实时性：商务数据的处理需要快速反应，因为商务数据的实时性对商业决策和行动至关重要。商务数据分析需要能够快速处理、汇总和分析数据。

呈现性：商务数据通常需要以可视化和易于理解的方式呈现，以便于商业用户和决策者快速理解和运用数据。

价值性：商务数据的价值主要体现在它对商业决策的支持和促进。商务数据可以揭示趋势、客户需求、市场机会等信息，为企业提供有价值的商业洞察和数据驱动的决策。

综上所述，商务数据的特点要求企业具备有效的商务数据处理和分析能力，以便更好地利用商务数据为企业带来价值和竞争优势。

三、商务数据分析

（一）概念

商务数据分析是通过对商业数据进行收集、处理、分析和解释，以发现商业趋势、模式和机会的过程。商务数据分析可以帮助企业更好地了解市场、竞争对手、客户需求和产品表现等信息，以便做出更明智的商业决策。商务数据分析可以帮助企业提高效率和利润，并使其更加具有竞争力。通过分析客户行为、市场趋势和产品表现，企业可以制定更加精确的营销策略，提高销售和客户满意度，同时减少成本和风险。

（二）分类

描述性分析：分析数据的基本特征，例如数据的中心趋势、分散程度、频率分布等。描述性分析可以帮助我们了解数据的概况和整体趋势，为进一步分析提供基础。

探索性分析：探索数据之间的关系，发现其中的规律和趋势。探索性分析通常使用可视化工具和统计技术，如散点图、箱线图、相关系数等。探索性分析可以揭示数据之间的潜在联系，为深入分析提供指导。

预测性分析：使用历史数据和统计模型来预测未来趋势。预测性分析通常使用回归、时间序列分析等技术，可以预测销售趋势、客户需求等商业活动的未来趋势。

决策性分析：帮助企业决策者做出决策，通常使用多种技术和方法，如数据挖掘、机器学习等。决策性分析可以为企业提供决策支持和优化方案，从而帮助企业取得商业优势。

实时性分析：指在数据产生的同时进行数据分析，以便及时做出决策和行动。实时性分析通常使用流处理技术，可以处理实时数据，及时发现和解决问题。

综上所述，商务数据分析有多种分类方式，不同的分类方式可以为企业提供不同的分析方法和工具，帮助企业更好地理解商业数据，并做出更明智的商业决策。

（三）流程

商务数据分析一般流程如下：

确定分析目标：商务数据分析的首要任务是明确分析的目标和问题。明确目标有助于确定分析的重点，为后续分析提供指导。

数据采集：商务数据分析需要收集和整理相关的数据，可以从企业内部、第三方数据供应商、市场调查等渠道获取数据。

数据清洗：将收集到的数据进行清洗和整理，确保数据的准确性和完整性，排除异常值和缺失值，为后续分析提供可靠的数据基础。

数据分析：在数据清洗后，可以对数据进行探索性分析，了解数据分布、趋势、相关性等情况，探索数据背后的规律和关系。也可以通过统计学方法对数据进行分析，例如描述性统计、假设检验、回归分析等，从数据中提取有用的信息和知识。

可视化呈现：将分析结果通过可视化的方式呈现，例如图表、地图、仪表盘等，使分析结果更直观、易懂。

结论和建议：通过分析结果得出结论，并提出具体的建议，帮助企业做出更好的决策和战略。

不同的数据分析项目可能有所不同，以上可作为商务数据分析的基本流程，为数据分析提供指导和参考。

（四）作用

商务数据分析对企业具有以下重要作用：

揭示趋势和机会：商务数据分析可以帮助企业发现趋势和机会，例如市场需求的变化、新产品的潜在市场等。通过对数据进行分析，企业可以了解市场动态，及时调整战略和决策。

优化业务流程：商务数据分析可以帮助企业识别业务流程中的瓶颈和问题，抓住提高效率和降低成本的机会。例如，数据分析可以揭示生产线上的瓶颈，帮助企业调整生产流程，提高生产效率。

支持商业决策：商务数据分析可以为企业提供数据驱动的决策支持。通过分析数据，企业可以获得更准确、更全面的信息，帮助企业做出更明智、更有根据的商业决策。

客户关系管理：商务数据分析可以帮助企业了解客户的需求和偏好，以及客户满意度和忠诚度。通过对客户数据进行分析，企业可以制定更有效的营销策略和客户关系管理策略，提高客户满意度和忠诚度。

监测绩效：商务数据分析可以帮助企业监测绩效和达成目标。通过对数据进行分析，企业可以评估业务绩效，及时发现并解决问题，调整策略，以实现更好的业务成果。

综上所述，商务数据分析对企业具有重要作用，可以为企业提供有用的信息和决策支持，帮助企业优化业务流程、提高绩效、改善客户关系，从而获得商业优势。

（五）应用场景

商务数据分析可以应用于许多不同的场景和领域。以下是一些常见的商务数据分析应用场景：

销售分析：商务数据分析可以帮助企业了解销售情况，例如销售额、销售量、销售渠道、客户分布等。通过分析销售数据，了解销售趋势、产品销售情况、销售地区等信息，可以发现销售的瓶颈和机会，帮助企业制订销售策略和计划。

客户分析：商务数据分析可以帮助企业了解客户需求和偏好，例如客户群体、购买习惯、需求特点、忠诚度、满意度等。通过分析客户数据，企业可以制定更有针对性的营销策略，提高客户满意度和忠诚度。

市场分析：商务数据分析可以帮助企业了解市场情况，例如市场规模、市场份额、竞争对手等。通过分析市场数据，企业可以发现市场机会和威胁，制定相应的市场策略。

运营分析：商务数据分析可以帮助企业了解运营情况，例如成本、效率、质量等。通过分析运营数据，企业可以发现问题和改进点，提高运营效率和质量。

财务分析：商务数据分析可以帮助企业了解财务情况，例如利润、现金流、资产负债等。通过分析财务数据，企业可以发现财务状况和风险，制定相应的财务策略。

商务数据分析可以应用于各个领域，不同行业和企业面临的问题和挑战也不尽相同，需要根据具体情况进行分析和解决问题。

四、商务数据分析指标

（一）市场类指标

市场类指标可以帮助企业了解产品销售情况、客户行为、竞争对手情况等，从而制定有效的营销策略。以下是一些常见的市场类指标：

（1）行业销售量：在一定时间内行业产品的总成交数量。

（2）行业销售量增长率：行业本期产品销售总数量与行业上期或同期产品销售总数量之间的百分比。

（3）行业销售额：在一定时间单位内行业内所有成交数量对应的花费额度，同一交易类型，行业成交数量越大，行业总销售额就越大。

（4）行业销售额增长率：行业本期产品销售额与行业上期或同期产品销售额之间的百分比。

（5）行业平均利润：行业利润总额与行业主要企业数量之间的比率。

（6）行业平均成本：行业总成本与行业内主要企业数量之间的比率。

（7）企业市场占有率：企业销售量（额）在整个行业销售量（额）中所占的百分比。

（8）企业市场增长率：企业市场占有率较上一个统计周期增长的百分比。

（9）竞争对手销售额：企业竞争对手在一定时间单位内所销售产品数量对应的总销售金额。

（10）竞争对手客单价：企业竞争对手单位时间内每个客户平均购买产品的金额。

（11）竞争产品评价：企业竞争产品的评价，该指标能够让企业了解竞争产品的客户满意度、客户认可度等情况。

总之，市场类指标可以帮助企业深入了解客户需求、优化产品和服务、制定营销策略，从而提高竞争力和盈利能力。

（二）运营类指标

运营类指标可以帮助企业了解自己的运营效率、产品质量、客户服务等方面的情况，从而优化运营流程和提高客户满意度。在企业运营过程中会产生大量的客户数据、推广数据、销售数据，以及供应链数据，整理并分析各类数据，对企业运营策略的制定与调整有至关重要的作用。以下是一些常见的运营类指标：

客户指标是评估企业客户满意度、客户忠诚度、客户转化率等方面的重要指标，可以帮助企业更好地了解客户需求，优化客户体验，提高客户满意度和忠诚度。以下是一些常见的客户指标：

（1）注册客户数：在网站上成功注册的客户总数。该指标意义不大，因为注册客户并不等于有效客户，它包括了许多从来没有购物消费过的客户，以及曾经购物消费过但现在已经流失的客户。

（2）新客户获取率：企业获得的新客户数量与总访问量之比，它可以帮助企业了解自己的营销效果和客户转化率。

（3）活跃客户数：在一定时期内有购物消费或登录行为的客户总数，时间周期可以根据商品购买频率设定为 30 天、60 天或 90 天不等，这个时间周期确定后就不能再轻易改变了。

（4）活跃客户比率：活跃客户数占客户总数的比例。需要注意的是，当客户基数较大时，即便活跃客户比率较低，也意味着活跃客户数较多。

（5）消费频率：在一定时间内客户消费的次数，消费频率越高，说明客户的忠诚度及价值越高。

（6）收藏人数：统计日期内通过对应渠道进入店铺访问的客户中，后续有商品收藏行为的客户去重数。

（7）加购人数：统计日期内将商品加入购物车的客户去重数。

（8）客户回购率：上一期末活跃客户在下一期时间内有购买行为的客户比率。

（9）客户流失率：客户离开企业的比率，可以通过客户流失率来了解客户满意度和客户忠诚度的情况。

（10）客户转化率：网站访问者最终成为购买客户的比率，可以帮助企业了解自己的营销效果和客户转化率。

（11）重复购买率：客户再次购买同一产品或服务的比率，可以帮助企业了解客户满意度和客户忠诚度。

（12）平均购买次数：某时期内每个客户平均购买的次数，即平均购买次数＝订单总数/购买客户总数。

（13）客户留存率：某时间节点的客户在某个特定时间周期内登录或消费过的客户比率，即有多少客户留存下来。统计依据一般情况下分为：电商网站用消费数据，游戏和社交网络等用登录数据；时间周期可以是日、周、月、季度、半年等。客户留存率总的趋势是越来越小，分为新客户留存率和活跃客户留存率。

（14）客户满意度：客户对企业产品和服务的满意程度，可以通过客户反馈调查等方式来衡量。

（15）客户忠诚度：客户对企业品牌和产品的忠诚程度，可以通过客户购买次数、购买金额、回访率等指标来衡量。

（16）客户生命周期价值：客户在与企业合作期间带来的总价值，可以通过客户购买金额、购买次数、平均购买频率等指标来计算。

总之，客户指标是电子商务中评估客户满意度、客户忠诚度、客户转化率等方面的重要指标，可以帮助企业更好地了解客户需求，优化客户体验，提高客户满意度和忠诚度。

推广指标是评估企业推广效果的重要指标，可以帮助企业了解自己的推广投入和产出情况，优化推广策略，提高推广效果。以下是一些常见的电子商务推广指标：

（1）流量来源：来自不同渠道的访问量，例如搜索引擎、社交媒体、直接访问等，可以帮助企业了解各个渠道的流量质量和贡献度。

（2）访客数（UV）：在统计周期内，访问网站的独立客户数。同一个访客在统计周期内重复多次访问网站，会进行去重处理，仅记为一个访客。访客数又分为新访客数和回访客数。新访客数指首次访问网站的客户数。新访客数占访客数的比例即新访客占比。回访客数指再次光临访问的客户数。回访客数占访客数的比例即回访客占比。

（3）浏览量（PV）：又称访问量，指在统计周期内，客户浏览网站页面的次数。客户每访问一个网页即增加一个访问量，多次打开或刷新同一页面，该指标均累加。

（4）平均访问量：又称平均访问深度，指在统计周期内，客户每次访问浏览的页面平均值，即平均每个访客的浏览量。

（5）停留时间：客户在同一访问周期内访问网站的时长。实际应用中，通常取平均停留时间。

（6）入站次数：在统计周期内，客户从网站外进入网站内的次数。在多标签浏览器下，访客对网站的每一次访问均有可能发生多次入站行为。

（7）跳失率：又称跳出率（Bounce Rate），是指在统计周期内，访客入站后只浏览了一个页面就离开的次数占入站次数的比例，分为首页跳失率、关键页面跳失率、具体商品页面跳失率等。该指标用来反映页面内容受欢迎的程度，跳失率越大，代表该页面的吸引力越小，其内容越需要进行优化。

（8）关注数：统计日期内新增店铺关注人数，不考虑取消关注的情况。

（9）展现量：统计日期内通过搜索关键词展现店铺或店铺商品的次数。在网民搜索查询时，如果账户内符合网民搜索需求的关键词被触发，该关键词所对应的创意将出现在搜索结果页，称为关键词和创意的一次展现，一段时间内获得的展现次数称为展现量。

（10）点击量：某一段时间内某个或者某些关键词广告被点击的次数。与点击量相关的指标是点击率。点击率体现了创意的吸引力，其计算公式是

$$点击率=（点击量÷展现量）\times 100\%$$

（11）点击率：广告展示次数与点击次数之比，可以帮助企业了解广告的吸引力和效果。

（12）转化率：访问者成为购买客户的比率，可以帮助企业了解推广效果和客户转化率。

（13）广告投入回报率（ROI）：广告收益与广告投入之比，可以帮助企业了解广告投入的效果和收益。

（14）成本每千次展示（CPM）：广告每展示1 000次的成本，可以帮助企业了解广告投入的效果和成本。

（15）广告点击成本（CPC）：广告每次点击的成本，可以帮助企业了解广告投入的效果和成本。

（16）广告转化成本（CPA）：广告每次转化（即访问者成为购买客户）的成本，可以帮助企业了解广告投入的效果和成本。

（17）累计支付金额：所选营销方案内，买家从活动开始至今（最长30天）拍下宝贝后，支付的金额，未剔除事后退款金额，阶段付款在付清当天才计入。累计支付新买家数是指所选营销方案内，买家从活动开始至今（最长30天）完成支付的去重新买家人数，预售分阶段付款在付清当天才计入。

总之，推广指标是电子商务中评估推广效果的重要指标，可以帮助企业了解自己的推广投入和产出情况，优化推广策略。提高推广效果流量直接关系着商品的销量，要想取得不错的效果，必须进行适当的运营推广。推广活动做得是否成功，通常从推广效果（收益、影响力）、推广成本以及活动黏合度（通常以用户关注数、收藏数、加购数、客单价等来衡量）等几个方面来考虑，常用的指标主要包括各推广渠道的展现、点击、转化以及其他相关推广数据指标。

销售指标是企业在销售过程中产生的指标合集，能够揭示企业销售运行状况。对销售指标进行分析，企业能够发现销售过程中存在的问题，及时解决问题或调整原有销售计划。

（1）销售量（Sales Volume）：企业在一定时期内实际促销出去的产品数量。它包括按合同供货方式或其他供货方式售出的产品数量，以及尚未到合同交货期提前交货的预交产品数量。

（2）销售额（Sales Revenue）：在一定时间内销售的商品或服务所带来的收入总额。

$$销售额=访客数\times 转化率\times 客单价$$

（3）销售毛利：销售收入与成本的差值，销售毛利中只扣除产品原本成本，不扣除没有

计入成本的期间费用（管理费用、财务费用、营业费用）。其计算公式是

$$销售毛利 = 销售额 - 销售成本$$

（4）销售毛利率：销售毛利占销售收入的百分比，简称毛利率。

（5）投资回报率（ROI）：企业投资后所得收益与成本之间的百分比。其计算公式是

$$投资回报率 = (销售利润 \div 投资总额) \times 100\%$$

（6）订单数（Order Quantity）：在一定时间内所有订单的数量总和。

（7）订单金额：客户向企业发起采购订单后需要支付的总金额，可以是单笔订单金额、多笔订单金额，也可以是某一时间段发生订单数量的总金额，比如年订单金额。

（8）客单价（Average Order Value）：平均每个订单的价值。客单价等于总销售额除以订单数。

（9）件单价：平均每件产品的成交单价。其计算公式是

$$件单价 = 成交金额 \div 成交产品数量$$

（10）转化率（Conversion Rate）：将网站访问者转化为实际购买者的比率。转化率等于实际购买者数量除以总访问者数量。

（11）购物车放弃率（Shopping Cart Abandonment Rate）：将商品放入购物车但未完成购买的访问者占总访问者数量的比例。

（12）热门商品（Top Selling Products）：在一定时间范围内销售数量排名前几的商品。

（13）热门品类（Top Selling Categories）：在一定时间范围内销售数量排名前几的商品类别。

（14）有效订单：客户访问企业网站后，达成实际交易的订单。

（15）无效订单：企业向网站提交订单要求后，由于某种原因，使订单中断，未形成最终交易的订单。

（16）成交客户数量：在一定时间单位内某项交易成交的客户总数量，其时间单位类型与成交数量的时间单位类型一致。

（17）退货数量：企业产品、物资或服务在售出后，由于某种原因被退回的数量，在数据分析时，常以某一时间单位进行统计和计算。

（18）退货金额：某一时间单位内退货数量对应的总金额。

（19）退货用户数量：在一定时间单位内发生退货行为的用户总数量。

（20）订单退货率：退货数量与同期成交的产品总数量之间的比率。

（21）连带率：销售的件数和交易的次数相除后的数值，能够反映客户平均单次消费的产品件数，其计算公式是

$$连带率 = 销售量 \div 交易总次数$$

（22）动销率：评价企业综合得分的指标。动销率不一定越高越好，需要结合企业情况具体分析，其计算公式是

$$动销率 = (动销品种数 \div 仓库总品种数) \times 100\%$$

（品种：指产品种类；动销品种：指企业有销量的产品种类）

（23）滞销率：与动销率相对的指标，指滞销产品数占企业总产品数的比例。其计算公式是

$$滞销率 = (滞销商品数 \div 企业总产品数) \times 100\%$$

(24) 卖家服务评级系统（DSR）。DSR 作为衡量店铺服务水平的最重要指标，包括买家在订单交易结束后以匿名方式对卖家在交易中提供的商品描述的准确性（Item as Described）、沟通质量及回应速度（Communication）、物品运送时间合理性（Shipping Speed）三方面服务作出的评价，它是一个单向评分。每项店铺评分取连续六个月内所有买家给予评分的算术平均值。好的 DSR 可以让店铺排名更靠前，从而带来更多流量，大大提升店铺销量。

这些销售指标可以帮助企业了解销售业绩、顾客行为和网站流程，并进行相应的优化和调整，以提高销售额和盈利。

供应链指标是企业在采购、物流、仓储环节产生的指标合集，能够反映企业供应链环节的情况和存在的问题。通过对供应链指标进行分析，企业能够对采购计划、物流计划和仓储计划进行优化。

常见的供应链指标包括采购金额、采购数量、库存金额、库存数量、库存天数、库存周转率、售罄率、送货数量、平均配送成本、客户服务响应时间、订单处理时间、订单满足率、平均送货时间、退货率等。

（1）采购金额：企业一定时间内采购产品、物资或服务的总金额。根据采购时长的不同，一般可以分为月采购金额、季度采购金额、年度采购金额等。

（2）采购数量：企业阶段性从供应市场获取产品、物资或服务的总数量，可以是周采购数量、月采购数量、季度采购数量、年采购数量等。

（3）库存金额：企业仓库中保管的产品对应的金额总数，其计算公式是

$$库存金额 = 同类产品库存金额 + 同类产品库存金额 + ……$$
$$同类产品库存金额 = 库存商品数量 \times 库存产品单位成本$$

（4）库存数量：某时间单位内，存放在企业产品仓库中暂时没有被出售的产品数量。库存产品包括本企业生产且检验合格的入库产品、已有销售对象尚未发货的产品、已入库的有瑕疵但暂未办理出库的产品等多种类型。

（5）库存天数：产品在企业仓库中存放的天数，每天以 24 小时计算，库存时间越长，库存成本就越大。

（6）库存周转率（Inventory Turnover）：企业在一定时间内售出的商品数量与库存平均值之间的比率。库存周转率越高，说明企业的库存管理和销售效率越高。它可以帮助企业了解产品的畅销情况和库存管理效率。其计算公式是

$$库存周转率 = 360 \div 库存周转天数$$

库存周转天数 = 某时间单位天数 × (1/2) × (开始库存数量 + 结束库存数量) ÷ 某时间单位销售量

（7）售罄率：某一时间单位内一类产品销售量占其库存总量或采购总量的比例，其计算公式是

$$售罄率 = 销售量 \div 库存总量（或采购总量） \times 100\%$$

（8）送货数量：某一时间单位内客户下单后，企业为客户配送的实际产品、物资或服务的总数量。

（9）平均配送成本：企业单位时间内花费在每个订单上的配送成本。其计算公式是

平均配送成本=单位时间内配送货物总成本÷单位时间内配送货物总数量

（10）客户服务响应时间：客户提出问题到企业做出回应的时间，它可以帮助企业了解自己的客户服务水平和改进方向。

（11）订单处理时间（Order Fulfillment Time）：从客户下单到订单发货的时间。订单处理时间短可以提高客户满意度，同时也可以降低库存占用和物流成本。

（12）订单满足率：衡量订单效率的指标，指单位时间内完成订单数与总订单数之间的比值，比值越接近1越好。订单满足率的计算公式是

订单满足率=（单位时间内已完成订单数量÷单位时间内已接收的订单总数量）×100%

（13）平均送货时间：企业在某一时间单位内客户下单到收货的平均时长，其计算公式是

平均送货时间=总送货时间÷送货次数（某一时间单位内）

（14）退货率（Return Rate）：从客户处退回的商品数量与总销售数量之间的比率。退货率高可能说明商品质量或者物流服务存在问题，需要及时调整和改进。

这些供应链指标可以帮助企业了解供应链的效率、稳定性和成本分布情况，并进行相应的优化和调整，以提高供应链效率和降低成本。

（三）产品类指标

产品分析需要通过对产品在流通运作中各项指标的统计与分析，来指导产品的结构调整、价格升降，决定产品的库存系数以及引进和淘汰，它直接影响到店铺的经营效益，关系到采购、物流和运营等多个部门的有效运作。产品类指标可以帮助企业了解自己的产品质量、竞争力、市场占有率等方面的情况，从而优化产品设计、改善产品质量、提高销售额。以下是一些常见的产品类指标：

（1）库存量单元（SKU）：库存进出计量的基本单元，可以是件、盒、托盘等。SKU现已被引申为产品统一编号的简称，每种产品均对应有唯一的SKU，便于电商品牌识别产品。一款产品多种颜色、尺码，则是有多个SKU。

（2）标准产品单元（SPU）：是一组可复用、易检索的标准化信息的集合，该集合描述了一个产品的特性。一个SPU可以对应多个SKU，例如：

一款名为"飞利浦电动牙刷"的产品，它的SPU可以包括以下属性和特征：

品牌：飞利浦。

类别：电动牙刷。

型号：HX2471。

颜色：白色、深蓝色、紫色、绿色。

功能：牙菌斑清洁、牙龈护理、基础洁净。

包装：单个、两个、三个。

以上这些属性和特征组成了该产品的SPU，而每个不同的属性和特征组合则对应着不同的SKU，比如"飞利浦电动牙刷HX2471白色单个""飞利浦电动牙刷HX2471紫色单个"

等。这些不同的 SKU 则可以在电商平台上进行独立销售和管理。

（3）产品数：统计时间内，每项分类的对应的在线商品去重数，只针对所有终端。

（4）产品浏览量：商品详情页被访问的次数，一个人在统计时间内访问多次记为多次。

（5）产品销售量（Product Sales Quantity）：在一定时间内某种产品的销售数量总和。

（6）产品销售额（Product Sales Revenue）：在一定时间内某种产品的销售收入总额。

（7）产品毛利润率（Product Gross Profit Margin）：某种产品的毛利润与销售额之间的比率。毛利润率高说明产品的成本控制和定价策略较为合理。

（8）产品退货率（Product Return Rate）：某种产品的退货数量与销售数量之间的比率。退货率高可能说明产品质量或者服务存在问题，需要及时调整和改进。

（9）产品留存率（Product Retention Rate）：在一定时间范围内仍然使用某种产品的客户数量占总客户数量的比例。产品留存率高可以说明产品质量和服务水平较高。

（10）产品加购件数：统计时间内，访客将商品加入购物车的商品的件数的总和。

（11）产品收藏次数：统计时间内，商品被来访者收藏的总次数，一件商品被同一个人收藏多次记为多次。

（12）客单件：一位客人一次的购买件数，即统计时间内，交易总件数除以交易笔数。

（13）产品搜索指数：产品指数化的搜索量，即选定日期下，该产品通过搜索进入产品详情页访客数经指数化后的指标。它能够反映搜索趋势，但不等同于搜索次数。

（14）产品交易指数：根据产品交易过程中的核心指标如订单数、买家数、支付件数、支付金额等，进行综合计算得出的数值。数值越大反映交易的热度越大，不等同于交易金额。

（15）产品评价（Product Review）：客户对某种产品的评价和反馈。产品评价可以帮助企业了解客户需求和产品缺陷，并进行相应的改进和优化。

（16）产品竞争力（Product Competitiveness）：某种产品在市场上的竞争力和优劣势。产品竞争力分析可以帮助企业了解市场需求和竞争对手的优势和弱点，制定相应的市场策略和产品定位。

这些产品类指标可以帮助企业了解产品的市场表现、客户需求和质量水平，并进行相应的优化和调整，以提高产品竞争力和客户满意度。

任务实践

一、任务要求

商务数据分析需要围绕指标进行数据收集、整理、分析等一系列操作。因此，在学习数据分析的具体方法前，需要先明确指标类型及其对应的核心指标。在了解指标之后，再针对分析目标，选择合适的指标进行相应操作。某电子商务企业在 2023 年中秋节活动结束后，想要对这场活动进行评估，为此需要选择合适的指标来进行数据采集与分析。

二、任务实施

步骤1：打开XMind软件，单击"新建空白图"，如图1-1、图1-2所示。

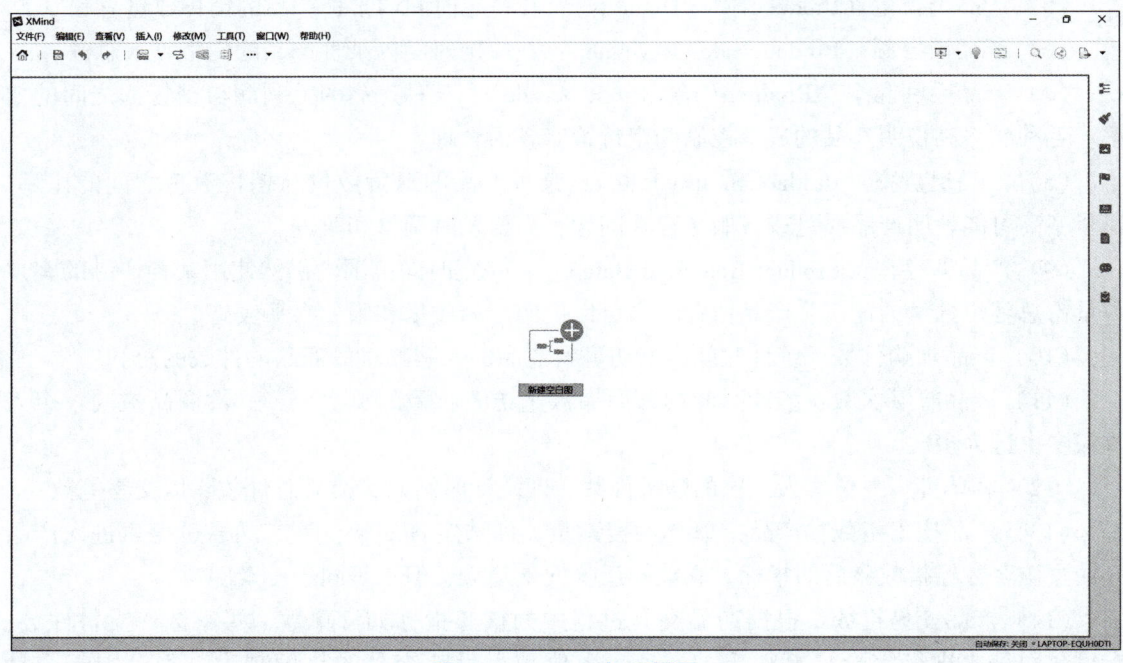

图1-1　XMind打开界面

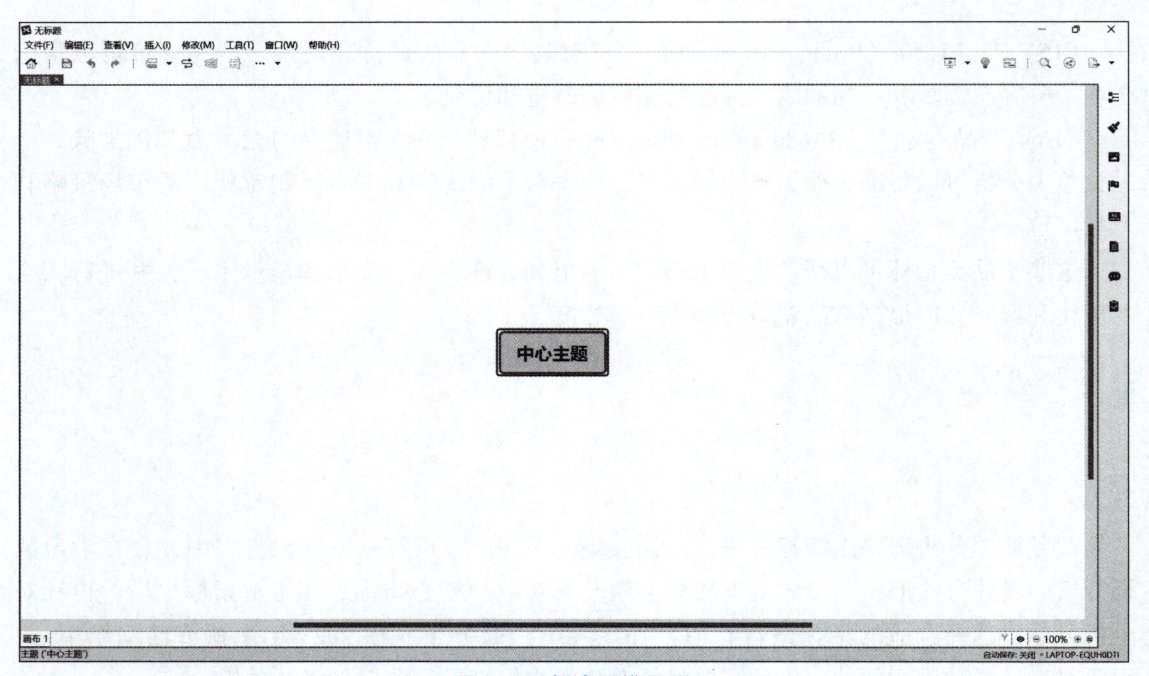

图1-2　新建思维导图

步骤2：双击"中心主题"并修改成"商务数据分析指标"，单击鼠标右键选择插入，单击"子主题"，如图1-3所示；并双击"分支主题1"改成"市场类"，如图1-4所示；依次插入"运营类"和"产品类"两个子指标，如图1-5所示。

图1-3 选择子主题

图1-4 添加市场类子指标

图1-5 添加所有一级子指标

步骤3：单击鼠标右键"市场类"，选择插入，单击"子主题"，并在"子主题1"上双击并改成"行业销售量"，重复上述步骤，或按Enter键进行同级别指标创建，按照所需依次添加所有指标，如图1-6、图1-7所示。

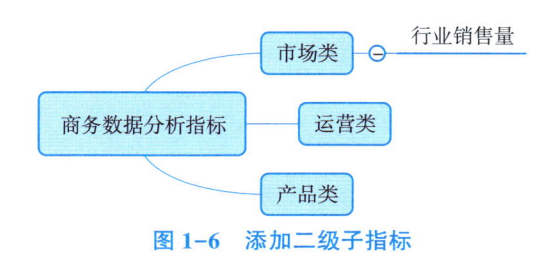

图1-6 添加二级子指标

三、任务思考

1. 为什么要认识电子商务数据分析指标？
2. 一级指标中的各子指标是否会有重合？为什么？

商务数据分析指标思维导图

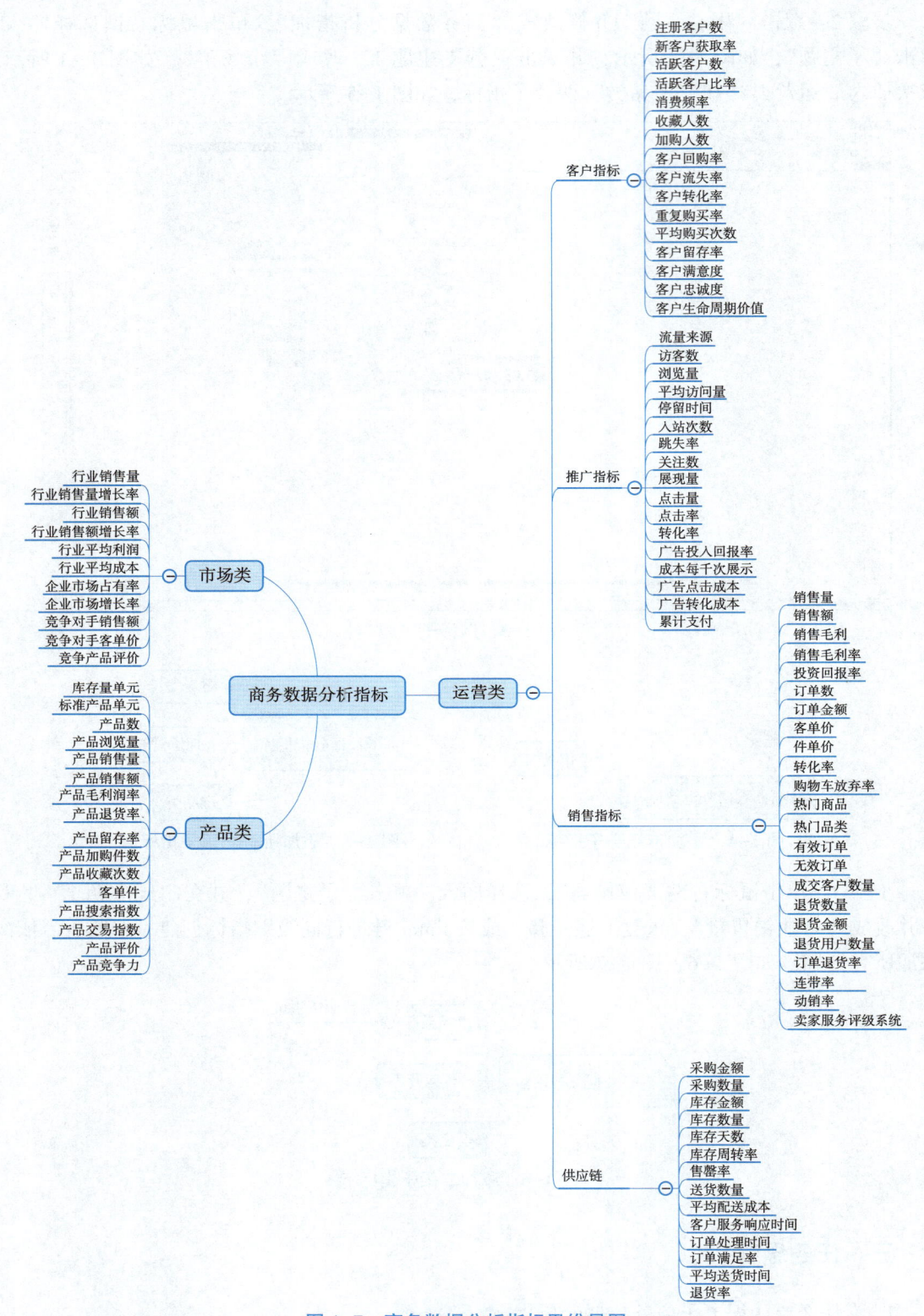

- **商务数据分析指标**
  - **市场类**
    - 行业销售量
    - 行业销售量增长率
    - 行业销售额
    - 行业销售额增长率
    - 行业平均利润
    - 行业平均成本
    - 企业市场占有率
    - 企业市场增长率
    - 竞争对手销售额
    - 竞争对手客单价
    - 竞争产品评价
  - **产品类**
    - 库存量单元
    - 标准产品单元
    - 产品数
    - 产品浏览量
    - 产品销售量
    - 产品销售额
    - 产品毛利润率
    - 产品退货率
    - 产品留存率
    - 产品加购件数
    - 产品收藏次数
    - 客单件
    - 产品搜索指数
    - 产品交易指数
    - 产品评价
    - 产品竞争力
  - **运营类**
    - **客户指标**
      - 注册客户数
      - 新客户获取率
      - 活跃客户数
      - 活跃客户比率
      - 消费频率
      - 收藏人数
      - 加购人数
      - 客户回购率
      - 客户流失率
      - 客户转化率
      - 重复购买率
      - 平均购买次数
      - 客户留存率
      - 客户满意度
      - 客户忠诚度
      - 客户生命周期价值
    - **推广指标**
      - 流量来源
      - 访客数
      - 浏览量
      - 平均访问量
      - 停留时间
      - 入站次数
      - 跳失率
      - 关注数
      - 展现量
      - 点击量
      - 点击率
      - 转化率
      - 广告投入回报率
      - 成本每千次展示
      - 广告点击成本
      - 广告转化成本
      - 累计支付
    - **销售指标**
      - 销售量
      - 销售额
      - 销售毛利
      - 销售毛利率
      - 投资回报率
      - 订单数
      - 订单金额
      - 客单价
      - 件单价
      - 转化率
      - 购物车放弃率
      - 热门商品
      - 热门品类
      - 有效订单
      - 无效订单
      - 成交客户数量
      - 退货数量
      - 退货金额
      - 退货用户数量
      - 订单退货率
      - 连带率
      - 动销率
      - 卖家服务评级系统
    - **供应链**
      - 采购金额
      - 采购数量
      - 库存金额
      - 库存数量
      - 库存天数
      - 库存周转率
      - 售罄率
      - 送货数量
      - 平均配送成本
      - 客户服务响应时间
      - 订单处理时间
      - 订单满足率
      - 平均送货时间
      - 退货率

图 1-7　商务数据分析指标思维导图

任务二　商务数据采集

头脑风暴

数据采集是组织、计划、领导及管理的基础。商务数据采集对经营者来说具有重要的意义，任何经营者都不可能跳过数据采集环节而实施商务管理。商务数据有多种来源渠道，其采集也有不同的方法和技巧，经营者只有掌握了这些要点，才能做出正确的商务决策。那么，什么是数据采集？它又有哪些采集来源呢？

知识储备

一、数据采集相关概念

（一）数据采集概念

数据采集是指从各种渠道、来源或系统中收集和获取数据的过程。这个过程通常包括识别需要收集的数据类型、数据源和数据采集方法，以及对数据进行抽样、筛选、清理和存储等操作，以确保数据质量和可靠性。

数据采集可以是手动的或自动化的，手动采集通常需要人工输入和处理数据，自动化采集则使用计算机程序和技术来收集和处理数据。常见的数据采集方法包括网络爬虫、API 调用、问卷调查、实验和观察等。

数据采集是数据分析和决策的重要基础，采集到的数据可以用于各种数据分析和数据挖掘技术，支持企业在市场营销、产品开发、客户服务等方面的决策制定。同时，由于数据采集涉及数据隐私和安全等问题，也需要遵守相关法律法规和行业规定，保障用户的数据隐私和安全。数据采集是进行电子商务数据分析的基础，电子商务数据分析的后续所有工作内容均围绕这一环节所采集的数据展开。

（二）商务数据采集概念

商务数据采集指的是从各种商务活动中收集、整理和记录数据的过程。这些商务活动可以包括销售、采购、库存管理、客户服务、市场营销等各个方面。商务数据采集的目的是为了获取有关商务活动的信息和数据，以便进行商务数据分析和决策制定。

商务数据采集可以通过多种方式实现，例如手动输入、扫描条形码、使用传感器等。随着技术的不断发展，商务数据采集的方式也在不断更新，例如使用自动化的商务系统、实时采集数据等。

（三）电子商务数据采集概念

电子商务数据采集指的是从电子商务平台中收集、整理和记录数据的过程。电子商务平台包括各种在线购物网站、电商App、社交电商等。电子商务数据采集的目的是为了获取有关电商活动的信息和数据，以便进行电商数据分析和决策制定。

电子商务数据采集可以通过多种方式实现，例如手动抓取、爬虫程序、API接口等。手动抓取是指通过浏览器访问网站并手动复制粘贴所需信息的方式；爬虫程序是指编写程序自动访问网站并提取数据的方式；API接口是指通过调用平台提供的API接口来获取数据。

电子商务数据采集的重要性在于，电商数据是电商决策制定的重要依据。准确、完整和及时的电商数据可以为电商企业提供关键的电商洞察，帮助企业制定更好的电商战略和决策，提升电商企业的竞争力和效益。电商数据采集可以帮助企业了解市场趋势、优化产品和价格策略、提升用户体验、管理库存和物流等。

二、商务数据采集原则

商务数据采集也需要遵循数据采集的基本原则，并且在商务数据采集中有一些特殊的原则需要注意，包括以下几点：

数据采集目标明确：商务数据采集应该明确采集的目标，如了解市场需求、分析客户行为、监测竞争对手等，以确保采集的数据与目标一致。

数据采集来源可靠：商务数据采集应该从可靠的来源获取数据，如官方报告、行业数据、第三方数据提供商等。

数据采集方式合适：商务数据采集应该采用合适的数据采集方式，如网页爬虫、API调用、问卷调查、实地调研等，根据不同的数据来源选择合适的采集方式。

数据采集周期合理：商务数据采集的周期应该合理，需要考虑数据变化的频率和采集的成本，选择合适的采集周期，以确保数据的及时性和准确性。

数据采集指标定义清晰：商务数据采集需要定义清晰的指标，如销售额、订单量、客户满意度等，确保采集到的数据具有可比性和一致性。

数据采集过程可追溯：商务数据采集过程应该可追溯，记录数据来源、采集时间、采集方式等信息，方便后续的数据分析和决策制定。

数据采集保密性：商务数据采集需要保护数据的机密性和安全性，确保数据不被非授权人员获取和使用。

数据采集合规性：商务数据采集需要遵守相关的法律法规和行业规定，保护用户隐私和数据安全。

商务数据采集原则是确保商务数据质量和有效性的基础，遵循这些原则可以保证采集到的数据具有可靠性、准确性和一致性，为后续的商务数据分析和决策制定提供可靠的基础。

三、商务数据采集工具

商务数据的采集和分析是实现数据驱动决策的重要手段，企业可以通过数据分析工具和技术，将海量的商务数据转化为有用的信息和洞见，提高决策的准确性和效率，从而获得更大的竞争优势。

（一）外部数据

外部数据指企业从外部获取的数据，主要来源包括行业报告、市场调研、竞争对手数据、社交媒体数据、搜索引擎数据、公共数据等。这些数据可以提供更全面的市场和行业信息，帮助企业了解市场需求、竞争对手策略、消费者行为等，从而更好地制定战略和决策。

1. 政府部门、机构协会、媒体

这是指政府部门、行业协会、新闻媒体、出版社等发布的统计数据、行业调查报告、新闻报道、出版物。如国家统计局每个阶段都会发布各种统计数据和报告，以反映当时的经济和社会情况，如图1-8所示。这些统计数据和报告可以帮助政府和企业了解宏观经济形势和市场状况，指导宏观调控和经济发展决策。主要包括以下几点：

（1）季度经济数据：包括GDP、工业增加值、固定资产投资、社会消费品零售总额等。
（2）月度经济数据：包括CPI、PPI、工业生产者出厂价格指数、工业生产指数等。
（3）年度经济数据：包括国民经济核算、人口普查等。
（4）行业数据：包括各个行业的经济指标、运营数据等。
（5）社会数据：包括人口、就业、教育、卫生、环保等社会领域的数据。
（6）报告：例如《中国经济发展报告》《中国统计年鉴》等。

以上数据和报告的发布可以帮助了解当前的宏观经济形势和市场趋势，指导宏观调控和企业决策，具有重要的参考价值和意义。

图1-8 国家统计局网站

2. 权威网站、数据机构

行业权威网站或数据机构发布的报告、新闻动态等，常见的网站有中国互联网络信息中心（图1-9）、阿里研究院（图1-10）、艾瑞网（图1-11）等，这些平台提供了行业或行业类龙头企业的数据，其数据参考性较高，是重要的行业及企业数据采集渠道。

图1-9　中国互联网络信息中心

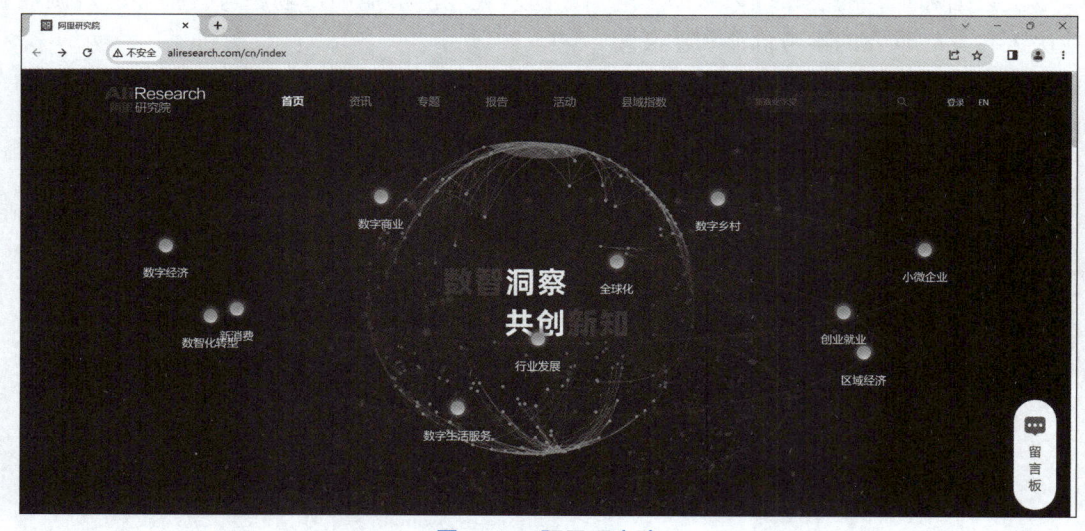

图1-10　阿里研究院

3. 电子商务平台

电子商务平台上聚集着众多行业卖家和买家，也是电子商务数据的重要来源。比如通过工具对淘宝、京东、拼多多等特定商品的销售价格、付款人数进行采集，来分析消费者集中消费的价格区间。

4. 指数工具

百度指数（图1-12）、360趋势（图1-13）等工具依托平台海量用户搜索数据，将相应搜索数据趋势、需求图谱、用户画像等数据通过指数工具向用户公开，该类型数据可为市场行业、用户需求和用户画像数据分析提供重要参考依据。除上述指数工具外，还有抖音指数、微信指数、头条指数为移动电子商务开展提供数据参考。

图 1-11 艾瑞网

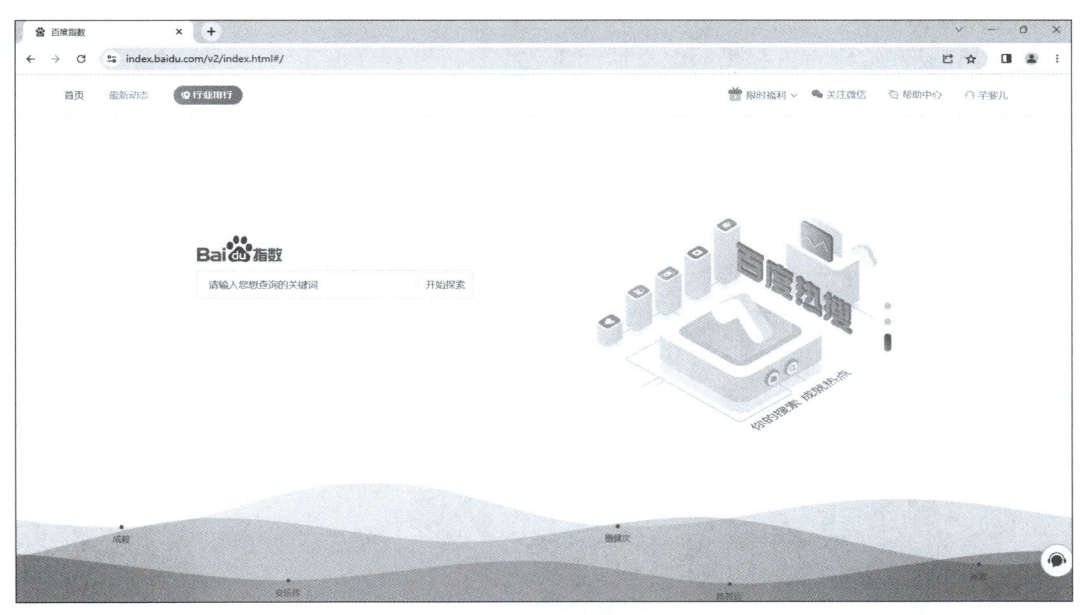

图 1-12 百度指数

（二）内部数据

内部数据指企业自身所拥有的数据，主要来源包括销售管理系统、客户关系管理系统、财务管理系统、生产管理系统等企业内部的信息系统。这些系统记录了企业的内部运营情况、销售状况、客户行为等数据，对企业的运营和管理具有重要的参考价值。在电子商务项目运营过程中内部数据主要指电子商务站点、店铺自身所产生的数据信息，如站点的访客数、浏览量、收藏量，商品的订单数量、订单信息、加购数量等数据，可通过电子商务站点、店铺后台或类似生意参谋、京东商智等数据工具获取。

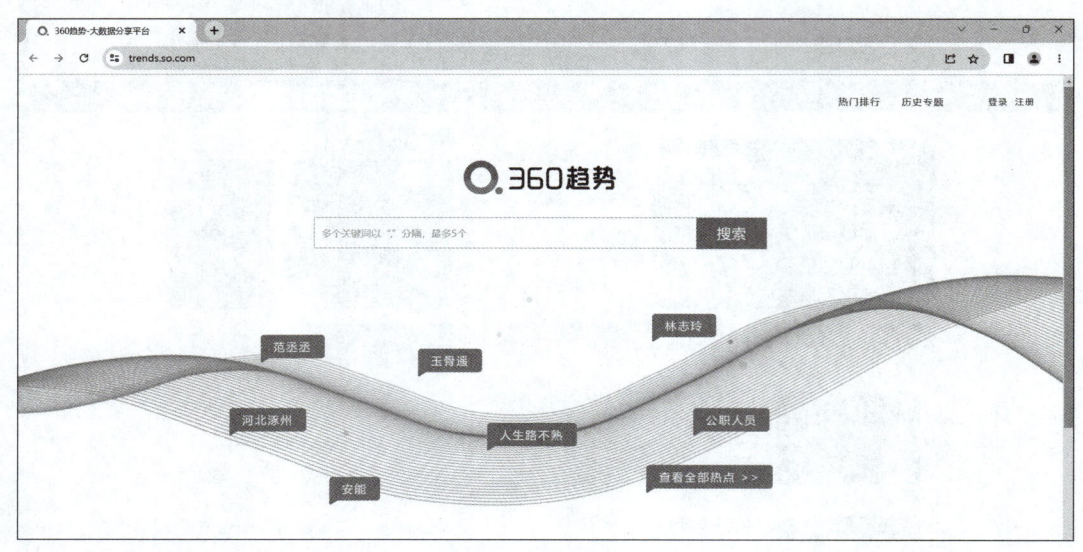

图 1-13　360 趋势

1. 生意参谋

生意参谋是淘宝网官方提供的综合性网店数据分析平台（图 1-14），集数据作战室、市场行情、装修分析、来源分析、竞争情报等数据产品于一体，不仅是店铺数据的重要来源渠道，还是淘宝/天猫平台卖家的重要数据采集工具，为天猫/淘宝卖家提供流量、商品、交易等网店经营全链路的数据展示、分析、解读、预测等功能，是大数据时代下赋能商家的重要平台。

图 1-14　生意参谋

2. 京东商智

京东商智是京东向第三方企业提供数据服务的产品（图1-15）。从PC、App、微信、手机QQ、M端五大渠道，流量、销售、客户、商品等全维度的电商数据。在这两个类别中，商店和行业分别从实时和历史角度显示，并提供购物车营销、精准客户营销等工具，帮助商家基于数据提升店铺销售。京东商智为商家提供专业、精准的店铺运营分析数据，帮助商家提高店铺运营效率，降低运营成本，是商家精准营销、挖掘数据的有力工具。

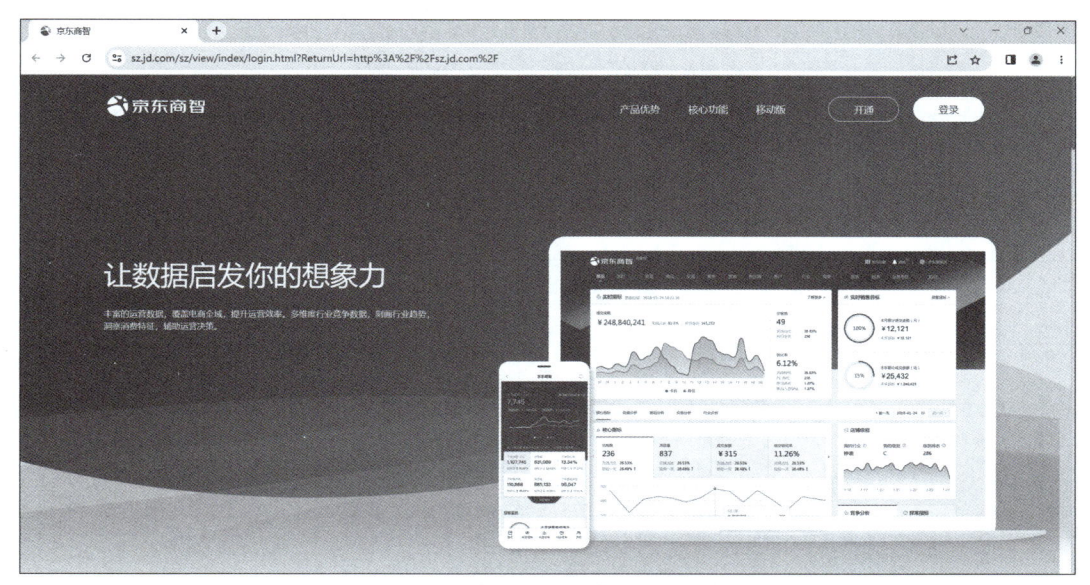

图1-15　京东商智

3. 千牛工作台

千牛工作台（图1-16）为阿里巴巴集团官方出品，淘宝卖家、天猫商家均可使用。常用功能包括宝贝管理、店铺管理、货源中心、营销中心和其他5部分。其中，宝贝管理可以显示已被购买的宝贝，并能直接发布宝贝；店铺管理包括我的店铺、店铺装修、图片空间、子账号管理几个功能；货源中心则可以直达阿里供销平台和1688采购批发平台进行采购；营销中心集成了量子统计、数据中心和会员关系管理系统；其他则主要有支付宝、阿里学院、淘宝贷款三个入口。其核心是一站式解决商家核心经营链路需求，聚焦产品体验与服务，服务千万活跃商家，为合作伙伴打造服务生态闭环，提供完整电商解决方案。

4. 店侦探

店侦探（图1-17）是一款可以分析淘宝卖家竞争对手数据的谷歌浏览器插件，其中可以查询和分析的数据包括：淘宝、天猫的搜索淘宝关键词、提供宝贝下架时间的价格变化、所属类目、流量来源关键词、直通车关键词、关键词排名等数据。根据宝贝页面，提供单个宝贝的淘宝引流词、直通车引流词、天猫引流词、天猫直通车词、无线引流词、无线直通车词等，通过店侦探可以分析出竞争对手的各种详细数据，让淘宝卖家不再对竞争对手一无所知。

店侦探

图 1-16 千牛工作台

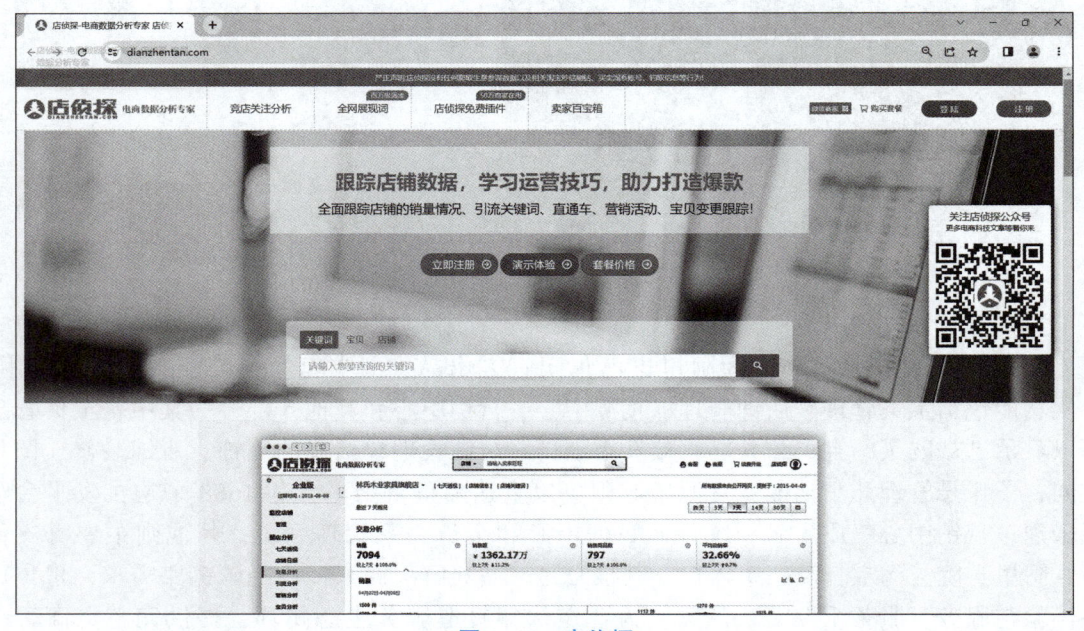

图 1-17 店侦探

任务实践

一、任务要求

淘宝网某网店长期经营零食商品，市场采购部门决定在近期计划增加产品种类，现需要从"豆乳威化""爆浆曲奇""冻干草莓"三类商品中选择一种，选择的依据主要为商品近一年的用户关注度高、目标用户群体基数大等。要求数据分析人员针对该需求撰写数据采集与处理方案，并对相关数据进行采集。

二、任务实施

步骤1：数据分析目标制定。

根据市场采购部门的需求，将其转化为可分析的目标，则可以确定为：分析"豆乳威化""爆浆曲奇""冻干草莓"三类商品的用户基数及用户关注度。

步骤2：确定数据指标。

在数据分析中用户关注度和用户基数不属于一个实际的数据指标，需要将其转化为可采集的数据指标，搜索人气和搜索热度可以反映用户对于该类商品的关注度，而该类商品的访客数可以反映该类商品的用户基数。因此，可确定数据采集指标为搜索人气、搜索热度、访客数。

步骤3：确定数据来源与确定数据采集工具。

由于卖家店铺设在淘宝平台，因此考虑是否可以通过生意参谋获取三类商品的搜索人气、搜索热度、访客数。对生意参谋功能进行查看后，在市场栏目下、市场大盘-行业趋势板块可以获取三项数据指标的数据，由此可确定使用生意参谋进行数据采集。

步骤4：撰写市场数据采集与处理方案。

根据步骤1至步骤3完成表1-1。

表1-1　市场规模数据采集与处理方案

背景介绍	
分析目标	
数据分析指标	
数据来源渠道及采集工具	

三、任务思考

在进行市场数据采集时，除去生意参谋提供的数据之外，还可以利用什么平台？如果用调研问卷来采集企业期望获取的数据，应该设计哪些问题？

任务三　商务数据分析模型

头脑风暴

模型是经过积淀和检验的成熟的分析思路，是指对某个实际问题或客观事物、规律进行抽象后的一种形式化表达方式。任何模型都是由三个部分组成的，即目标、变量和关系。明确变量，改变变量，即可直接呈现目标结果。在数据分析领域，同样也需要建立分析模型。结合分析目标，明确数据分析思路，选择关系指标，构建分析模型，通过模型进行数据分析，运用适当的分析方法得出最终的数据分析结果。

知识储备

一、5W2H 模型

（一）基本概念

5W2H 分析模型是围绕时间、地点、人物、事件、原因、方式方法、程度 7 个要素，即什么原因（Why）、导致了什么事情（What）、需要哪些人（Who）、在什么时间（When）、什么地点（Where）、用什么方法（How）完成、预算是多少（How much）。在以上这句话里，有 5 个 W 开头的单词和两个 H 开头的单词，所以将这种分析问题的方法称为 5W2H 分析法，也叫七问分析法。

5 个 W 的英文单词分别为：Why（为什么？）、What（什么事？）、Who（什么人？）、When（什么时间？）、Where（什么地点？）。

2 个 H 开头的单词分别为：How（怎么做？）、How much（什么价？）。

（二）应用分析

5W2H 模型主要用于用户行为分析、业务问题专题分析、营销活动等。基于用户购买决策过程，我们可以了解用户在购买商品时的偏好分析（图 1-18）。

（1）店铺的主要客户人群是谁？针对该商品或店铺整体推广投放人群调整及再优化。

（2）用户购买的主要渠道是什么？用户从哪些渠道了解店铺/产品信息？以便店铺加大/缩小渠道曝光投入。

（3）用户购买时更关注商品的哪些因素？包括产品文案是否要调整等内容，以突出用户偏好信息。

（4）店铺中的热销款和利润款分别是哪款商品？如何优化商品组合？如何打造爆款、形象款？

（5）购买后常遇到的问题是什么？对于常见问题的 FAQ 设置、详情页面相关文案优化。

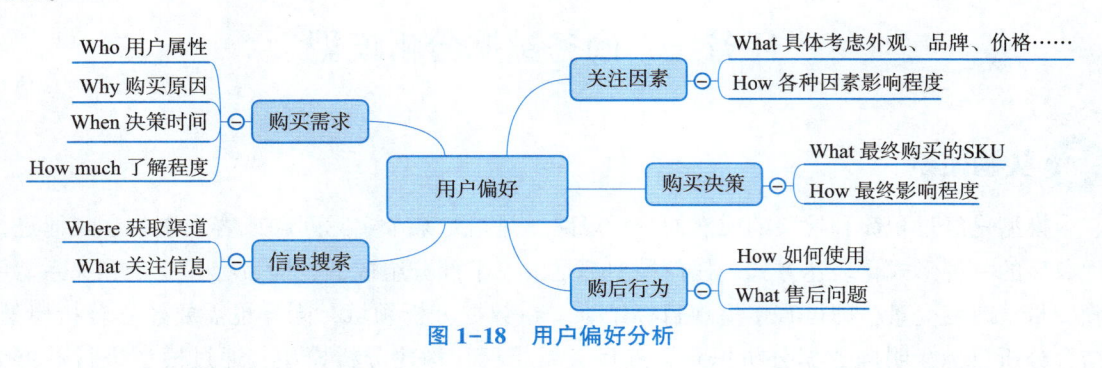

图 1-18 用户偏好分析

二、RFM 模型

（一）基本概念

RFM 模型是衡量客户价值和客户创造利益能力的重要工具和手段，该模型通过一个客户的近期购买行为、购买的总体频率以及花了多少钱三项指标来描述该客户的价值状况。最近一次购买时间（Recency）、消费频率（Frequency）和消费金额（Monetary）三个要素构成了 RFM 模型衡量指标。

1. 最近一次购买时间（R）

最近一次购买时间指上一次购买时间即顾客上一次是何时来购买。上一次消费时间越近的顾客应该是比较好的顾客，对提供即时的商品或是服务也最可能会有反应。若想业绩有所成长，只能赚取竞争对手的市场占有率，而如果要密切地注意消费者的购买行为，那么最近的一次消费就是第一个要利用的工具。历史显示，如果我们能让消费者购买，他们就会持续购买。这也就是为什么 0 至 3 个月的顾客收到的沟通信息多于 3 至 6 个月的顾客。最近一次消费与上一次消费离得越近，也就是 R 值越小，用户价值越高；R 值越大，用户消费间隔越长，流失的可能性就越大。因此，企业需要通过一定的营销手段来激活该用户。

2. 消费频率（F）

消费频率是顾客在限定的期间内所购买的次数。我们可以说最常购买的顾客，也是满意度最高的顾客。如果相信品牌及商店忠诚度的话，最常购买的消费者，忠诚度也就最高。增加顾客购买的次数意味着从竞争对手处赚取市场占有率。根据这个指标，我们又把客户分成五等分，这个五等分分析相当于是一个"忠诚度的阶梯"（loyalty ladder），如购买一次的客户为新客户，购买两次的客户为潜力客户，购买三次的客户为老客户，购买四次的客户为成熟客户，购买五次及以上的客户则为忠实客户。其诀窍在于让消费者一直顺着阶梯往上爬，把销售想象成是要将两次购买的顾客往上推成三次购买的顾客，把一次购买者变成两次购买的。影响复购的核心因素是商品，因此复购不适合做跨类目比较。比如食品类目和美妆类目：食品是属于"半标品"，产品的标品化程度越高，客户背叛得难度就越小，越难形成忠实用户；但是相对于美妆，食品又属于易耗品，消耗周期短，购买频率高，相对容易产生重复购买，因此跨类目复购并不具有可比性。消费频率越高，也就是 F 值越大，用户价值越高，用户忠诚度越高。反之，F 值越小，则说明该用户活跃度越低。一方面，可通过定向优惠吸引其关注；另一方面，针对 F 较小但消费金额较高的用户，需要采取一定策略，以维持长远关系。

3. 消费金额（M）

消费金额是指用户一段时间内的消费金额，是所有数据库报告的支柱，也可以验证"帕雷托法则"（公司 80% 的收入来自 20% 的顾客）。往往排名前 10% 的顾客所花费的金额比下一个等级者多出至少 2 倍，占公司所有营业额的 40% 以上。有 40% 的顾客贡献公司总营业额的 80%；而有 60% 的客户占营业额的 90% 以上。理论上 M 值和 F 值是一样的，都带有时间范围，指的是一段时间（通常是 1 年）内的消费金额，消费金额越高，也就是 M 值越大，用户价值越高。

（二）应用分析

RFM 分析方法的价值在于基于用户的差异化运营，通过对用户群体进行价值分类，制定运营策略，把企业有限的产品资源发挥到最大的效果，这也是精细化的运营方向。把 R、F、M 这三个指标作为 X、Y、Z 三个坐标轴，就可以把空间分为 8 个部分（图 1-19）；将 RFM 模型三项指标按照价值高低划分，则可以完成用户分类。

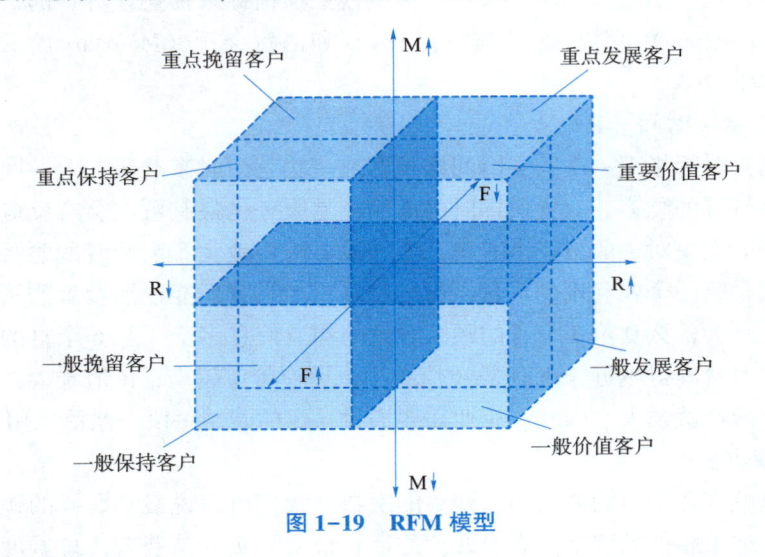

图 1-19　RFM 模型

（1）重要价值客户：R、F、M 的指标价值都很高，说明该类客户距离上一次消费时间间隔较近，消费频率高，购买金额大。一方面，需要向客户密集传递促销信息、形象商品，保障促销信息触达，引导客户复购；另一方面，需要传递会员权益，使其成为企业会员，为企业提供长远价值。

（2）重点发展客户。该类用户消费频率低，但是其他两个指标的价值很高。这就需要运营人员密集推送促销信息，加大优惠力度，引导用户访问平台，产生下单并提高消费频率。

（3）重点保持客户。这类用户最近未产生过消费，同时消费频率和消费金额都比较高。这类用户是需要长期保持的，可以通过推送品牌活动、会员权益等信息，为其提供 VIP 服务，从而建立长远合作关系。

（4）重点挽留客户。这类用户最近未产生过消费，消费频率低，但消费金额高。该类用户可能属于新客户，首次购买后对产品存在疑虑，可能会流失，需要运营人员调查清楚哪里出了问题，并想办法挽回。

（5）一般价值客户。该类用户距离最近一次购买时间间隔较近，购买频率高，但单次购买金额小，则需要运营人员向其推送会员权益、促销活动信息，在保持其购买频率的同时，提升单次购买金额。

（6）一般发展客户。该类用户购买频率低、购买金额少，距离上一次购买时间间隔较近，可能是新用户，因此需要向其密集传递促销信息、提升优惠力度。

（7）一般保持客户。该类用户购买频率较高，但最近未产生过购买行为，消费金额低，因此需要运营人员向其传递促销信息、折扣信息，保持其购买频率，提升下单金额。

(8) 一般挽留客户。该类用户最近未产生过购买行为，可能属于流失或即将流失用户，运营人员可降低向其推送营销活动频次或放弃。

通过 RFM 分析方法来分析用户，可对用户进行精细化运营，不断将其转化为重要价值用户。客户分类运营策略如表 1-2 所示。

表 1-2 客户分类运营策略

序号	用户分类	R	F	M	运营策略
1	重要价值客户	高	高	高	密集推送品牌活动、形象产品、传递会员权益信息；促成用户复购
2	重点发展客户	高	低	高	可推送促销信息或品牌活动、形象产品信息
3	重点保持客户	低	高	高	传递会员权益信息、提供 VIP 服务、传递形象商品、品牌活动
4	重点挽留客户	低	低	高	传递促销信息，推送形象产品、品牌活动
5	一般价值客户	高	高	低	传递会员权益、推送促销信息
6	一般发展客户	高	低	低	传递促销信息或放弃
7	一般保持客户	低	高	低	密集推送促销信息、传递会员权益信息
8	一般挽留客户	低	低	低	密集传递促销信息、提升优惠力度

三、AAARR 模型

（一）基本概念

AARRR 模型是由获客（Acquisition）、激活（Activation）、留存（Retention）、变现（Revenue）、传播（Referral）缩写组成，如图 1-20 所示。该模型是互联网的通用模型，互联网企业的模型是增长用户流量，而 AAARR 模型是一个用户路径模型，能够很好的分析流量。

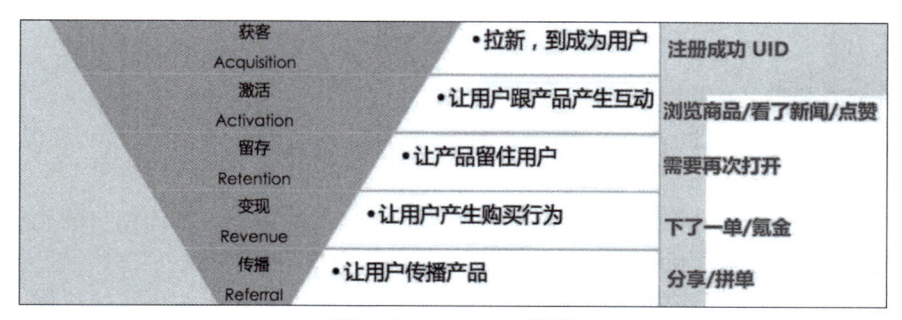

图 1-20 AARRR 模型

（二）应用分析

1. 获客

获客即获取用户，需要解决的问题是从哪里能够带来更多的用户。用户的评价指标一般分为两个层次：用户数量和用户质量。

用户数量即获得的用户的数量统计,用户质量则需要评估多个方面,如访问频率、浏览页数、停留时间、转化率等。

用户获取需要关注的数据指标包括以下几点:

(1) 渠道曝光量:有多少人通过各个渠道看到产品推广的信息。
(2) 渠道转换率:有多少人因为渠道的曝光而转换成用户。
(3) 日新增用户数:每天新增的用户是多少。
(4) 日应用下载量:每天有多少用户下载了本产品。
(5) 获客成本:每获取一个客户所花费的成本。

2. 激活

很多产品存在用户量很大(累计新增用户人数),但是用户的使用率(活跃率)不高的问题。这就需要考虑如何激活唤醒不活跃的用户,让用户感受到产品的价值,真正地主动使用产品。

激活用户需要关注的数据指标包括以下几点:

(1) 日活跃用户数(DAU):一天之内,登录或使用了某个产品的用户数。同理还有周活跃用户数、月活跃用户数。
(2) 活跃率(活跃用户占比):某一时间段内活跃用户在总用户数中所占的比例。

3. 留存

留存的目标是培养用户行为,它是指新会员(用户)在经过一定时间之后,仍然会访问、登录、使用、下单、成交、转化等特定行为,留存用户占当时新用户的比例就是留存率。留存率需要考虑的指标主要有日留存、周留存、月留存等。

企业采取一定运营活动时可能会提升留存率,而这种提升应该是预期内的。如果留存率没有提升,则需要多方面分析运营活动的效果。

4. 变现

获取收入是运营所根据的目标,包含从用户身上获取利润,有付费、广告等。用户在购买产品时,用户从注册/登录到搜索/选择商品再到下单/付费订单,每一步的转化都可能因为产品体验问题而停止。所以需要数据分析团队分析产品的转化率,提升用户体验,增加盈利。

增加盈利需要关注的数据指标包括以下几种:

(1) 客单价:单位时间内每位用户平均购买商品的金额,即客单价=销售总额/顾客总数。
(2) PUR(Pay User Rate):付费用户率,即产生收入的用户占整体用户的比例。
(3) ARPU(Average Revenue Paying User):付费用户平均收入。
(4) 复购率:一定时间内,消费两次及以上的用户数占总购买用户数的比例。
(5) 销售额:用户数、转化率、客单价和购买频率的乘积就是销售额,其中购买频率是指消费者或用户在一定时期内购买某种或某类商品的次数。

5. 传播

在产品拥有一定的用户群体后,企业进行营销推广将会大大增加成本,最好的方式是在用户与用户之间互相传播,实现业务各项指标的自增长。如果用户使用产品时体验良好,那么就可能产生传播效应。自传播主要从产品引导传播及用户主动传播两个方面展开。产品引导传播，即产品内容部分有推送信息提示用户做产品传播，通过一定的激励机制鼓励传播，达到推广效果。用户主动传播，即用户自发地将产品的相关信息分享到社交媒体，如微博、朋友圈等。营销的自传播需要运营人员为不同的用户和传播场景做进一步分析，对自己的产品有深刻洞察，找到目标人群。

自传播需要关注的数据指标包括以下几点：

（1）转发率：某功能中，转发用户数与看到该功能的用户数之比。

（2）转化率：计算方法与不同业务场景有关。比如，某店铺转化率＝某段时间内产生购买行为的客户人数/所有到达店铺的访客人数。

（3）广告转化率：点击广告进入推广网站的人数与看到广告的人数的比例。

（4）K 因子（K-factor）：用来衡量推荐的效果，即一个发起推荐的用户可以带来多少新用户。

K 因子＝每个用户向他的朋友们发出邀请的数量×接收到邀请的人转化为新用户的转化率

假设平均每个用户会向 20 个朋友发出邀请，而平均转化率为 10%，K 因子＝20×10%＝2。当 K 因子>1 时，用户群就会像滚雪球一样增大。如果 K 因子<1，那么用户群到某个规模时就会停止自传播增长。

任务实践

一、任务要求

某官方旗舰店在运营了一段时间后，准备针对店铺的会员做一次活动，需要使用 RFM 分析法对店铺现有会员做价值度区分和分析。将订单数据导出为表格，表中包含订单编号、买家会员名、买家实际支付金额和订单付款时间。RFM 模型的客户分类如表 1-3 所示。

表 1-3　RFM 模型的客户分类

序号	客户细分	R 分	F 分	M 分
1	重要价值客户	大于 4（高）	大于 4（高）	大于 4（高）
2	重点发展客户	大于 4（高）	小于 4（低）	大于 4（高）
3	重点保持客户	小于 4（低）	大于 4（高）	大于 4（高）
4	重点挽留客户	小于 4（低）	小于 4（低）	大于 4（高）
5	一般价值客户	大于 4（高）	大于 4（高）	小于 4（低）
6	一般发展客户	大于 4（高）	小于 4（低）	小于 4（低）
7	一般保持客户	小于 4（低）	大于 4（高）	小于 4（低）
8	一般挽留客户	小于 4（低）	小于 4（低）	小于 4（低）

二、任务实施

步骤 1：数据处理。

下载获得数据。根据分析需要，计算 R、F、M 的数值。R 值以客户成交时间数据和采集点时间计算时间差；F 值根据客户 3 个月消费频次计算；M 值根据客户实际支付金额进行计算。通过数据透视表，完成表1-4。注意，其中实际支付金额为平均值，可理解为客单价。

表1-4　会员RFM数值表

序号	买家会员名	R	F	M
1				
2				
3				
4				
5				
6				
7				
8				
9				
10				
11				
12				
13				
14				
15				
16				
17				
18				
19				
20				

步骤2：分配权重。

在完成RFM模型数值计算后，要针对RFM模型的数据进行指标分段。我们将RFM分为三段，分别对应得分1、3、5分，其中M以买家实际支付金额的平均值及其1/2为分组值，将其划分为三个区间。之后通过VLOOKUP函数分组分析，判断各会员的R、F、M得分，完成表1-5。

表1-5　会员RFM得分表

序号	买家会员名	R	F	M	R分	F分	M分
1							
2							
3							
4							
5							
6							

续表

序号	买家会员名	R	F	M	R 分	F 分	M 分
7							
8							
9							
10							
11							
12							
13							
14							
15							
16							
17							
18							
19							
20							

步骤 3：识别客户类型。

根据客户会员的 R、F、M 三个维度的权重值将客户细分为 8 个分类，根据 IF 公式判断客户类型，对会员进行归类，完成表 1-6。

表 1-6　会员 RFM 客户细分表

序号	买家会员名	R	F	M	R 分	F 分	M 分	客户细分
1								
2								
3								
4								
5								
6								
7								
8								
9								
10								
11								
12								
13								
14								
15								
16								

续表

序号	买家会员名	R	F	M	R分	F分	M分	客户细分
17								
18								
19								
20								

步骤4，制定营销策略。

针对不同客户类型，制定营销策略，完成表1-7。

表1-7 各客户类型营销策略

序号	客户分类	运营策略
1	重要价值客户	
2	重点发展客户	
3	重点保持客户	
4	重点挽留客户	
5	一般价值客户	
6	一般发展客户	
7	一般保持客户	
8	一般挽留客户	

三、任务思考

如果要制作会员价值类型细分表，需要懂得哪些函数操作？

巩固练习

一、单选题

1. 商务数据分析的一般流程依次是（　　）。
A. 明确目的与框架—数据采集—数据处理—数据分析—数据展现—撰写报告
B. 明确目的与框架—数据处理—数据采集—数据分析—数据展现—撰写报告
C. 明确目的与框架—数据采集—数据处理—数据展现—数据分析—撰写报告
D. 明确目的与框架—数据展现—数据采集—数据处理—数据分析—撰写报告

2. 数据采集阶段，内部渠道不包括（　　）。
A. 顾客的购买记录　　　　　　　B. 客户访谈
C. 客户问卷调查　　　　　　　　D. 第三方平台发布的行业报告

3. 数据采集阶段，外部渠道不包括（　　）。
A. 顾客的购买记录　　　　　　　B. 行业协会
C. 专业咨询机构　　　　　　　　D. 报刊书籍资料

4. 下列数据指标中不属于供应链指标的是（　　）。
　A. 订单满足率　　B. 商品访客数　　C. 库存周转率　　D. 平均配送成本
5. 运营分析通常不包括（　　）。
　A. 销售数据分析　　B. 推广数据分析　　C. 行业环境分析　　D. 员工绩效分析

二、多项选择题

1. 下列关于电子商务数据表述正确的是（　　）。
　A. 市场数据包括两个部分，即行业数据和竞争数据
　B. 运营数据是企业在运营过程中产生的客户数据、推广数据、服务数据、供应链数据
　C. 产品数据包括行业产品数据和企业产品数据两部分
　D. 电子商务数据包含市场数据、运营数据、产品数据
2. 数据分析报告正文部分包含下列哪几项内容？（　　）
　A. 电子商务数据分析的具体过程
　B. 电子商务数据的展示
　C. 电子商务数据的评论分析结果
　D. 电子商务数据的分析结论
3. 下列关于电子商务数据分析在企业中的作用，表述正确的是（　　）。
　A. 企业通过对站内流量进行即时统计、整理、分析，能够随时掌握企业网站日常运营情况，及时发现运营异常并进行调整或处理
　B. 借助于电子商务数据，企业可以对行业及市场的发展现状、发展趋势等进行分析
　C. 电子商务数据分析在企业的应用可分为四类
　D. 借助电子商务数据分析，可以对产品进行分析，判断产品的受欢迎程度、受欢迎类型、客户购买情况、产品利润情况等
4. 下列关于撰写数据分析报告的要点中，表述正确是（　　）。
　A. 需要结构清晰、主次分明，能使读者正确理解报告内容
　B. 数据分析报告分为引入、正文、结论三个部分
　C. 数据分析报告前言页一般包括数据分析的背景、目的、思路等内容
　D. 数据分析标题页一般要写明报告的名称、数据来源、呈现日期等内容
5. 下列关于电子商务数据分析流程表述正确的是（　　）。
　A. 电子商务数据分析流程包括：明确数据分析目标、采集数据、处理数据、分析数据、展现数据、撰写数据分析报告六个环节
　B. 数据分析要有目标性，漫无目的地分析，很可能得到的是一些无用的分析结果
　C. 数据采集渠道大体上可以分为两类，即直接获取和间接获取
　D. 数据分析是用适当的分析方法及工具，对处理过的数据进行分析，提取有价值的信息，形成有效结论的过程

三、案例分析

电子商务数据分析指标分类。请将表1-8中数据分析指标按照不同类别进行分类：

表 1-8　认识电子商务数据分析指标

电子商务数据分析指标			
访客数、转化率、采购金额、平均访问量、订单数量、成交转化率、订单金额、订单转化率、退货金额、库存数量、平均购买次数、订单响应时长、客户留存率、跳失率、回访客数、客户复购率、浏览量、活跃客户数、活跃客户比率、日均流量			
流量指标	转化指标	销售指标	客户指标

补充阅读

二十大报告中的这组数字，很亮眼！

民生之微，衣食住行；民生之大，关乎家国。党的二十大报告中提到的这组民生数字，折射出新时代十年的非凡成就：人均预期寿命增长到 78.2 岁，居民人均可支配收入从 16 500 元增加到 35 100 元，城镇新增就业年均 1 300 万人，基本养老保险覆盖 10 亿 4 千万人，基本医疗保险参保率稳定在 95%，改造棚户区住房 4 200 多万套，改造农村危房 2 400 多万户。

党的十八大以来，中国共产党坚持将增进民生福祉作为发展的根本目的，在发展中保障和改善民生，民生基础设施建设更加牢靠，民生建设成就更加辉煌，老百姓的民生获得感、幸福感、安全感更加充实，彰显了中国特色社会主义的道路自信、制度自信。

截止到 2021 年年末，中国铁路营业里程达到 15 万千米，其中高铁里程达到 4 万千米，铁路路网密度达到 156.7 千米/万平方千米；全国公路总里程超过 520 万千米，其中高速公路通车里程超过 16.1 万千米，公路实现了村村通；国际机场有 83 个，境内运输机场（不含中国香港、澳门和台湾地区）达到 248 个；全国全年发电总量为 81 122 亿千瓦时，其中水能、风能、太阳能、生物能等可再生能源发出的绿色电量就达 24 853 亿千瓦时，在发展中国家率先实现了人人有电用；2021 年，全国电话用户净增 4 755 万户，总数达到 18.24 亿户，其中移动电话用户总数 16.43 亿户，包括 4G 移动电话用户 10.69 亿户、5G 移动电话用户 3.55 亿户，二者占移动电话用户总数的 86.7%；截至 2021 年年底，网民规模达 10.32 亿，其中手机上网人数为 10.29 亿人，互联网普及率达 73.0%。

党的十八大以来，我国把握新发展阶段，贯彻新发展理念，构建新发展格局，坚持发展为了人民、发展依靠人民、发展成果由人民共享的理念，综合国力跃上新台阶。2021 年，我国 GDP 规模达到 114.4 万亿元，按年平均汇率折算，折合 17.7 万亿美元，稳居世界第二大经济体，人均 GDP 约为 1.26 万美元。按照世界银行的标准，中国的人均 GDP 已达到中等偏上收入国家区间，接近高收入国家的下限。粮食是民生保障和改善之本，粮食安全是国家安全的基础。2021年，中国粮食产量达到1.37万亿斤，人均粮食占有量为474千克，超过联合国粮农组织提出的400千克"安全线"标准，做到了谷物基本自给、口粮绝对安全，中国人的饭碗牢牢端在自己手上，筑牢了民生保障和改善的安全防线。2021年，事关民生保障和改善需要的钢铁、煤炭、棉花、布匹等数百种产品产量位居世界第一。中国是全球唯一一个拥有联合国产业分类中39个工业大类、191个中类、525个小类全部工业门类的国家，大到火箭、卫星、飞机、航空母舰，小到针头线脑，都能生产制造。

选自：人民论坛

模块二

商务数据处理

【学习目标】

【知识目标】

(1) 了解数据清洗的基本方法
(2) 熟悉常用函数的计算方法
(3) 掌握分类统计的常用方法
(4) 熟悉描述性统计量的类型和指标含义
(5) 掌握次数分布处理方法

【能力目标】

(1) 能够根据数据处理目标对数据进行清洗
(2) 能够利用公式对数据进行计算
(3) 能够利用分类汇总、数据透视表等方法对数据进行分类统计
(4) 能够进行数据描述性统计分析
(5) 能够运用频数分析法和分组分析法对数据进行分析

【素质目标】

(1) 具有收集、整理和清洗数据的能力
(2) 具有数据思考和分析问题的能力
(3) 了解《中华人民共和国网络安全法》

【思维导图】

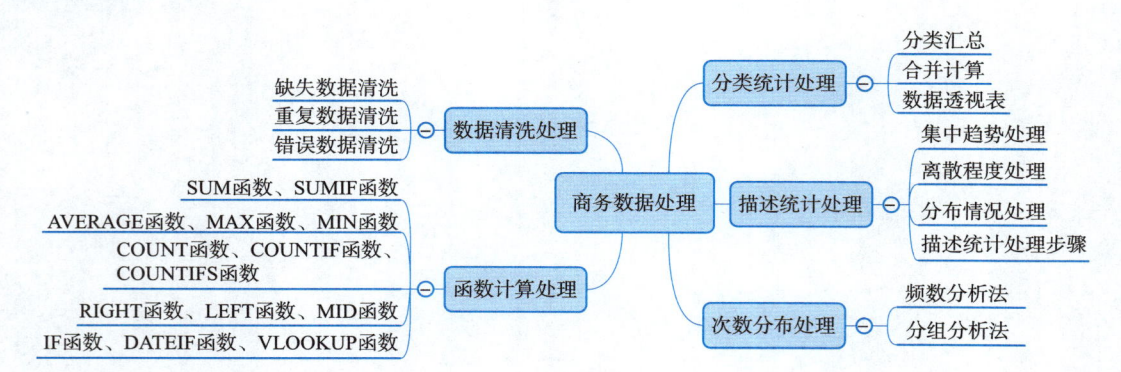

```
                                                            ┌─ 分类汇总
                                          ┌─ 分类统计处理 ──┼─ 合并计算
                                          │                 └─ 数据透视表
         ┌─ 缺失数据清洗                   │                 ┌─ 集中趋势处理
         │                                 │                 ├─ 离散程度处理
数据清洗处理 ─┼─ 重复数据清洗              ├─ 描述统计处理 ──┤
         │                                 │                 ├─ 分布情况处理
         └─ 错误数据清洗                   │                 └─ 描述统计处理步骤
                          商务数据处理 ────┤
         ┌─ SUM函数、SUMIF函数              │
         │  AVERAGE函数、MAX函数、MIN函数   │                 ┌─ 频数分析法
函数计算处理 ─┼─ COUNT函数、COUNTIF函数、   └─ 次数分布处理 ──┤
         │     COUNTIFS函数                                   └─ 分组分析法
         │  RIGHT函数、LEFT函数、MID函数
         └─ IF函数、DATEIF函数、VLOOKUP函数
```

任务一　数据清洗处理

头脑风暴

在数据处理的过程中，原始数据可能会存在不完整、不一致或者异常等问题，严重时甚至会影响数据分析的最终结果。所以，在数据分析前对采集到的数据进行数据清洗就显得尤为重要。数据清洗是指将数据表中多余、重复的数据筛选出来并删除，将缺失、不完整的数据补充填补，将内容、格式错误的数据纠正或剔除的操作行为。数据清洗是对数据进行重新审查和校验的过程，目的在于提升数据的质量，确保数据的准确性、完整性和一致性。那么如何进行数据清洗呢？

知识储备

一、缺失数据清洗

数据缺失是数据表中经常出现的问题，是指数据集中某个或某些属性的值是不完整的。缺失值产生的原因多种多样，主要分为两种：一是有些信息无法获取，如在收集顾客婚姻状况和工作信息时，未婚人士的配偶、未成年儿童的工作单位等都是无法获取的信息；二是因为一些原因导致的某些信息遗漏或被删除了。在数据表里，缺失值常见的表现形式是空值或错误标识符。

对缺失数据处理通常有以下几种方法。

（1）用一个样本统计数据代替缺失数据。
（2）用一个统计模型计算出来的数据代替缺失数据。
（3）直接将有缺失数据的记录删除。
（4）将有缺失数据的记录保留。

下面我们进行缺失数据的清洗，具体操作步骤如下。

步骤1：查找缺失数据。

打开数据表格，选中数据区域，在"开始"选项卡下单击"查找和替换"按钮，再单击"定位条件"按钮，在弹出的"定位条件"对话框中，选中"空值"单选按钮，如图2-1所示；单击"确定"按钮后，定位出数据中的所有空值，如图2-2所示。

步骤2：批量填充。

定位到所有空值以后，可以选择补齐数据、删除记录或者不处理等。如果需要补齐数据，则需要在活动单元格内直接输入补充的内容，按Ctrl+Enter组合键，进行批量填充，如图2-3所示。

二、重复数据清洗

顾名思义，重复数据就是数据被重复、多次记录的数据。重复数据一般分为实体重复和字段重复两种。其中，实体重复是指所有字段完全重复；字段重复则表示某一个或多个不该重复的字段重复。为了保证数据的一致性，需要对重复数据进行处理。

图 2-1　查找空值

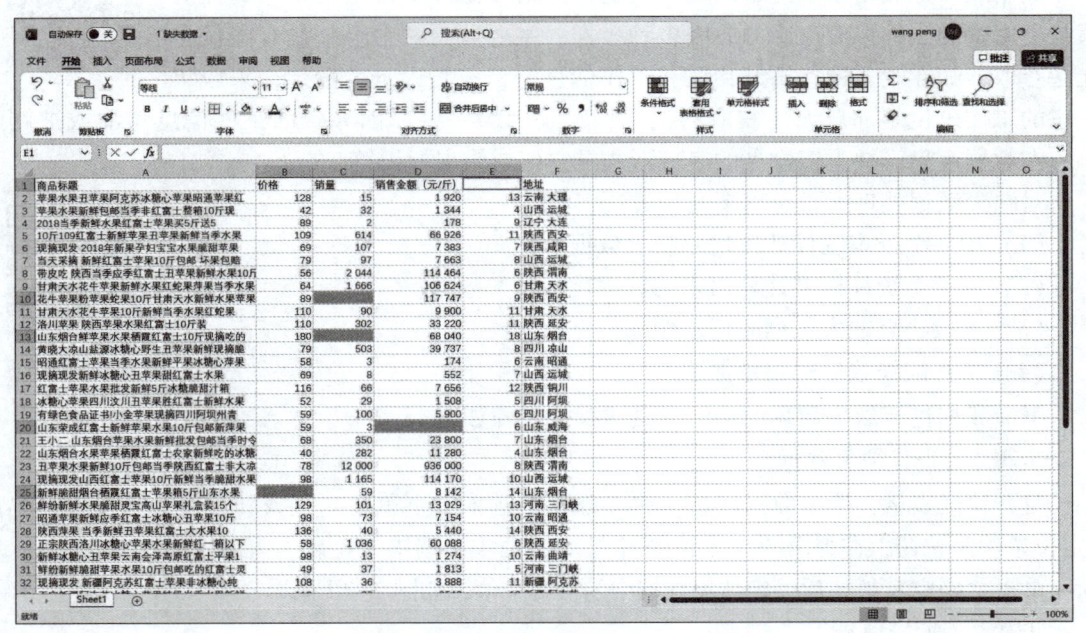

图 2-2　空值定位结果

图 2-4 是某店铺的销售数据表。下面我们以表中数据为例，进行重复数据的清洗，具体操作步骤如下。

步骤 1：查找重复数据。

选中工作表中的数据区域，在"数据"选项卡下，单击"删除重复值"，在弹出的"删除重复值"对话框中，选择要删除的列，注意列标签应同时选中，否则会产生误删，如

图 2-3　批量填充

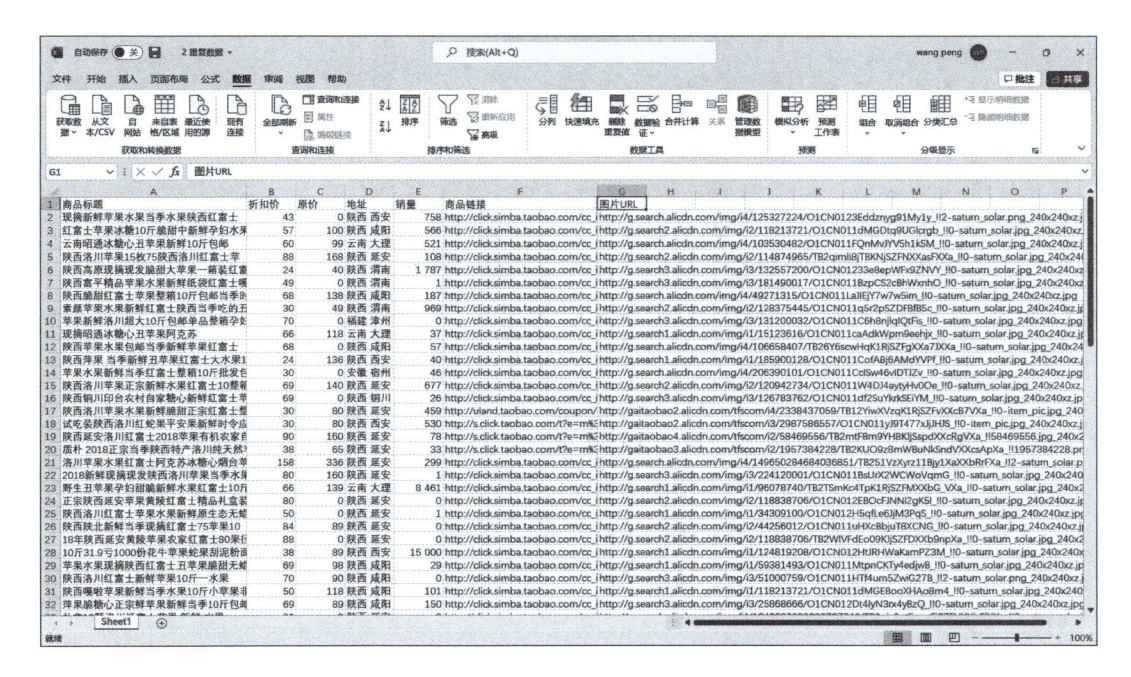

图 2-4　某店铺的销售数据表

图 2-5 所示。

步骤 2：删除重复数据。

单击"确定"按钮完成重复项删除，此时 Excel 将显示一条消息，指出有多少重复值被删除，多少唯一值被保留，如图 2-6 所示。

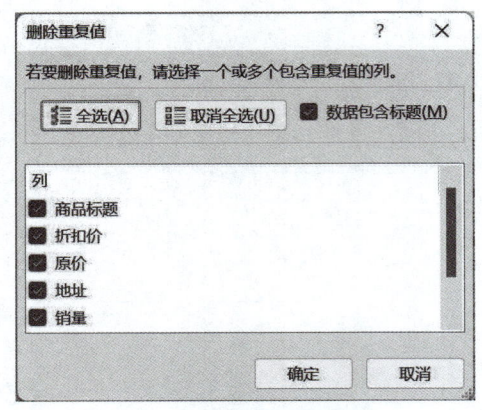

图 2-5　选择要删除的列

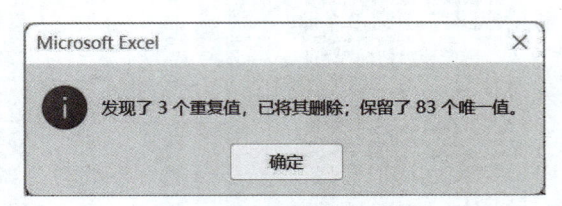

图 2-6　重复值删除完成

三、错误数据清洗

"#####"错误如图 2-7 所示。出现"#####"错误说明单元格中的数据超出了该单元格的宽度，解决办法是如果单元格所含的数字、日期或时间比单元格宽，可以通过拖动列表之间的宽度来修改列宽，如图 2-8 所示。

图 2-7　"#####"错误

出现"#DIV/0!"，说明进行公式运算时，除数使用了数值零、指向了空单元格或包含零值单元格的引用，解决办法是把除数改为非零的数值，或者用 IF 函数进行控制。

出现"#VALUE"，一是因为在需要数字或逻辑值时输入了文本，Excel 不能将文本转换为正确的数据类型。解决方法为：确认公式或函数所需的运算符或参数正确，并且公式引用

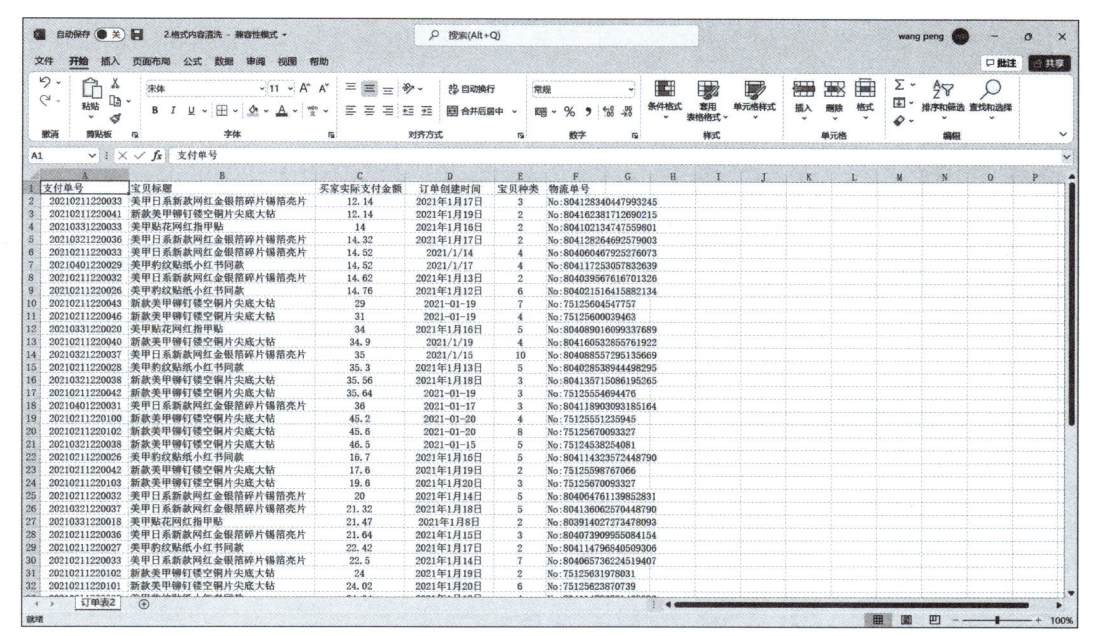

图 2-8 修改错误

的单元格中包含有效的数值。二是将单元格引用、公式或函数作为数组常量输入。解决方法为确认数组常量不是单元格引用、公式或函数。三是赋予需要单一数值的运算符或函数一个数值区域。解决方法为将数值区域改为单一数值。修改数值区域，使其包含公式所在的数据行或列。

出现"#N/A"说明当在函数或公式中没有可用数值，通常出现这种错误时，是因为某个被引用的数值被删除了，或者表格被改动了，或是贴上工作表时没有将原始资料贴过来。解决办法：如果是被引用的数值删除，重新补充相关数值；如果是表格被改动了，公式或函数应做相应的调整；如果是复制粘贴过来时，没有原始资料，则将原始引用资料也贴到相应的工作表上。

出现"#NAME?"是因为在公式中使用了 Excel 无法识别的文本，例如函数的名称拼写错误，使用了没有被定义的区域或单元格名称，引用文本时没有加引号等。解决办法为根据具体的公式，逐步分析出现该错误的可能，并加以改正。

出现"#NUM!"是因为公式或函数中某个数字有问题时将产生错误值。在需要数字参数的函数中使用了不能接受的参数，解决方法是确认函数中使用的参数类型正确无误。由公式产生的数字太大或太小，Excel 不能表示。解决方法是修改公式，使其结果在有效数字范围之间。

任务实践

一、任务要求

某店铺经过一段时间的经营，已经有了大量的客户积累，店铺决定对目前购买过店铺商品的客户数据进行清洗处理，以便为今后数据分析做准备。

二、任务实施

步骤 1：数据获取。

从资源中获取会员信息数据，如图 2-9 所示。

图 2-9　会员信息截图

步骤 2：数据清洗。

为了提升数据质量，确保数据的准确性、完整性和一致性，需要使用数据清洗的方法对数据表格进行去重、纠错和补缺等操作，以方便接下来的数据计算。首先，单击"数据"，然后单击"删除重复值"，如图 2-10 所示。

图 2-10　重复数据清洗

错误标识符清洗

经检查，没有发现错误标识符，但是部分数字的左上角有三角标，选中后左上角会出现黄底感叹号（图 2-11），这是格式错误提示，因为相关数字是以文本格式存储的。选中需要清洗格式的文本数字（图 2-12），右上角会出现一个小图标，单击这个小图标，选择菜单中的"转换为数字"（图 2-13），即可完成此列数据的格式清洗；按照这个方法，对全部数据进行清洗，如图 2-14 所示。

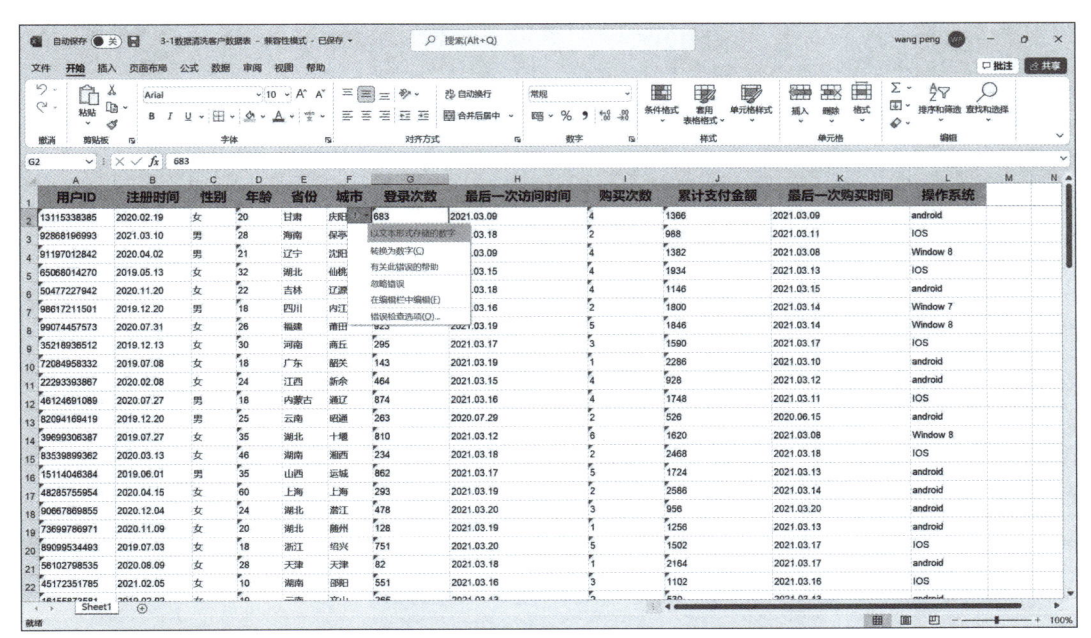

图 2-11 登录次数错误检查项

图 2-12 选中需要清洗格式的数据

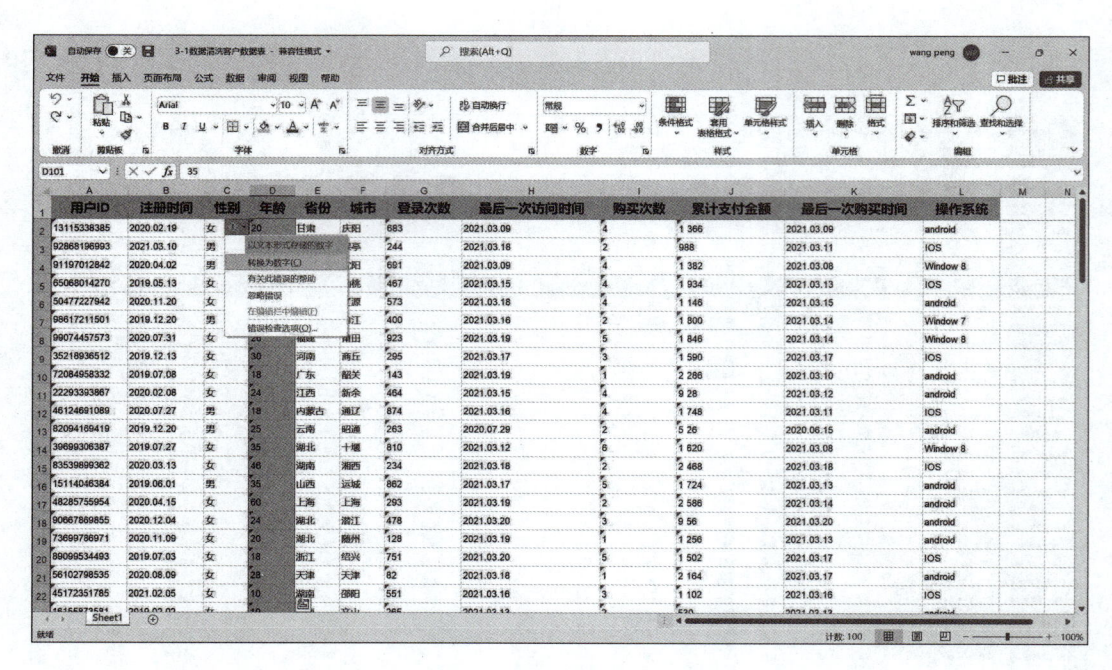

图 2-13　选择菜单中的"转换为数字"

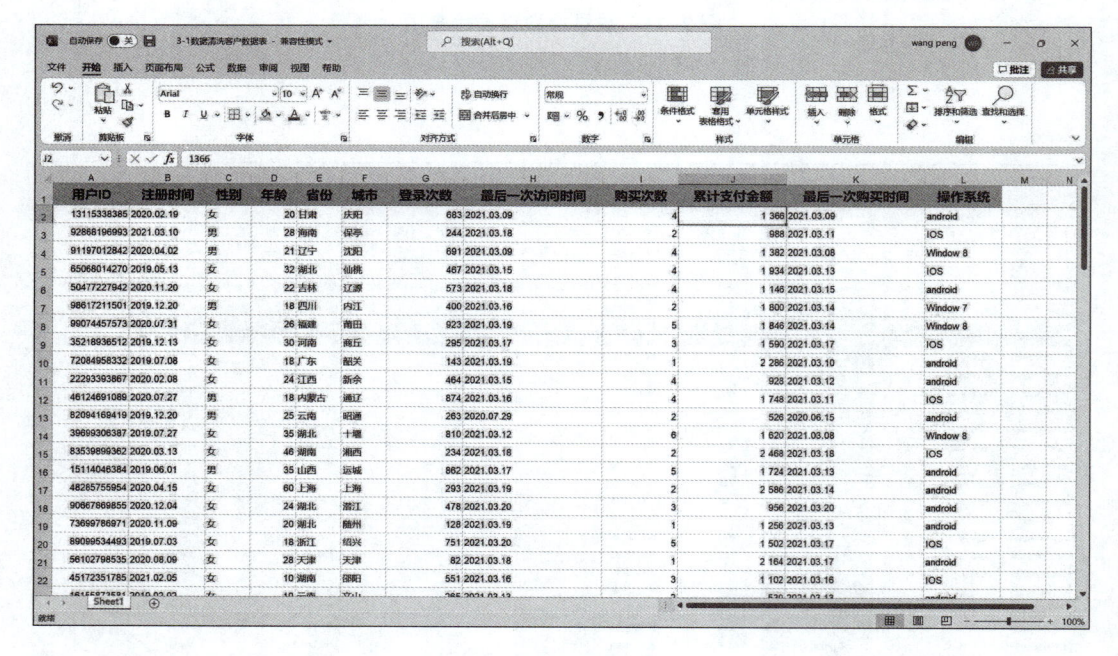

图 2-14　数据清洗完成

三、任务思考

除了以上的数据检查，还可以检查数据的哪些方面来进行清洗？

任务二　函数计算处理

头脑风暴

函数是 Excel 预先定义好的特殊公式，在执行数据统计、数据计算、数据分析等任务中功能强大。函数通常是由函数名称、左括号、参数、半角逗号和右括号构成。一个函数只有唯一的名称且不区分大小写，它决定了函数的功能和用途。那么，常见的函数有哪些呢？

知识储备

一、SUM 函数

功能：返回参数表中所有参数之和。
格式：SUM（number1，number2，…）。
说明：number1，number2…是 1~255 个需要求和的参数。

二、SUMIF 函数

格式：SUMIF（range，criteria，sum_range）。
功能：根据指定条件对若干单元格求和。
说明：range 用于条件判断的单元格区域，即求和的原始区域；criteria 是进行累加的单元格应满足的条件，其形式可以为数字、表达式或文本；sum_range 指求和的实际单元格，如果省略该参数，则直接对 range 中的单元格求和。

三、AVERAGE 函数

功能：返回参数的平均值。
格式：AVERAGE（number1，number2，…）。
说明：number1，number2…是 1~255 个需要求平均值的参数。参数可以是数字，也可以是包含数字的名称、数组或引用。如果数组或引用参数包含文本、逻辑值或空白单元格，则这些值将被忽略，但包含零值的单元格将计算在内。

四、MAX 函数

功能：返回一组值中的最大值。
格式：MAX（number1，number2，…）。
说明：number1、number2 等参数可以是数字，也可以是包含数字的名称、数组或引用。

五、MIN 函数

功能：返回一组值中的最小值。

格式：MIN（number1，number2，…）。

说明：number1、number2 等参数可以是数字，也可以是包含数字的名称、数组或引用。

六、COUNT 函数

功能：计算包含数字的单元格及参数列表中数字的个数。使用 COUNT 函数可以获取区域或数字数组中数字字段的输入项的个数。

格式：COUNT（value1，value2，…）。

参数：value1 为要计算其中数字的个数的第一个项、单元格引用或区域；value2 为要计算其中数字的个数的其他项、单元格引用或区域。参数可以包含或引用各种不同类型的数据，但只对数字型数据进行计数。

七、COUNTIF 函数

功能：对区域中满足单个指定条件的单元格进行计数。

格式：COUNTIF（range，criteria）。

说明：range 是要对其进行计数的一个或多个单元格区域，其中包括数字或名称、数组或包含数字的引用。criteria 是进行计数的单元格应满足的条件的数字、表达式、单元格引用或文本字符串。

八、COUNTIFS 函数

功能：对满足多个条件的单元格计数。

格式：COUNTIFS（criteria_range1，criteria1，[criteria_range2，criteria2]…）。

说明：criteria_range 表示条件所在的区域，criteria 则是需要满足的条件，条件区域和条件都是一一对应的，最多可以添加 127 组条件。因此，如果仅添加一个条件，相当于就是 COUNTIF 函数的功能了。

九、RIGHT 函数

功能：用来对单元格内容进行截取。从右边第一个字符开始截取，截取指定的长度。

格式：RIGHT（text，num_chars）。

说明：其中，参数 text 指文本，是从中提取字符的长字符串；参数 num_chars 是想要提取的字符个数。

十、LEFT 函数

功能：用来对单元格内容进行截取。从左边第一个字符开始截取，截取指定的长度。

格式：LEFT（text，num_chars）。

说明：其中，参数 text 指文本，是从中提取字符的长字符串；参数 num_chars 是想要提取的字符个数。

十一、MID 函数

功能：从一个文本字符串的指定位置开始，截取指定数目的字符。
格式：MID（text，start_num，num_chars）。
说明：从 text 所示的字符串中，从左边开始数，第 start_num 个位置开始，截取 num_chars 个字符。

十二、IF 函数

功能：根据逻辑计算的真假值，返回不同结果。
格式：IF（logical_test，value_if_true，value_if_false）。
说明：logical_test 是需要进行逻辑半段的条件表达式；Value_if_true 是条件成立时返回的结果；Value_if_false 是条件不成立时返回的结果。

十三、DATEIF 函数

功能：计算两个日期之间相差的年数、月数、天数。
格式：DATEDIF（start_date，end_date，unit）。
说明：start_date 为起始时间，end_date 为结束时间，unit 为返回结果的代码，其中"y"为返回整年数，"m"为返回整月数，"d"为返回整天数。

十四、VLOOKUP 函数

功能：按列查找，最终返回该列所需查询序列所对应的值。
格式：（lookup_value，table_array，col_index_num，[range_lookup]）。
说明：lookup_value 为需要在数据表第一列中进行查找的数值；table_array 为需要在其中查找数据的数据表；col_index_num 为 table_array 中查找数据的数据列序号；range_lookup 为一逻辑值，指明函数 VLOOKUP 查找时是精确匹配，还是近似匹配。

任务实践

一、任务要求

某店铺经过一段时间的经营，已经有了大量的客户积累，为提升用户的购物体验，店铺决定对目前购买过店铺商品的客户进行客户画像分析，通过总结和提炼客户信息，实现精准营销。

图 2-15 输入需要计算的字段名

二、任务实施

步骤 1：在 Excel 中打开商品数据表，输入需要计算的字段名，如图 2-15 所示。
步骤 2：在 N2 单元格中输入公式"=COUNTIF(D：D,"<18")"，按 Enter 键确认输入，

即得到 18 岁以下的用户数，如图 2-16 所示。

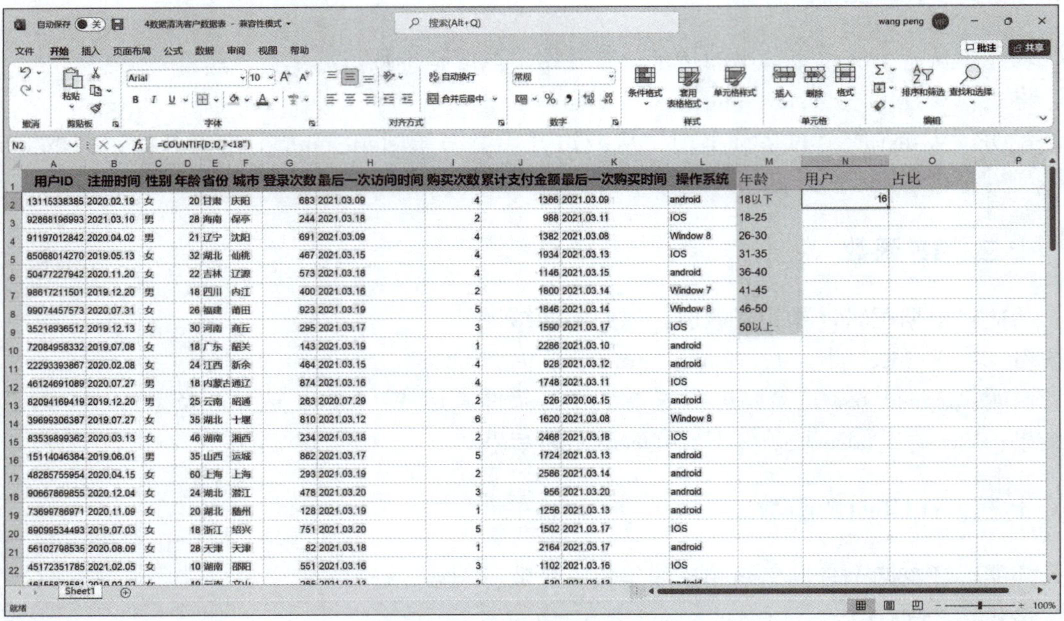

图 2-16　18 岁以下用户数

步骤 3：在 N3 单元格中输入公式"=COUNTIFS（D∶D,"≥18",D∶D,"≤25"）"，按 Enter 键确认输入，即得到 18 岁到 25 岁的客户数，如图 2-17 所示。

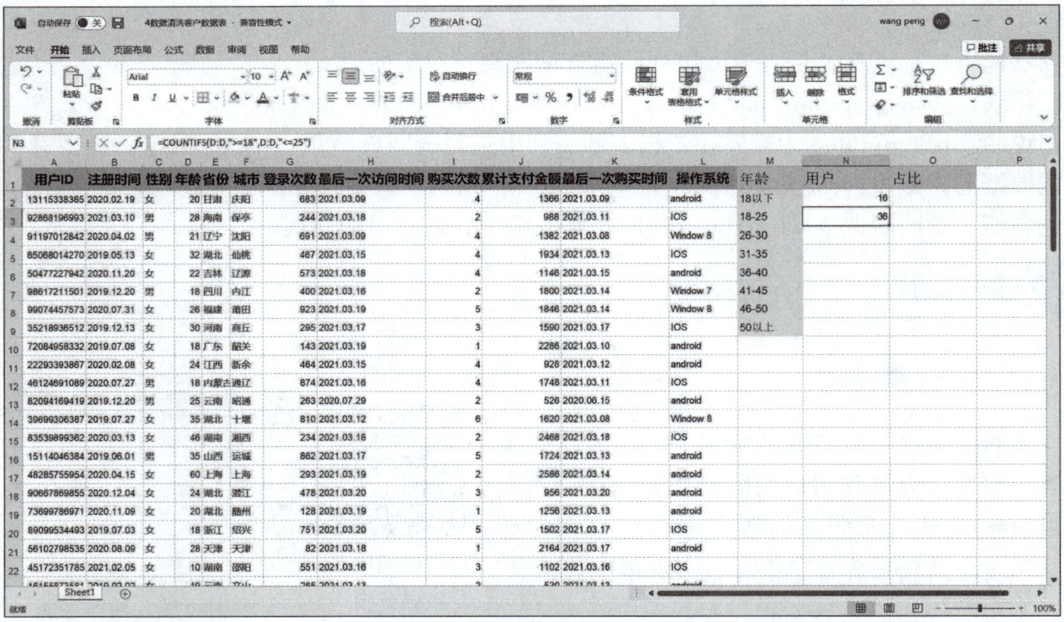

图 2-17　18 岁到 25 岁的客户数

步骤 4：调用 COUNTIF 和 COUNTIFS 函数，依次算出各个年龄人群的用户数，并利用 SUM 函数，在 N10 单元格输入公式"=SUM（N2∶N9）"核对总人数，如图 2-18 所示。

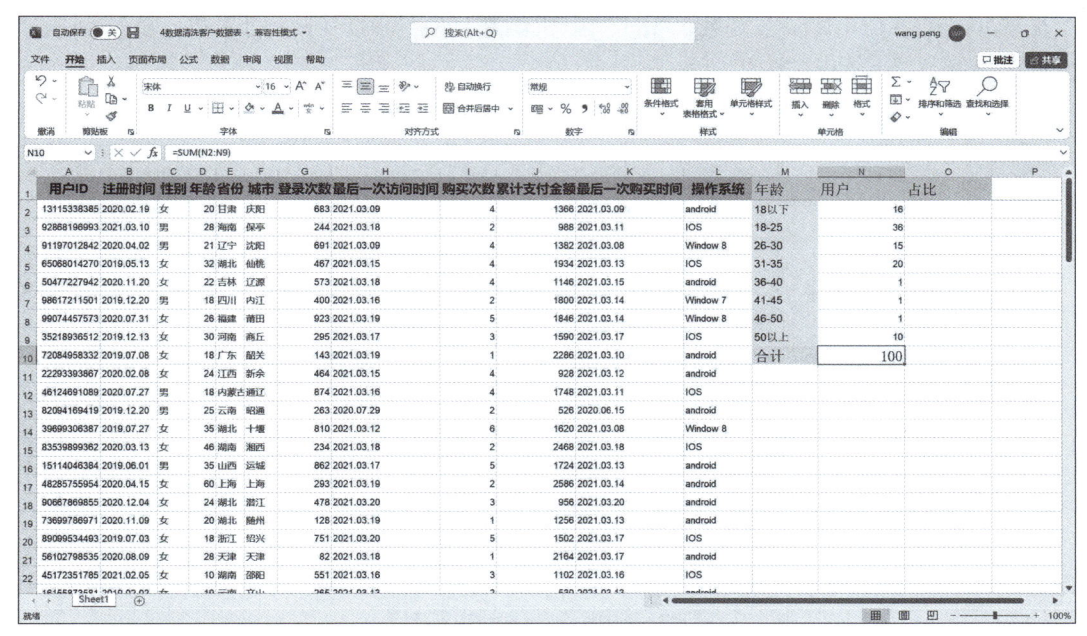

图 2-18 各年龄用户分布

步骤 5：在 O2 单元格中输入公式"＝N2/＄N＄10"，按 Enter 键确认，下拉到 O10 单元格，依次算出各个年龄段比例，单击"设置单元格格式"，选择"百分比，小数位数 0 位"，如图 2-19 所示；然后计算出各个年龄段百分比，如图 2-20 所示。

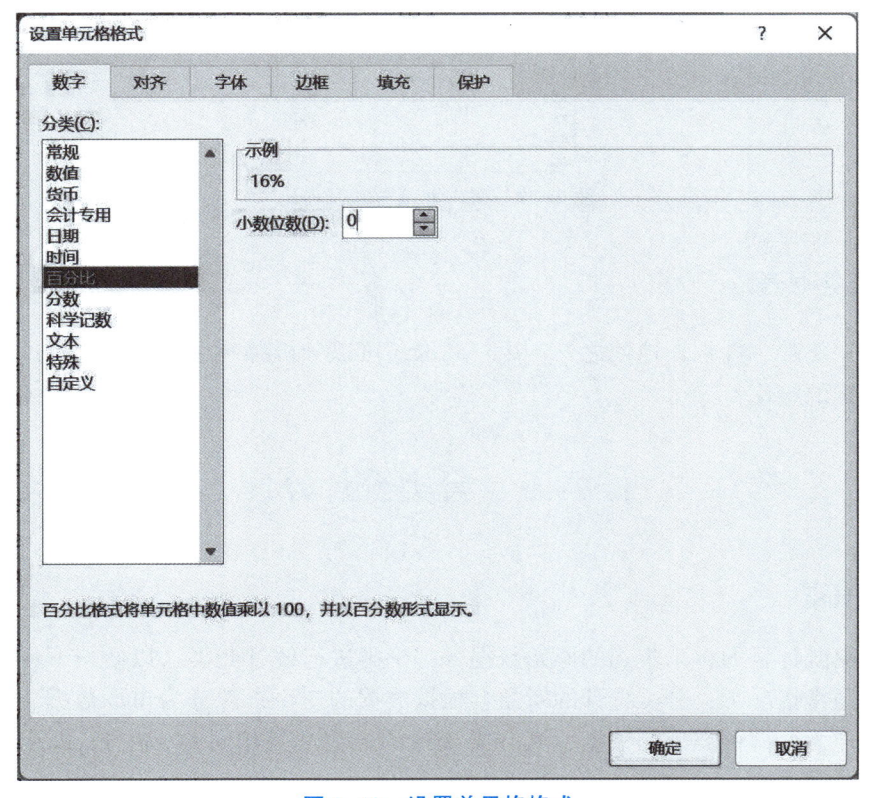

图 2-19 设置单元格格式

步骤 6：利用 COUNTIF、COUNTIFS、SUM 函数计算出用户各性别人数，然后利用公式进行占比计算，结果如图 2-21 所示。

年龄	用户	占比
18以下	16	16%
18-25	36	36%
26-30	15	15%
31-35	20	20%
36-40	1	1%
41-45	1	1%
46-50	1	1%
50以上	10	10%
合计	100	100%

图 2-20　用户年龄分布及占比

性别	用户	占比
男	33	33%
女	67	67%
合计	100	100%

图 2-21　用户性别分布及占比

步骤 7：利用 COUNTIF、COUNTIFS、SUM 函数计算出用户各地域（省份）人数，然后利用公式进行占比计算，结果如图 2-22 所示。

地域	用户	占比
安徽	3	3%
北京	1	1%
福建	2	2%
甘肃	2	2%
广东	8	8%
广西	3	3%
贵州	2	2%
海南	5	5%
河北	4	4%
河南	3	3%
黑龙江	5	5%
湖北	8	8%
湖南	5	5%
吉林	3	3%
江苏	3	3%
江西	3	3%
辽宁	5	5%
内蒙古	1	1%
宁夏	2	2%
青海	2	2%
山东	4	4%

图 2-22　用户地域分布及占比

三、任务思考

除了用户年龄、性别、地域之外，用户画像还可以分析哪些用户属性？通过这些属性可以得出什么样的结论？

任务三　分类统计处理

头脑风暴

企业根据统计目的将采集到的原始数据分门别类进行统计归类，以便于下一步的数据加工和分析。通常情况下，分类统计的对象会根据数据的产生来源分为市场数据、运营数据和产品数据，但无论哪种类型的数据，其分类统计的方法都是相同的。在 Excel 中，分类统计的方法有哪些呢？

知识储备

一、分类汇总

分类汇总是对特定类别下的特定信息进行汇总，其步骤是先分类、后汇总，因此汇总前必须先对需要汇总类目进行排序。排序需要选择扩展选定区域，如图 2-23 所示；其排序结果如图 2-24 所示。

图 2-23 扩展选定区域排序

图 2-24 来源排序结果

排序完成后，在"数据"选项卡中，找到"分类汇总"按钮，打开"分类汇总"对话框，选择"分类字段""汇总方式"和"汇总项"，如图 2-25 所示。

分类汇总后的效果如图 2-26 所示，左侧分级显示列表，单击即可显示或隐藏数据明细。

此外，当需要对多个字段同时进行分类汇总、以达到用不同条件对数据进行汇总的目的时，可以选择使用嵌套分类汇总，即在一个已经进行了分类汇总的工作表中继续创建其他分类汇总。即需要先对汇总的最终类目进行排序，然后对上一级类目进行排序，例如需要对每个省份的流量来源汇总，首先对来源进行排序，然后对省份进行排序，结果如图 2-27 所示。

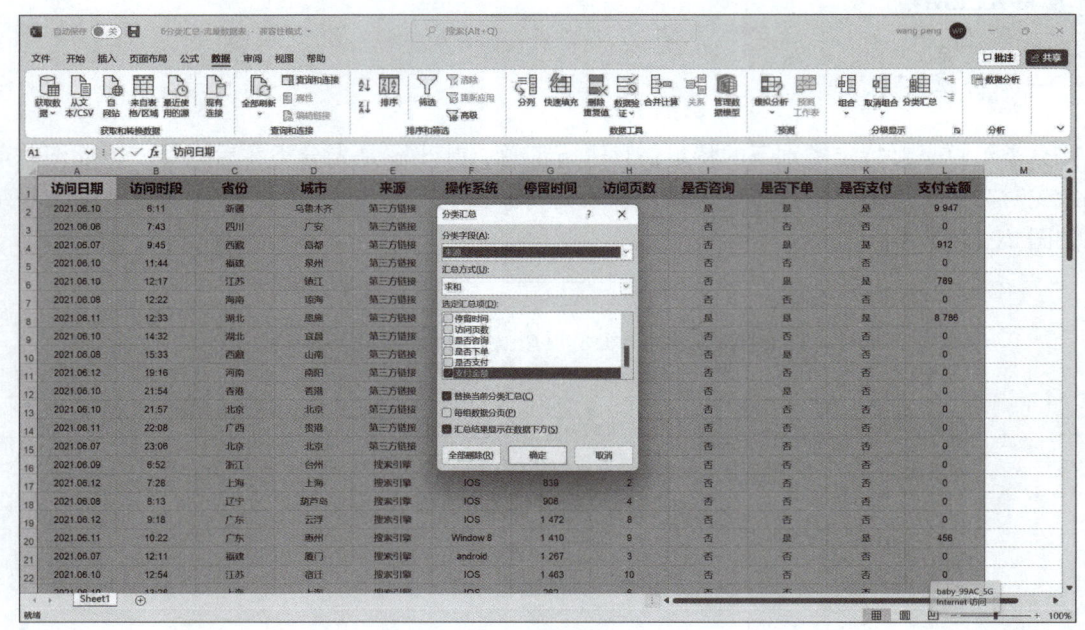

图 2-25 "分类汇总"对话框

图 2-26 分类汇总结果

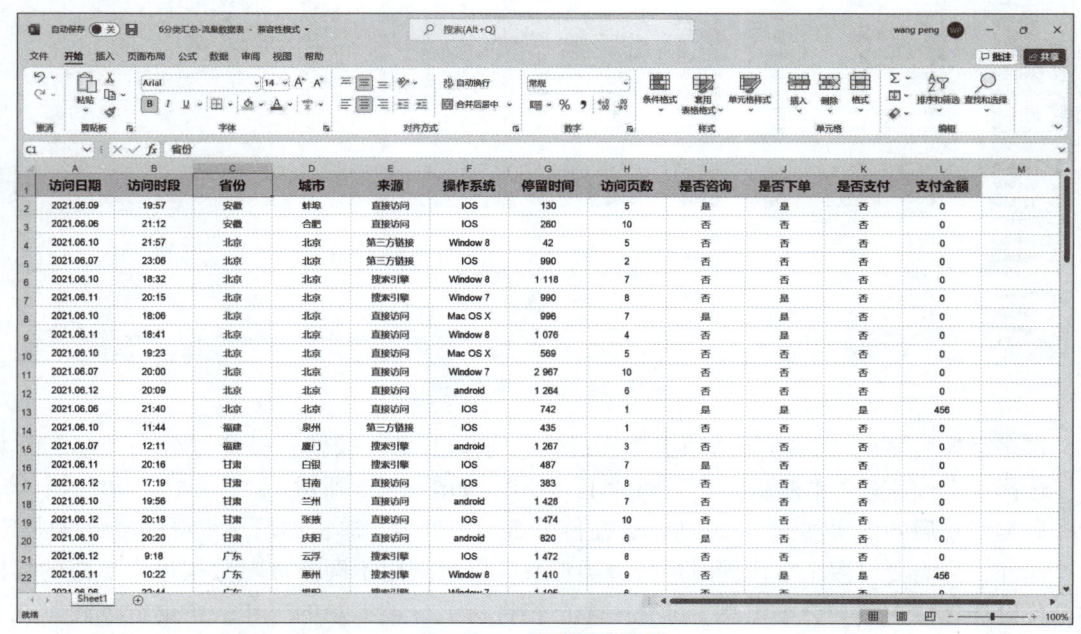

图 2-27 省份排序结果

排序完成后，单击"分类汇总"按钮，打开"分类汇总"对话框，设置"分类字段"为省份，设置"汇总方式"为求和，设置"汇总项"为支付金额，如图 2-28 所示。左侧显示三个层级列表，单击可显示总计、小计和详细数据，如图 2-29 所示。

图 2-28 "分类汇总"对话框

图 2-29 分类汇总结果

继续单击"分类汇总"按钮，设置分类字段为"流量来源"，设置"汇总方式"为求和，设置"汇总项"为支付金额，由于是嵌套分类汇总，需要将"替换当前分类汇总"前的对钩取消，否则之前的分类汇总就被覆盖了，如图 2-30 所示。确定之后，左侧分级显示列更新为四个层级，如图 2-31 所示，达到了用多个字段对数据进行汇总的目的。

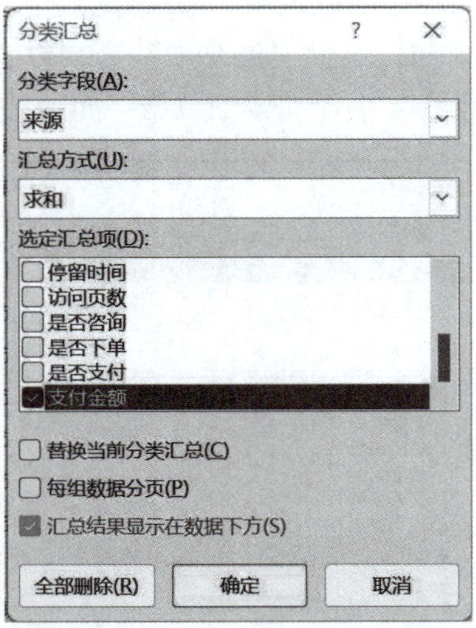

图 2-30 "分类汇总"对话框

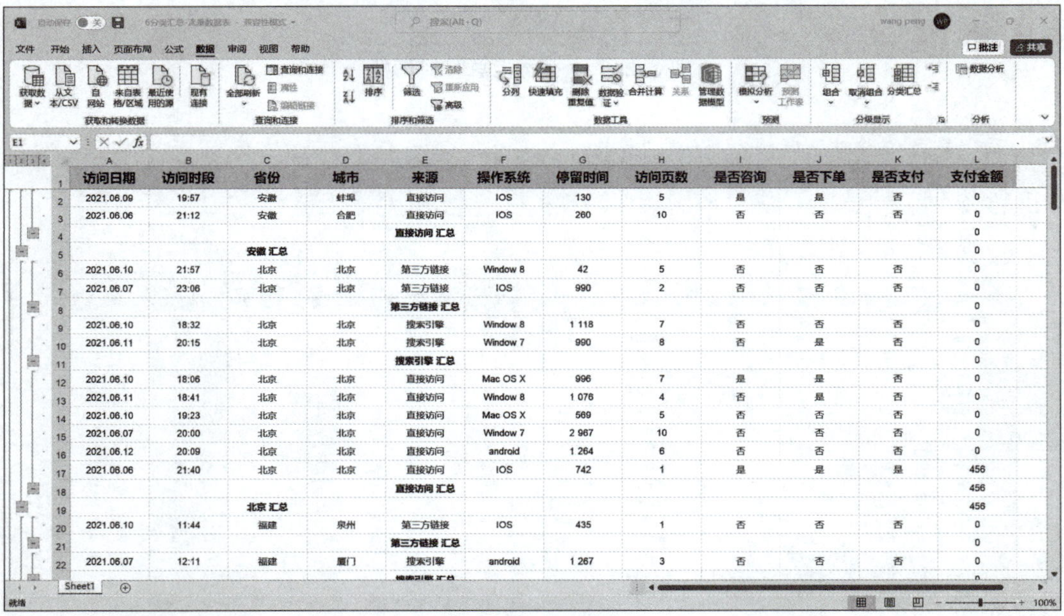

图 2-31 嵌套分类汇总

二、合并计算

合并计算功能是对多个分散的数据进行汇总计算。合并计算能够帮助用户将特定单元格区域中的数据，按照项目的匹配，对同类数据进行汇总。数据汇总的方式包括求和、计数、平均值、最大值、最小值等。

打开资源数据表，选中数据区域外的单元格，为汇总结果指定存放位置，单击"合并计算"按钮，在打开的"合并计算"对话框中，选择所需的"函数"，指定引用位置，单击"添加"按钮，多个表格合并计算时，需要多次添加，然后在标签位置对"首行"和"最左列"打钩，如图 2-32 所示，以便显示标签行和标签列。

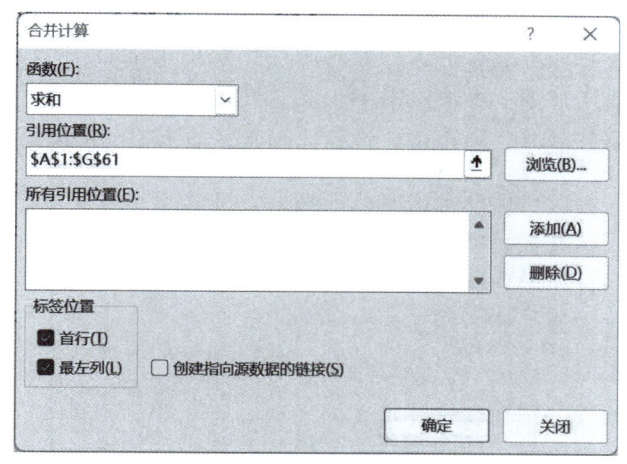

图 2-32 "合并计算"对话框

单击"确定"按钮，完成数据的合并计算，结果如图 2-33 所示。

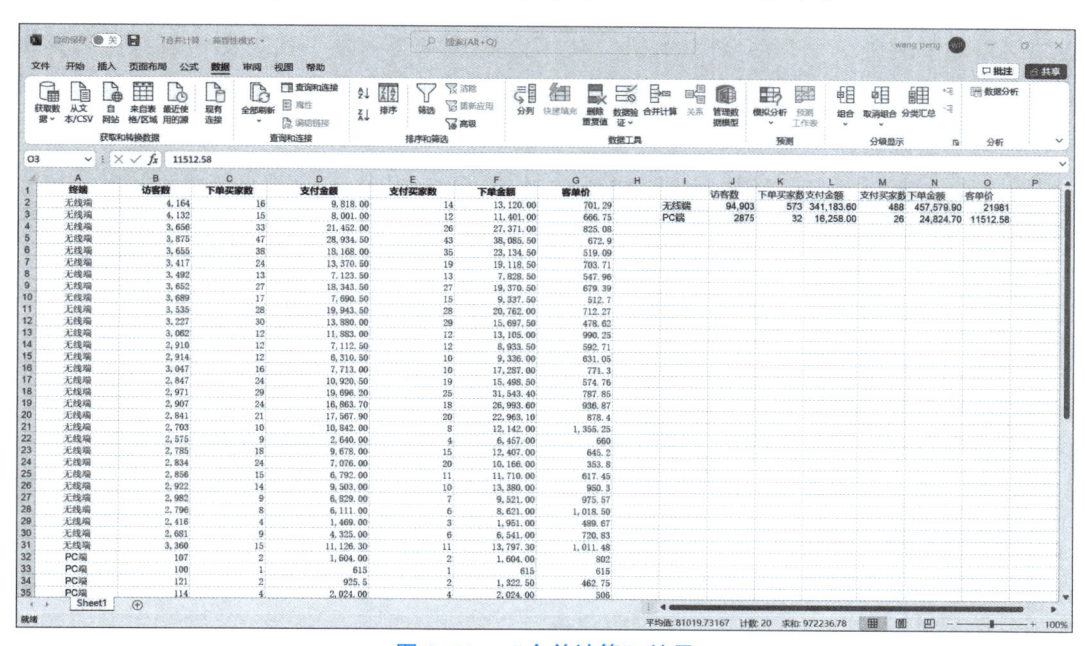

图 2-33 "合并计算"结果

三、数据透视表

数据透视表（Pivot Table）是一种交互式的表，是计算、汇总和分析数据的强大工具，它可以动态地改变它们的版面布置，以便按照不同方式分析数据，也可以重新安排行号、列标和页字段。每一次改变版面布置时，数据透视表会立即按照新的布置重新计算数据。另外，如果原始数据发生更改，也可以更新数据透视表。

数据透视表

（一）创建数据透视表

步骤1：选中数据中的任一单元格，在"插入"选项卡下单击"数据透视表"按钮，弹出"来自表格区域的数据透视表"对话框，选择要分析的数据和放置数据透视表的位置，选择"新工作表"，单击"确定"按钮，如图2-34所示。

图2-34 创建数据透视表

步骤2：单击"确定"按钮后，Excel自动创建一个空白的数据透视表框架，同时在其右侧展开"数据透视表字段"列表窗格。在"数据透视表字段"列表窗格可以进行拖动和设置字段，上方显示原始数据区域的字段名称，将需要汇总的字段拖动至下方相应的"筛选器""行""列""值"区域，生成报表，如图2-35所示。

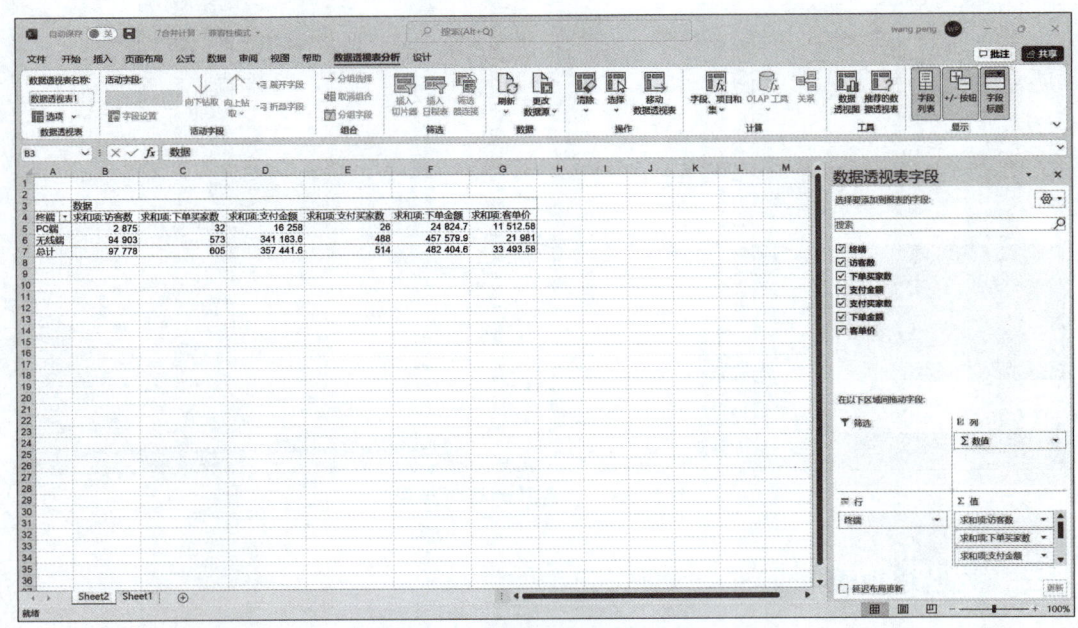

图2-35 设置数据透视表字段

步骤3：值字段设置。

检查各字段的汇总方式，单击数值汇总区域中需要调整的字段，选择"值字段设置"命令，根据需求修改汇总方式，如图2-36所示。

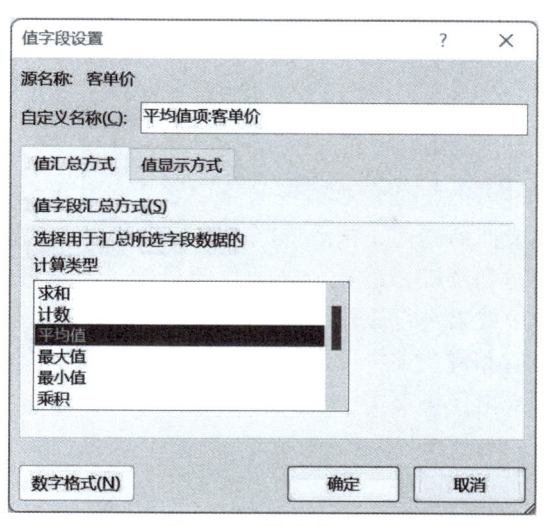

图 2-36 值字段设置

（二）数据透视表注意事项

1. 数据透视表缓存

每次在新建数据透视表或数据透视图时，Excel 均将报表数据的副本存储在内存中，并将其保存为工作簿文件的一部分。这样每张新的报表均需要额外的内存和磁盘空间。但是，如果将现有数据透视表作为同一个工作簿中的新报表的源数据，则两张报表就可以共享同一个数据副本。因为可以重新使用存储区，所以就会缩小工作簿文件，减少内存中的数据。

2. 数据透视表位置要求

如果要将某个数据透视表用作其他报表的源数据，则两个报表必须位于同一工作簿中。如果源数据透视表位于另一工作簿中，则需要将源报表复制到要新建报表的工作簿位置。不同工作簿中的数据透视表和数据透视图是独立的，它们在内存和工作簿文件中都有各自的数据副本。

3. 数据更改会同时影响两个报表

在刷新新报表中的数据时，Excel 也会更新源报表中的数据，反之亦然。如果对某个报表中的项进行分组或取消分组，那么也将同时影响两个报表。如果在某个报表中创建了计算字段（即数据透视表或数据透视图中的字段，该字段是使用用户创建的公式。计算字段可使用数据透视表或数据透视图中其他字段中的内容执行计算。）或计算项（数据透视表字段或数据透视图字段中的项，该项是使用用户创建的公式。计算项使用数据透视表或数据透视图中相同字段的其他项的内容进行计算。），则也将同时影响两个报表。

4. 数据透视图

使用者可以基于其他数据透视表创建新的数据透视表或数据透视图，但是不能直接基于其他数据透视图创建报表。每当创建数据透视图时，都会基于相同的数据创建一个相关联的数据透视表，相关联的数据透视表为数据透视图提供源数据的数据透视表。因此，您可以基于相关联的报表创建一个新报表。对数据透视图报表所做的更改将影响相关联的数据透视表，反之亦然。

任务实践

一、任务要求

在电商运营中，做好推广工作是企业销售的重中之重，它可以帮助企业提升品牌形象、拓展市场占有率，最终完成商品销售。精准推广投放，是在用户画像的基础上，针对不同用户投放不同的广告，从而达到推广精准化、高效化的目的。衡量精准推广投放的重要指标，就是对不同渠道的推广投放效果进行比较，发现不同渠道之间的差异，从而选择更合适的推广渠道。由于免费推广渠道和付费推广渠道的效果分析指标略有不同，某店铺需要对不同渠道的推广数据进行处理，找出优势渠道，从而进行精准推广投放。

二、任务实施

步骤 1，数据获取。

打开数据资源如图 2-37 所示。

图 2-37 某企业推广数据表

步骤 2，数据分类。

该数据表包括免费推广渠道和付费推广渠道两大类，我们对"流量来源"进行分析，单击数据区域任一数据，单击"插入"选项卡，选择"创建数据透视表"对话框，然后勾选"新工作表"，如图 2-38 所示。

步骤 3：生成报表。

在生成的空白数据透视表框架中，将"统计日期"字段拖动至"筛选器"，将"流量来源""来源明细"字段拖动至"行"区域，将"访客数""下单买家数""支付买家数""支付转化率""客单价""UV 价值"字段拖动至"值"区域，报表随之同步生成，如图 2-39 所示。

图 2-38　来自表格或区域的数据透视表

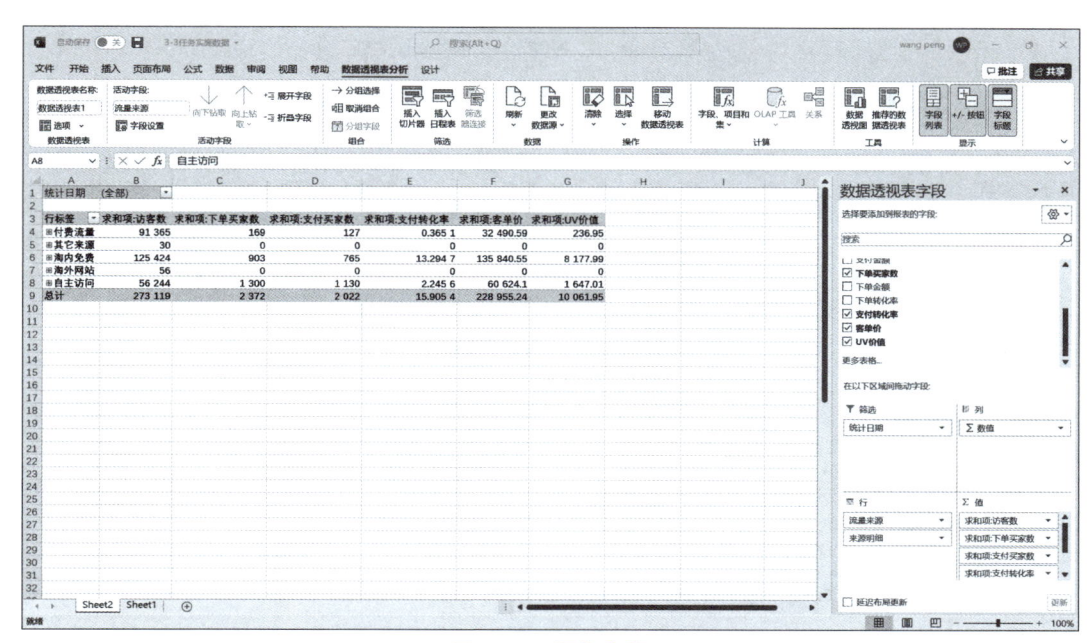

图 2-39　添加字段

步骤 4：值汇总依据。

检查各字段的汇总方式，需要将"客单价"和"UV 价值"的"求和"统计修改为"求平均值"统计。在"客单价"数据一列，单击鼠标右键，选择"值字段设置"，打开其设置对话框，将汇总方式修改为"平均值"，如图 2-40 所示；单击"确定"按钮，报表随之更新，如图 2-41 所示。

步骤 5：值显示方式。

检查各字段的显示方式，为了更加清晰地看出付费流量和各个免费流量的比例，我们可以单击鼠标右键，选择"值显示方式"，单击"列汇总的百分比"，如图 2-42 所示；单击"确定"按钮，报表随之更新，如图 2-43 所示。至此，数据透视表创建完成，该商家通过不同渠道推广所产生的效果通过数据统计一目了然地展示出来。

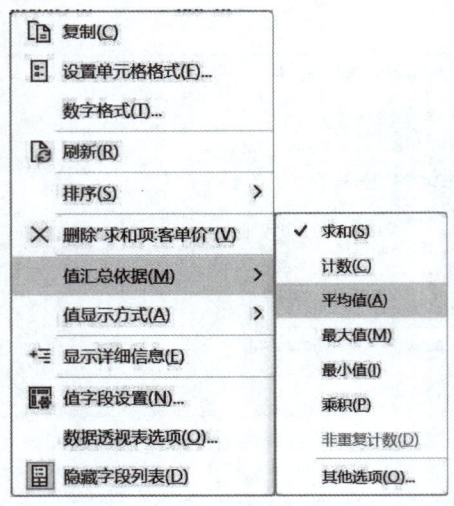

图 2-40 "客单价"值字段

图 2-41 数据更新

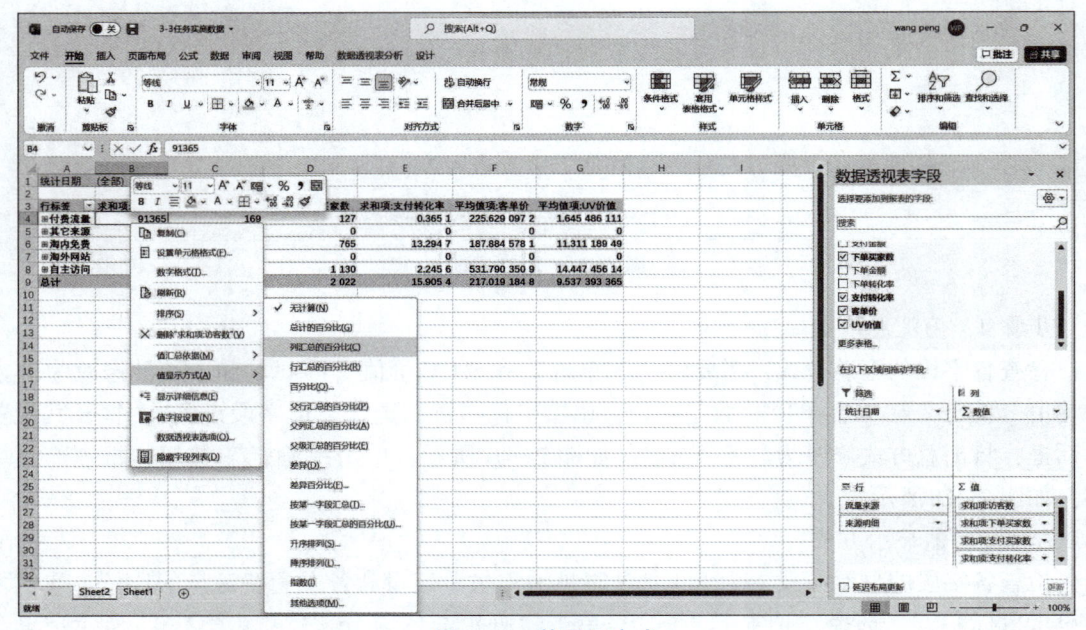

图 2-42 值显示方式

统计日期	(全部)					
行标签	求和项:访客数	求和项:下单买家数	求和项:支付买家数	求和项:支付转化率	平均值项:客单价	平均值项:UV价值
⊞付费流量	33.45%	7.12%	6.28%	2.30%	225.629 097 2	1.645 486 111
⊞其它来源	0.01%	0.00%	0.00%	0.00%	0	0
⊞淘内免费	45.92%	38.07%	37.83%	83.59%	187.884 578 1	11.31 118 949
⊞淘外网站	0.02%	0.00%	0.00%	0.00%	0	0
⊞自主访问	20.59%	54.81%	55.89%	14.12%	531.790 350 9	14.44 745 614
总计	100.00%	100.00%	100.00%	100.00%	217.019 184 8	9.537 393 365

图 2-43　数据分析结果

步骤6，数据整理及交接。

检查数据处理结果，并进行表格美化，包括行高、列宽、字体、边框、字体颜色、填充颜色等。

三、任务思考

客单价是指每个顾客平均购买商品的金额，是构成网店销售额的重要指标，写出客单价的计算公式，如果计算投资回报率，需要哪些指标呢？

任务四　描述统计处理

头脑风暴

数据描述性分析属于比较初级的数据分析，利用数据的描述性分析可以对数据的基础特性做初步了解。在对数据描述性分析的时候，一般首先要对数据进行描述性统计分析，分析对象数据的集中程度、离散程度等信息，以发现其内在的规律，为进行下一步数据分析提供有效的推断依据。那么，如何进行描述性统计呢？

知识储备

描述性统计分析要对数据总体变量的有关数据做统计性描述，常见的描述性统计量主要包括以下 3 类：描述变量集中趋势的统计量、描述变量离散程度的统计量、描述变量分布情况的统计量。综合这三类统计量就能够极为准确和清晰地把握数据的分布特点。

一、集中趋势处理

数据的集中趋势用来反映数据的一般水平，常用的指标有平均值、中位数和众数等。各指标的具体意义如下：

平均值（Mean）：表示变量值的平均水平，包括算术平均值、加权算术平均值、调和平均值和几何平均值。

中位数（Median）：一组数据中处于最中间位置的数，中位数是将各变量值按大小排序后，处于序列中间位置的那个变量值。当变量个数为偶数时，中位数是位于中间位置的两个变量的算术平均数。

众数（Mode）：一组数据中出现频率最高的数据值。众数只有对总体上单位较多而又明确的集中趋势的数据才有意义。

和（Sum）：某变量的所有变量值之和。

如果各个数据之间的差异程度较小，用平均值具有较好的代表性；而如果数据之间的差异程度较大，特别是有个别极端值的情况，则用中位数或众数具有较好的代表性。例如想要了解一个企业员工月收入的平均水平，如果各职位员工的收入差别比较小，用均值就可以代表员工的月平均收入水平；如果不同职位的员工收入差异巨大，如高的可达数十万，低的仅为两三千，这时候就需要用中位数或众数来代表平均水平比较恰当。

二、离散程度处理

数据的离散程度分析主要是用来反映数据之间的差异程度，离散程度越大，说明集中程度越差，平均数的代表性越弱，反之，平均数的代表性越强。描述变量离散程度的统计量有标准差、方差、最大值、最小值、极差等，其中，方差和标准差是测算离散程度最重要、最常用的指标。各指标的具体意义如下：

标准差（Standard Deviation）：描述变量关于均值的偏离程度；

方差（Variance）：标准差的平方，是各个观测值与其均值离差平方的均值；

最大值（Maximum）：某变量所有取值的最大值；

最小值（Minimum）：某变量所有取值的最小值；

极差（Range）：又称区域、全距，用 R 表示，是某变量极大值与极小值之差；

均值标准误差（Standard Error of Mean）：均值的标准误差，是反映抽样误差大小的统计指标，是统计推算可靠性的指标。

三、分布情况处理

在统计分析中，通常要假设样本的分布属于正态分布，因此需要用偏度和峰度两个指标来检查样本是否符合正态分布。偏度（Skewness）是对变量分布的对称程度和方向的描述。偏度为 0 表示对称，大于 0 表示右偏，小于 0 表示左偏。峰度（Kurtosis）是对变量分布的陡峭程度的描述。峰度为 0 表示陡峭程度和正态分布相同；峰度系数大于 0，两侧极端数据较少，比正态分布更高更瘦，呈尖峭峰分布；峰度系数小于 0，表示两侧极端数据较多，比正态分布更矮更胖，呈平阔峰分布，如图 2-44 所示。

偏度系数是以正态分布为标准来描述数据对称性的指标。偏度系数为 0，就是分布对称；如果频数分布的高峰向左偏移（偏度系数>0），长尾向右侧延伸称为正偏态分布；同样地，如果频数分布的高峰向右偏移（偏度系数<0），长尾向左延伸则成为负偏态分布，如图 2-45 所示。

四、描述统计处理步骤

一般情况下，Excel 是没有加载数据分析库的，需要用户自行加载安装，具体安装步骤如下：

步骤1：打开 Excel，单击"文件"选项卡，进入"文件"功能区；再单击"选项"按钮，在弹出的 Excel 选项框中单击"加载项"按钮；在加载项对话框里找到"管理"功能区，单击其下拉列表，选择"Excel 加载项"，并单击"转到"按钮，即可弹出"加载宏"对话框。

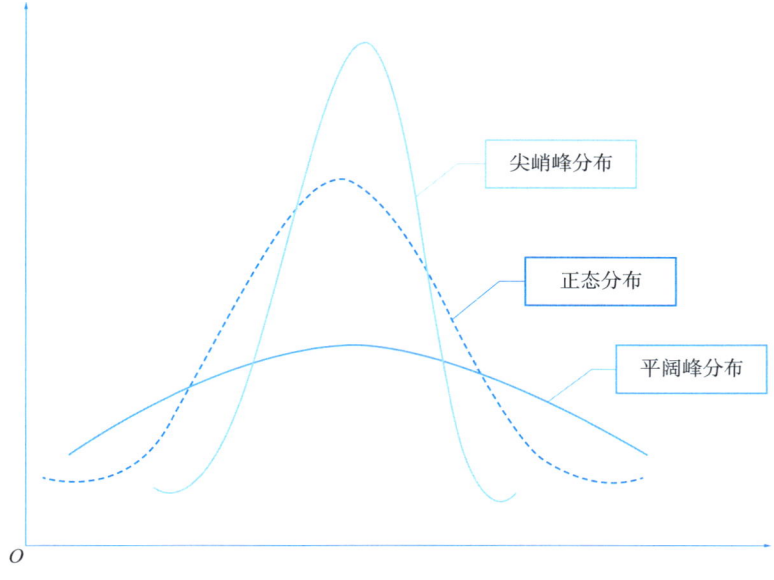

图 2-44　峰度分布

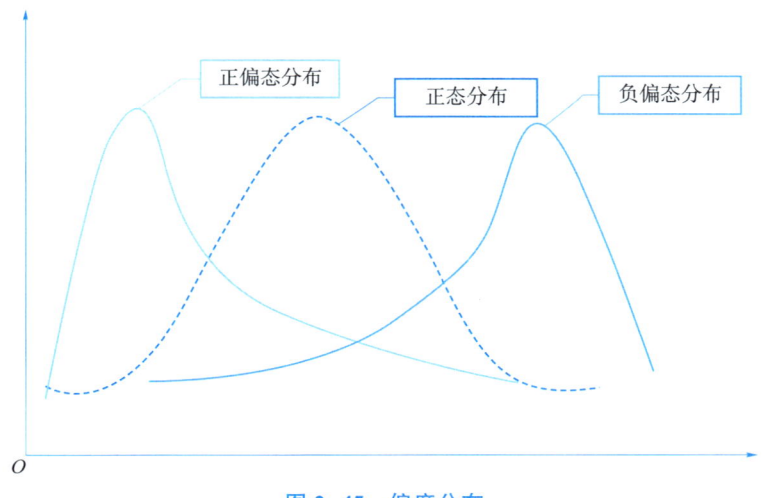

图 2-45　偏度分布

步骤 2：在"加载宏"对话框中选中"分析工具库""分析工具库-VBA"（分析工具库的编程加载项）复选框，单击"确定"按钮，即可完成"数据分析"加载项的添加。

任务实践

一、任务要求

基于对描述性统计量的了解，某电商平台在积累了一定的销售数据之后，预对累计支付金额进行描述性统计分析，统计累计支付金额的均值、区间等数据值，借此来作为分析每天消费金额价值的一个参考依据。

二、任务实施

步骤1：打开数据，搜索"加载项"，即可弹出"加载项"窗口，在"加载项"对话框中选中"分析工具库""分析工具库-VBA"（分析工具库的编程加载项）复选框（图2-46），单击"确定"按钮，即可完成"数据分析"加载项的添加。如图2-47所示，在Excel的"数据"菜单的右上角即出现了"数据分析"功能项。

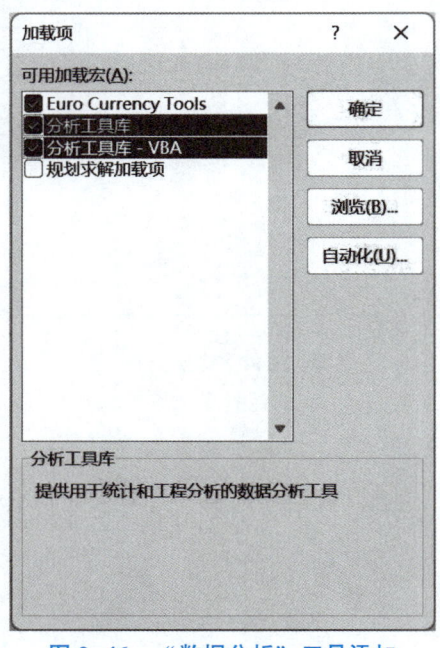

图2-46 "数据分析"工具添加

图2-47 完成数据分析工具添加

步骤2：单击"数据分析"对话框，选中"描述统计"分析工具，如图2-48所示；单击"确定"按钮，便弹出了"描述统计"对话框，如图2-49所示。在"描述统计"对话框中完成各类参数的设置。

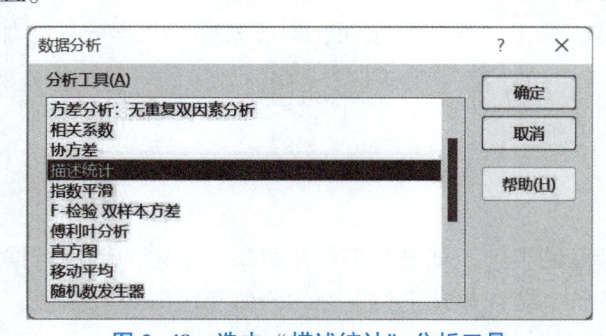

图2-48 选中"描述统计"分析工具

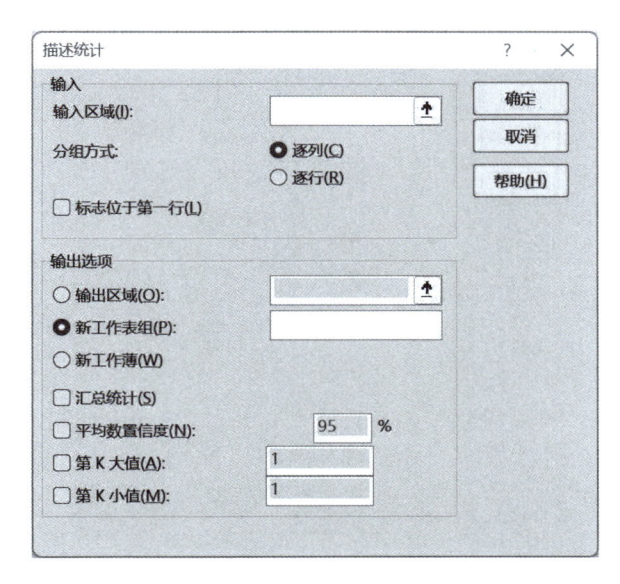

图 2-49 "描述统计"属性设置

（1）输入。

输入区域：选择需要分析的数据源区域，可选多行或多列，可以采用鼠标进行框选，也可以用键盘进行输入，输入时需要带上绝对引用符号"$"。

分组方式：选择分组方式，如果需要指出"输入区域"中的数据是按行还是按列分组，则选择"逐行"或"逐列"。

标志位于第一行：若数据源区域第一行含有标志（字段名、变量名），则应勾选，否则，Excel 字段将以"列 1、列 2、列 3……"作为列标志。

（2）输出选项。

输出区域：可选当前工作表的某个空白单元格、新工作表组或新工作簿，此处将结果输出至任意一个空白单元格即可。

汇总统计：包括平均值、标准误差（相对于平均值）、中位数、众数、标准差、方差、峰度、偏度、区域、最小值、最大值、求和、观测数等相关指标，此处勾选"汇总统计"。

第 K 大（小）值：表示输入数据组的第几位最大（小）值。此处勾选第 K 大（小）值复选框，并输入"1"，结果出现最大值和最小值。

平均数置信度：置信度也称为可靠度，或置信水平、置信系数，是指总体参数值落在样本统计值某一区域内的概率，常用的置信度为 95% 或 90%。本例勾选此复选框，并输入"95%"，可用来计算在显著性水平为 5% 时的平均值置信度。

最终"描述统计"属性设置结果如图 2-50 所示。

步骤 3：完成"描述统计"的设置后，单击"确定"按钮，描述统计结果就会在设定的输出区域展示，如在此案例中输出区域选择在本表展示，展示结果如图 2-51 所示。

通过以上的描述性统计分析，我们可以看到平均值、众数、方差、标准差等统计数据，由数据结果可以得到数值的大体特征，本案例的累计平均支付金额是 1 404.804，中位数

1 311，众数 1 366，累计支付金额最高值是 3 508，最低值是 404。再看偏度及峰度值，峰度值>0 且偏度值>0，说明数值分布是正偏态尖峭峰分布。

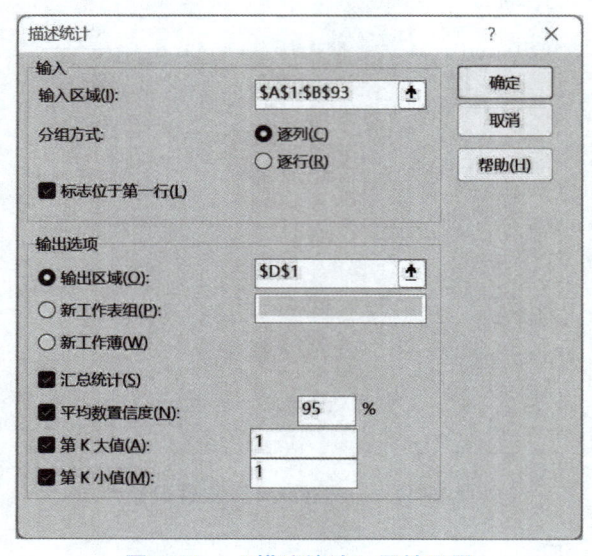

图 2-50 "描述统计"属性设置

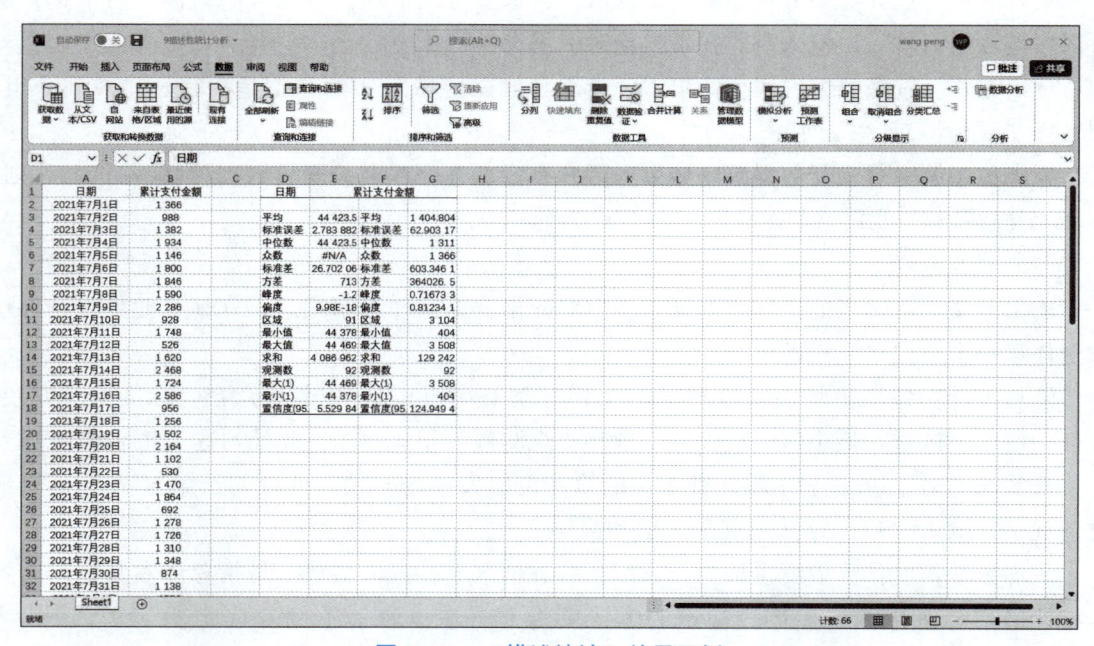

图 2-51 "描述统计"结果示例

三、任务思考

借助描述性统计分析可以达到怎样的分析目的，分析出的描述性统计量各代表了数据的哪些特征？如果用一个统计量代表访客量的平均水平，哪个更合适？为什么？

任务五 次数分布处理

头脑风暴

对于大量的数据，如果不进行频率或者分组处理是很难发现其中规律的，找到不同组别之间的关系，从而更好地了解分布情况进行对比是非常有必要的，那么应该如何进行次数分布处理呢？

知识储备

一、频数分析法

（一）频数分析法含义

频数也叫次数，是变量值出现在某个类别或区间中的次数，与频数相关的百分比数值是频率。频率是对象出现的次数与总次数的比值。比如某店铺日访问量为 1 000 人，其中女客户数为 600 人，就可以说，这一天企业的女客户频数为 600，其频率为 60%。

频数分析法是对变量的情况进行分析，通过频数分析能够了解变量取值的状况及数据的分布特征。频数分析主要针对分类变量指标进行，如性别、职业、人数等，从而了解这类指标的频数变化情况。比如运用频数分析法分析某一年每个月客户数的分布频数，可以从整体上了解企业这一年客户数的分布情况，可以通过客户频数变化曲线，直观地看到该企业客户出现最多时间、集中时间、分布及趋势。

（二）频数分析中常用的统计图类型

频数分析时，常用到条形图、直方图、饼状图这三种统计图类型。

1. 条形图

条形图是用宽度相同的矩形，通过矩形长短或高低来表示频数的变化情况。条形图的横坐标或纵坐标都可以用来表示频数，也可以用来表示频率。条形图能够用来比较同类现象数值的大小、内部结构或动态变化以及反应分布情况。

2. 直方图

直方图（Histogram）又称质量分布图，是一种统计报告图，由一系列高度不等的纵向条纹或线段表示数据分布的情况。一般用横轴表示数据类型，纵轴表示分布情况。直方图是数值数据分布的精确图形表示。这是一个连续变量（定量变量）的概率分布的估计，它是一种条形图。为了构建直方图，第一步是将值的范围分段，即将整个值的范围分成一系列间隔，然后计算每个间隔中有多少值。这些值通常被指定为连续的、不重叠的变量间隔。间隔必须相邻，并且通常是（但不是必需的）相等的大小。

在统计数据时，按照频数分布表，在平面直角坐标系中，横轴标出每个组的端点，纵轴表示频数，每个矩形的高代表对应的频数。这样的统计图即为频数分布直方图。在统计数据时，我们把数据按照不同的范围分成几个组，分成的组的个数称为组数。每一组两个端点的差称为组距。频数分布直方图能够显示各组频数分布的情况，而且易于显示各组之间频数的差别。

3. 饼状图

饼状图是用圆形里面的扇面来表示频率变化和分布情况的图形，饼状图中的扇面可以表示频数也可以表示频率。

（三）Excel 中频数分析的操作要点

在 Excel 中进行频数分析的操作要点有排序、分组以及分组上限。

1. 排序

排序是对原始数据按照数值大小进行排序，包括从小到大（升序）、从大到小（降序）两种排序方式。

2. 分组

分组是对将要进行频数分析的指标进行分组，所分的组即指标需要落到的区间。比如，对数值 1~100 进行分组，可以将其分组设定为：1~10、10~20、20~30 等，即所有大于等于 1 小于 10 的数值都需落在分组 1~10 中，以此类推。

3. 分组上限

分组上限是 Excel 在做频数分布表时，每一组的频数为分组的上限值。当相邻两组的上下限重叠时，分组上限为分组最大数值-1，比如分组"90~100"的上限与其相邻分组"100~110"的下限都为 100，分组"90~100"的分组上限值即为 100-1=99。

（四）具体操作步骤

（1）排序。

对所要分析的数据进行排序，包括从小到大（升序）、从大到小（降序）两种排序方式。找出最大值与最小值，确定数据的变动范围，计算出全距。

（2）分组。

分组是对将要进行频数分析的指标进行分组，所分的组即指标需要落到的区间。比如，对数值 1~100 进行分组，可以将其分组设定为：1~10、10~20、20~30 等，即所有大于等于 1 小于 10 的数值都需落在分组 1~10 中，以此类推。

（3）分组上限。

分组上限是 Excel 在做频数分布表时，每一组的频数为分组的上限值。当相邻两组的上下限重叠时，分组上限为分组最大数值-1，比如分组"90~100"的上限与其相邻分组"100~110"的下限都为 100，分组"90~100"的分组上限值即为 100-1=99。

（4）分组之后，依次单击"数据""数据分析"中的"直方图"选项。

（5）在直方图编辑框中的"输入区域"输入排序的数值区域，在"接收区域"输入分组上限的数值区域，在"输出区域"输入将要形成表格的起始位置，最后选中"累计百分率"和"图表输出"两个选项并单击"确定"按钮，则会自动生成频数累计统计表与直方图。

二、分组分析法

（一）分组分析法的含义

分组分析法是根据分析对象的特征，按照一定的指标，将对象划分为不同类别进行分析的方法，这种分析方法能够揭示分析对象内在的联系和规律。分组分析的目的是了解指标数据的内在关系，其实现方式是将总体中同一性质的对象合并于同一分组，将总体中不同性质的对象放置在其他分组，之后进行对比，得出分析结果。

（二）分组分析法的类型与原则

1. 分组分析法的类型

（1）数量分组分析。

数量分组分析是研究总体内结构及结构间相互关系的分析方式，比如计算分类指标占总体的比重，一般来说，占比越大，在总体中越重要，越能够影响甚至决定指标的总体性质。

（2）关系分组分析。

关系分组分析是对关系紧密的变量与自变量进行分析，以此得出其依存关系的分析方式。比如对企业产品单价、销售额、利润进行分组分析，可以得出三者之间的关系。一般来说，作为自变量，产品单价的变化会引起销售额、利润这两个变量的变化，产品单价低，则相应变量数值高。

（3）质量分组分析。

质量分组分析是将指标内复杂的数据按照质量进行分组，以此找出规律的分析方式，常用来分析行业经济现象的类型特征、相互关系等。

2. 分组分析法的原则

在进行分组分析时，需要遵循以下两个原则：

（1）无遗漏原则。

无遗漏原则指在进行分组时，总体中的每一个单位都需要归属于一组，所有组中应包含所有单位，不能有遗漏。

（2）排他性原则。

排他性原则指进行分组的每一个单位都只能属于一个分组，不能同时属于两个或两个以上的分组。

（三）Excel 中分组分析的操作要点

在 Excel 中进行分组分析的操作要点内容有：组数、组限、组距、VLOOKUP 函数分组。

1. 组数

组数是分组的个数。确定组数时，需要通过总体数据的多少进行确定，组数不能太多，太多会使数据分布分散，组数也不能太少，太少会缺少分析的单位数据，影响最终分析结果。

2. 组限

组限是用来表示各组范围的数值，包括各组的上限和下限。20~25、25~30、30~35、

35~40 等都是组限，其中左边的是下限，右边的是上限。同时，在分组时，遵循"上组限不在内"原则，即每个分组的上限不包含在本组内。

3. 组距

组距是一个分组中最大值与最小值的差额，可以根据全部分组的最大值、最小值和组数来计算，其计算公式是

$$组距 = (最大值 - 最小值) \div 组数$$

4. VLOOKUP 函数分组

在 Excel 工具中进行分组分析，需要用到 VLOOKUP 函数。VLOOKUP 是一个纵向查找函数，其功能是按列查找，最终返回该列所需查询序列对应的值。比如将需要进行分组分析的数据排成一列后，VLOOKUP 函数可以快速将这些数据分配到对应的分组中。

（四）具体操作步骤

（1）对所要分析的数据进行排序，找出最大值与最小值，确定数据的变动范围，计算出全距。

（2）确定组数和组距。

（3）确定组限（上限和下限）。

（4）计算各组的频数和频率。

任务实践

一、任务要求

某店铺主营各类点心，近期将要开展一场针对客户的营销推广活动，为了实现客户精准营销，旗舰店需要了解其店铺客户的群体特征，为此采集了网店近期的客户相关数据，并对这些数据展开分析，以指导企业精准营销。现需要对客户年龄进行分组分析，了解客户年龄分布情况。

二、任务实施

步骤 1：打开数据表格，将需要分组的客户年龄复制到 E 列，进行排序，排序要以当前选定区域排序，如图 2-52 所示；排序结果如图 2-53 所示。利用 Excel 的 G、H 区域制作分组表格，在 G 区域设置分组下限（年龄最小值），在 H 区域设置分组并标记组限（各组名称）。

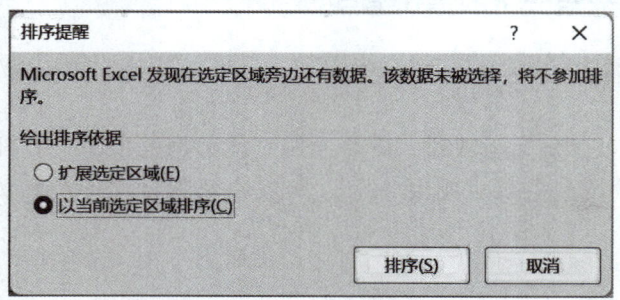

图 2-52 排序提醒选项

图 2-53 排序结果

步骤 2：设置分组表，查看结果得知，客户年龄最小为 13 岁、最大为 60 岁。此处设置组距为 5。组限为 10~20、20~30、30~40、40~50、50~60，对应分组下限分别为 10、20、30、40、50，如图 2-54 所示。

步骤 3：选中 D2 单元格，输入"VLOOKUP（B2，$G$2：$H$6，2）"，按 Enter 键，将 A2 单元格中的商品价格自动分组到 30~40 中，如图 2-55 所示。

图 2-54 分组表设置

图 2-55 输入 VLOOKUP 初步分组

步骤 4：将鼠标移动到 D2 单元格右下角，等到出现"+"后，单击拖动至 D197 单元格自动填充分组，如图 2-56 所示。通过以上方法，将客户年龄快速分配到对应的年龄分组中。

图 2-56　自动完成分组

步骤 5，制作年龄分组分析图。选取 D 列数据区域插入数据透视表，如图 2-57 所示；单击"确定"后，Excel 自动创建一个空白的数据透视表框架，同时在其右侧展开"数据透视表字段列表"窗格。在"数据透视表字段"拖动"年龄分组"到"列"和"求和值"区域，生成报表，如图 2-58 所示。

图 2-57　数据透视表选项

步骤 6，将"年龄分组"制作成柱形图如图 2-59 所示，分析年龄分布情况。

三、任务思考

什么情况下适合采用分组分析法来进行数据分析？它和频数分析法有什么异同点？

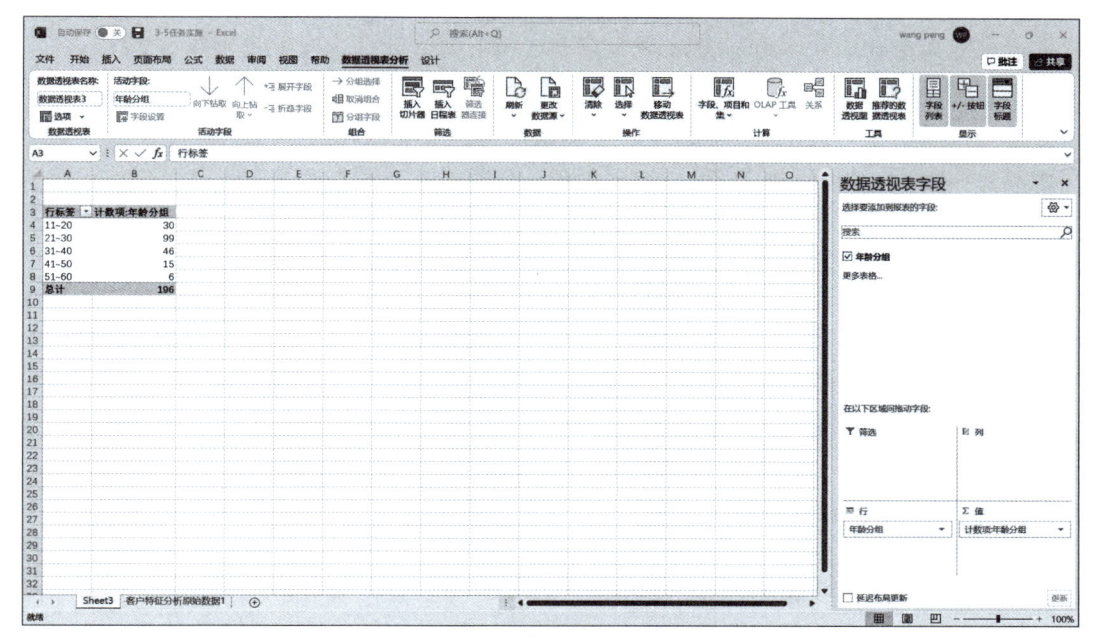

图2-58　客户年龄数据透视表

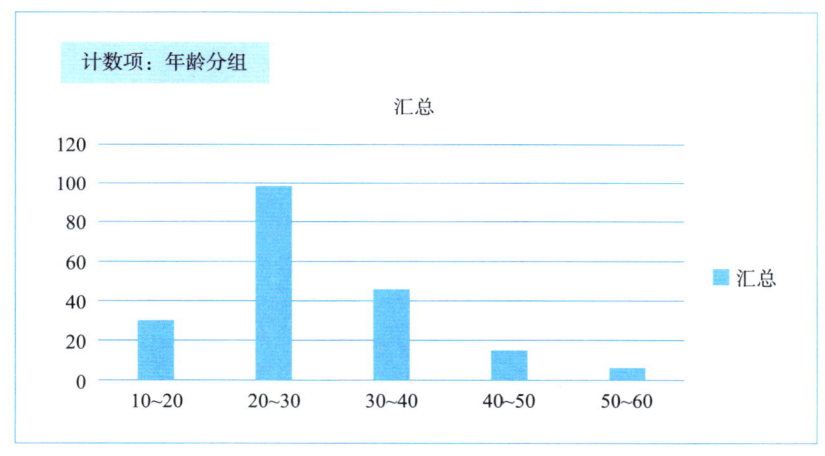

图2-59　年龄分组图

素养拓展

《个人信息保护法》正式实施：明确收集范围 重视隐私保护

2021年11月1日，《个人信息保护法》正式实施，个人信息安全将得到全方位保护。筑牢信息使用的安全边界，需要监管体系、企业责任与用户意识等层面的共同推进。

1. 个人信息须妥善保管

随着移动互联的飞速发展，各类手机App、应用小程序，已经成为人们社交、日常生活、学习工作中必不可少的一部分。那么，海量的个人信息都被存储到了哪里呢？各类应用程序后端都会有一个数据存储环境，数据库中存储了海量的应用数据与个人信息。比如，人们使用各种社交App，在上面发布的文字或者图片都会产生数据，经过处理和网络传输，最终存储到后端的数据库。数据库一般位于企业数据中心，或者云服务商提供的"云端"。数据库系统和里面的数据，由商家、应用程序的运营者来维护和保管。企业收集的个人信息是否能得到有效保护，一定程度上取决于企业的数据安全管控水平。2021年9月1日正式实施的《数据安全法》，还有国家及行业的相关标准要求，都要求企业提升数据安全管控能力。不过，技术的持续发展，对企业数据安全能力提出了更高要求。不同企业的数据安全建设水平参差不齐，导致部分用户的个人信息依然面临被非法获取、滥用、泄露等风险。

类似隐患还包括人脸等生物信息。根据App专项治理工作组发布的《人脸识别应用公众调研报告》，64.39%的受访者认为人脸识别技术有被滥用的趋势，30.86%的受访者已经因为人脸信息被泄露、滥用等遭受损失或者隐私被侵犯。这类风险也从线上延伸到线下，此前，曾有媒体报道售楼处肆意收集、辨识人脸信息。不久前，最高人民法院发布司法解释，规范人脸识别应用。

2. 信息收集不得超出范围

每次下载App或者授权个人信息使用时，隐私政策条款都十分冗长或非常隐蔽，对普通用户不是很友好。隐私政策被认为是网络服务提供者（企业）与用户之间的合同，用于声明企业如何收集、使用以及保护用户的个人信息。《网络安全法》规定，网络运营者收集、使用个人信息，应当遵循合法、正当、必要的原则。收集个人信息的范围，应当和提供的产品和服务有直接关联，不能超出这个必要的范围。同时，收集用户的敏感个人信息时，应当经过用户的明示同意，而不仅仅是简单地默认勾选用户协议这种方式。

目前，仍有一些应用程序存在超范围收集个人信息的问题，例如，收集过多个人信息、过度索取权限、强制用户使用定向推送功能、私自向第三方共享用户信息，以及无法注销账号等。

对个人用户来说，一方面，无法确定企业在收集了自己的个人信息之后会如何使用、如何保护，是否被泄露或滥用。即便有所顾虑，在面对"不给权限不让用App""频繁申请权限""过度索取权限"等问题时，也往往会选择妥协。同时，遇到个人信息侵权问题时，由于缺少保护意识，维权成本高、时间长、举证困难，一些人会选择放弃维权。

2019年以来，中央网信办等四部门持续在全国范围开展App违法违规收集使用个人信息专项治理，已检测App数万款，对问题较为严重的千余款App采取了公开曝光、约谈、下架等处理处罚措施，发现并监督整改了一大批强制授权、过度索权、超范围收集个人信息问题的App，治理卓有成效。

3. 只共享必要的个人信息

在某购物App中搜索了电视这一产品后，随手打开的另一个App中也出现了相关产品的推荐，"其他App是怎么知道我搜索了电视的？"目前引发手机用户隐私泄露担忧的，主要是跨平台的广告推送、个性化内容推荐。"跨平台的广告推送或内容推荐，相当一部分发生在大型互联网平台的关联公司或授权合作伙伴之间。"查阅一些大型互联网平台的隐私权政策，会发现其中有"与关联公司间共享""与授权合作伙伴共享"等条款。从技术手段看，每台手机设备都有唯一的标识符，用户在同一台手机设备上使用不同的应用程序时，应用程序追踪获取到这个唯一的标识符，便有可能精准地进行跨平台广告推送和效果追踪；此外，用户在浏览网页时，浏览器的Cookie技术也会记录使用足迹。

《个人信息保护法》规定，通过自动化决策方式向个人进行信息推送、商业营销，应当同时提供不针对其个人特征的选项，或者向个人提供便捷的拒绝方式。《信息安全技术个人信息安全规范》指出，收集个人信息后，个人信息处理者宜立即进行去标识化处理。不过，在大数据时代，如果数据存储不当或者访问、使用权限管理不严格，借助数据挖掘、关联匹配技术，经过去标识化处理的信息，仍然有暴露个人敏感身份信息的风险。为防范这些风险，应借助法律手段严格规范互联网公司收集、存储、共享、使用个人信息的行为，即便是关联公司之间也应只共享必要的个人信息。另外，用户也要加强隐私保护意识，安装和使用应用程序时注意阅读隐私权条款，比如，一些应用程序的个性化广告推荐选项是默认开启的，用户可以选择关闭。

我国目前已形成一套相对完善的个人信息保护法律体系，涵盖《民法典》《刑法》《未成年人保护法》《电子商务法》《网络安全法》《广告法》《消费者权益保护法》《数据安全法》及《个人信息保护法》等。筑牢个人信息使用的安全边界，离不开监管要求、企业责任与用户意识等层面的共同推进。

来自：人民日报

巩固练习

一、单选

1. 在 Excel 操作中，如果单元格中出现"#DIV/0!"的信息，这表示（　　）。
   A. 公式中出现被零除的现象　　　　B. 单元格引用无效
   C. 计算时，分子为 0　　　　　　　D. 结果太长单元格容纳不下

2. 若在数值单元格中出现一连串的"#####"符号，想要正常显示则需要（　　）。
   A. 重新输入数据　　　　　　　　　B. 调整单元格的宽度
   C. 删除这些符号　　　　　　　　　D. 删除该单元格

3. 假设 B1 为文本型数据"100"，B2 为数值型数据"5"，则 COUNT（B1：B2）等于（　　）。
   A. 105　　　　B. 95　　　　C. 1　　　　D. 2

4. 数据清洗时，运营数据中出现"下单时间 2088-12-12"，属于（　　）。
   A. 缺失值清洗　　　　　　　　　　B. 格式内容清洗
   C. 逻辑错误清洗　　　　　　　　　D. 重复数据清洗

5. 数据的离散程度分析主要是用来反映数据之间的差异程度，（　　）说明集中程度越差，平均数的代表性越弱，反之，平均数的代表性越强。
   A. 离散程度越大　　　　　　　　　B. 离散程度越小
   C. 离散程度越均匀　　　　　　　　D. 离散程度越无序

二、多选

1. Excel 描述统计结果中包括（　　）指标。
   A. 峰度、偏度　　　　　　　　　　B. 平均数、标准差
   C. 加权算术平均数　　　　　　　　D. 最大值、最小值

2. 在 Excel 中，下面关于分类汇总的叙述正确的是（　　）。
   A. 分类汇总前必须按关键字段排序

B. 进行一次分类汇总时的关键字段只能针对一个字段

C. 分类汇总可以删除，但删除汇总后排序操作不能撤销

D. 汇总方式只能是求和

3. 下列选项中可以作为 Excel 2016 数据透视表数据源的有（　　）。

A. Excel 2016 的数据清单或数据库　　B. 外部数据

C. 多重合并计算数据区域　　D. 文本文件

4. 在 Excel 费用明细表中，列标题为“日期”“部门”“姓名”“报销金额”等，若要统计“报销金额”，可选择哪些方法（　　）？

A. 高级筛选　　B. 分类汇总

C. 用 SUMIF 函数计算　　D. 用数据透视表计算汇总

5. 在统计分析中，通常要假设样本的分布属于正态分布，因此需要用（　　）两个指标来检查样本是否符合正态分布。

A. 偏度　　B. 偏角　　C. 峰度　　D. 峰角

三、案例分析

数据分析人员采集了某店铺连续 30 天的店铺交易日报，打算从访客数、下单买家数、支付买家数、支付金额数据着手，针对这些指标数据进行分类汇总并分析。店铺经营日报如图 2-60 所示。

统计日期	访客数	支付金额	老买家支付金额	支付件数	客单价	支付转化率	成功退款金额	直通车消耗	钻石展位消耗	淘宝客佣金
2021-09-01	4,263	11,422.00	4,291.00	21	713.88	0.38%	10,078.18	762.48	286.64	313.18
2021-09-02	4,222	8,616.00	4,153.00	47	662.77	0.31%	2,251.00	851.7	280.98	33.45
2021-09-03	3,767	22,377.50	16,809.50	442	799.2	0.74%	583	753.7	282.33	45.95
2021-09-04	3,975	30,958.50	24,808.50	71	658.69	1.18%	4,490.50	887.5	294.11	167.08
2021-09-05	3,737	18,367.00	12,901.50	43	510.19	0.96%	9,227.36	876.48	281.04	431.89
2021-09-06	3,488	13,835.50	8,449.00	45	691.78	0.57%	2,667.50	742.18	286.19	132.44
2021-09-07	3,575	7,532.50	3,321.50	14	538.04	0.39%	0	720.55	284.44	99.96
2021-09-08	3,776	19,247.50	13,871.00	4,979	663.71	0.77%	11,552.06	642.94	293.25	159.25
2021-09-09	3,794	8,280.50	6,539.50	2,362	517.53	0.42%	6,924.99	632.65	361.83	78.58
2021-09-10	3,638	19,943.50	16,709.00	427	712.27	0.77%	8,945.85	574.2	347.54	167.19
2021-09-11	3,348	14,719.00	10,487.00	94	490.63	0.90%	5,778.50	521.07	366.42	230.36
2021-09-12	3,164	11,883.00	9,569.00	45	990.25	0.38%	3,285.00	664.96	319.15	139.08
2021-09-13	2,984	7,815.50	4,479.50	14	601.19	0.44%	70	750.66	374.91	403.25
2021-09-14	2,982	6,310.50	3,657.00	11	631.05	0.34%	7,970.51	644.33	300.56	300.33
2021-09-15	3,132	8,388.00	6,027.00	14	762.55	0.35%	4,473.49	499.94	379.04	380.22
2021-09-16	2,933	11,458.00	6,613.00	77	572.9	0.68%	3,262.50	376.88	291.18	298.44
2021-09-17	3,061	19,696.20	12,636.20	51	787.85	0.82%	2,893.00	422.98	296.2	67.35
2021-09-18	2,978	19,129.70	13,057.70	30	910.94	0.71%	4,013.63	529.77	296.83	181.42
2021-09-19	2,920	18,654.90	14,251.50	32	888.33	0.72%	1,929.20	372.85	295.69	422.9
2021-09-20	2,768	10,842.00	9,156.00	16	1,355.25	0.29%	2,823.50	507.71	311.77	194.11
2021-09-21	2,644	2,640.00	541	4	660	0.15%	0	492.35	321.84	242.63
2021-09-22	2,891	9,678.00	4,130.00	2,264	645.2	0.52%	7,364.90	460.61	261.45	269.33
2021-09-23	2,937	8,394.00	4,921.00	1,020	399.71	0.72%	3,395.30	372.92	170.02	363.27
2021-09-24	2,943	6,792.00	5,434.00	18	617.45	0.37%	3,926.50	379.18	163.24	97.94
2021-09-25	3,012	9,503.00	4,792.00	1,014	950.3	0.33%	2,888.30	285.95	105.91	133.15
2021-09-26	3,065	6,829.00	4,170.00	738	975.57	0.23%	2,992.51	264.23	163.86	165.07
2021-09-27	2,856	6,111.00	3,035.00	9	1,018.50	0.21%	6,957.08	303.24	260.29	103.55
2021-09-28	2,480	2,314.00	1,469.00	11	578.5	0.16%	0	313.97	286.48	176.07
2021-09-29	2,762	4,325.00	1,034.00	7	720.83	0.22%	8,304.63	385.43	155.47	281.8
2021-09-30	3,463	11,378.30	7,731.30	17	948.19	0.35%	1,292.00	469.42	228.28	113.76

图 2-60　店铺经营日报

补充阅读

CNNIC 发布第 52 次《中国互联网络发展状况统计报告》

截至 2023 年 6 月，我国网民规模达 10.79 亿人，较 2022 年 12 月增长 1 109 万人，互联网普及率达 76.4%。

1. 数字基础设施建设进一步加快，资源应用不断丰富

《中国互联网络发展状况统计报告》（以下简称《报告》）显示，在网络基础资源方面，截至 2023 年 6 月，我国域名总数为 3 024 万个；IPv6 地址数量为 68 055 块/32，IPv6 活跃用

户数达 7.67 亿；互联网宽带接入端口数量达 11.1 亿个；光缆线路总长度达 6 196 万千米。在移动网络发展方面，截至 2023 年 6 月，我国移动电话基站总数达 1 129 万个，其中累计建成开通 5G 基站 293.7 万个，占移动基站总数的 26%；移动互联网累计流量达 1 423 亿 GB，同比增长 14.6%；移动互联网应用蓬勃发展，国内市场上监测到的活跃 App 数量达 260 万款，进一步覆盖网民日常学习、工作、生活。在物联网发展方面，截至 2023 年 6 月，三家基础电信企业发展蜂窝物联网终端用户 21.23 亿户，较 2022 年 12 月净增 2.79 亿户，占移动网终端连接数的比重为 55.4%，万物互联基础不断夯实。

2. 工业互联网基础设施持续完善，"5G+工业互联网"快速发展

一是工业互联网网络体系快速壮大，平台体系逐步完善。《报告》显示，全国 5G 行业虚拟专网超过 1.6 万个。工业互联网标识解析体系覆盖 31 个省（区、市）。具有一定影响力的工业互联网平台超过 240 家，我国基本形成综合型、特色型、专业型的多层次工业互联网平台体系。二是数据汇聚初见成效，安全保障日益增强。国家工业互联网大数据中心体系基本建成，工业互联网数据要素登记（确权）平台体系建设持续推进。国家级工业互联网安全技术监测服务体系不断完善，态势感知、风险预警和基础资源汇聚能力进一步增强。三是融合应用不断涌现，"5G+工业互联网"快速发展。《报告》显示，一季度，工业和信息化部发布了 5G 工厂、工业互联网园区、公共服务平台等 218 个工业互联网试点示范项目，"5G+工业互联网"融合发展已驶入快车道。

3. 各类互联网应用持续发展，网约车、在线旅行预订、网络文学等实现较快增长

《报告》显示，2023 年上半年，我国各类互联网应用持续发展，多类应用用户规模获得一定程度的增长。一是即时通信、网络视频、短视频的用户规模仍稳居前三。截至 2023 年 6 月，即时通信、网络视频、短视频用户规模分别达 10.47 亿人、10.44 亿人和 10.26 亿人，用户使用率分别为 97.1%、96.8% 和 95.2%。二是网约车、在线旅行预订、网络文学等用户规模实现较快增长。截至 2023 年 6 月，网约车、在线旅行预订、网络文学的用户规模较 2022 年 12 月分别增长 3 492 万人、3 091 万人、3 592 万人，增长率分别为 8.0%、7.3% 和 7.3%，成为用户规模增长最快的三类应用。

来自：中国互联网络信息中心

模块三

市场数据分析

【学习目标】

【知识目标】
(1) 了解市场数据分析的相关概念
(2) 掌握市场集中度的内容
(3) 熟悉图表趋势预测法
(4) 掌握竞店分析的常用方法

【能力目标】
(1) 能够进行市场容量及市场结构的分析
(2) 能够根据获取的数据进行行业集中度分析
(3) 能够利用图表趋势预测法对数据进行趋势分析
(4) 能够识别竞争对手并进行竞店分析

【素质目标】
(1) 具有法律意识和数据保密意识
(2) 遵守职业道德,在数据分析时不弄虚作假
(3) 了解《中华人民共和国反不正当竞争法》

【思维导图】

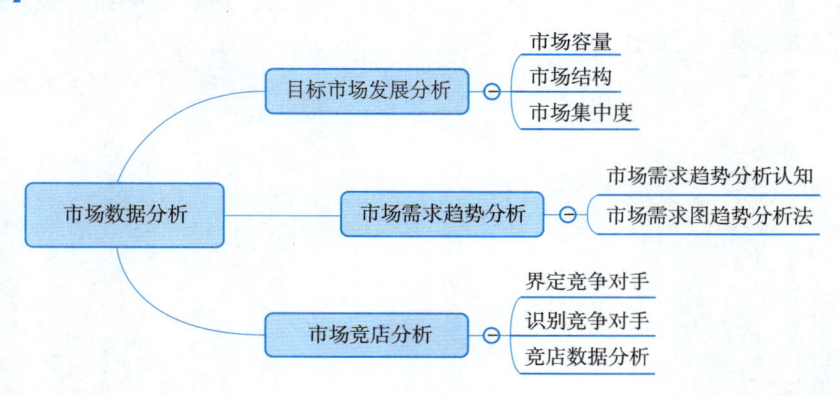

```
                    ┌─ 市场容量
       ┌─ 目标市场发展分析 ─┼─ 市场结构
       │                   └─ 市场集中度
       │
市场数据分析 ─┼─ 市场需求趋势分析 ─┬─ 市场需求趋势分析认知
       │                      └─ 市场需求图趋势分析法
       │
       │                   ┌─ 界定竞争对手
       └─ 市场竞店分析 ────┼─ 识别竞争对手
                           └─ 竞店数据分析
```

任务一 目标市场发展分析

头脑风暴

在创业之初,往往决定做什么行业比较难,因为选择行业的决策会直接关系到企业的发

展前景和成功的可能性，一旦选择了错误的行业或市场，就可能面临巨大的风险和失败的可能性。因此，为了降低决策风险，目标市场发展分析非常重要。目标市场发展分析可以帮助企业了解行业和市场的情况，判断市场是否足够大，是否有增长潜力，及时调整企业战略，抓住市场机会。

知识储备

一、市场容量

（一）概念

市场容量（Market Capacity）是指某一特定市场中，在一定时间内消费者需要或愿意购买的产品或服务的总量或总价值。它是市场规模的一个重要指标，反映了市场潜在的需求和消费者的购买力。市场容量反映的是市场能够吸收的最大产量或销售量，也就是市场需求的上限。市场容量是指在当前市场环境下，如果所有企业都能够实现最高产能并且市场需求也达到最高峰，那么市场可以承载的总产能或总销售量。通常情况下，市场容量往往是一个理论上的概念，因为实际情况下很难让所有企业都实现最高产能，同时市场需求也很难达到最高峰。

市场容量则决定销售目标的设定。销售目标定得太高不仅容易导致团队压力太大，还会积压库存、占用资金、使库存周转变慢；销售目标定得过低则会错过市场机会，不利于公司的成长，而市场容量分析有助于企业设定科学的销售目标。企业在进行市场容量分析时，可以用领先品牌成交额累加得出的结果替代行业的市场容量。市场容量分析有利于制定销售和运营的计划与目标。例如一个行业的销售额容量在500万元左右，商家如果不清楚该行业的市场容量，盲目地给自己制定600万元的销售额或500万元的推广费用，这些都是不切实际的，前者永远无法完成目标，后者则能轻易导致公司破产。

通过预测市场容量，并制定相应的营销策略和生产计划，可以更好地确定市场规模，发现新的销售机会，确定战略方向，并优化资源配置，从而提高企业的竞争力和市场地位。具体包括以下几点：

（1）确定市场规模：市场容量可以帮助企业确定市场规模，从而了解市场的潜在需求和消费者的购买力。这有助于企业确定生产和销售的规模以及为了满足市场需求所需的资源和能力。

（2）发现新的销售机会：市场容量还可以帮助企业发现新的销售机会，这些机会可能是企业以前没有意识到的市场细分或者是新的需求领域。通过了解市场容量和消费者的需求，企业可以开发新的产品和服务，进入新的市场并获得竞争优势。

（3）确定战略方向：市场容量还可以帮助企业确定战略方向。企业可以根据市场容量和竞争情况来制定销售和市场推广策略，以提高市场份额和销售量。此外，了解市场容量还可以帮助企业优化其产品组合，以满足不同市场细分的需求。

（4）改善资源配置：了解市场容量可以帮助企业更好地规划资源的分配，包括人力资源、财务资源和物流资源。企业可以根据市场容量和预测需求来确定所需的生产和库存水平，以及合适的销售渠道和营销策略，从而更好地管理和优化资源的使用。

（二）市场容量与市场规模

市场规模（Market Size）指的是某个特定市场中，已经实际交易的产品或服务的总量或总价值，它反映了市场上已经实际发生的交易情况。而市场容量则反映了市场潜在的交易规模，它的大小取决于市场中潜在消费者的数量和他们对产品或服务的需求程度。市场规模的计算基于市场上已经实际发生的交易数据，而市场容量的计算则基于对市场潜在需求的预测和估算。它们都是企业制定市场营销策略和规划资源分配的重要参考指标，但是它们在描述市场时的角度和应用场景略有不同。

假设我国电动车市场中，市场容量是指在当前的市场环境下，如果所有企业都能够实现最高产能并且市场需求也达到最高峰，那么这个市场可以承载的总产能或总销售量。而市场规模则是指在特定时间段内，市场中实际发生的销售或产量总和。例如，2022年，中国电动车的市场规模为100万辆，但市场容量可能是200万辆，因为市场中还有很大的增长空间，尚未达到最大承载量。

因此，市场规模和市场容量的大小是相互关联的，市场容量的大小是市场规模的潜在上限。市场容量越大，市场规模的上限也就越大。反之，如果市场容量较小，市场规模的上限也就相应较小。市场容量更注重理论分析，而市场规模更注重实际表现。

企业在制定市场策略和产品策略时，需要考虑市场规模和市场容量的关系，以确定市场规模和市场容量的实际情况，并相应地制定相应的市场营销和产品推广策略，以提高产品的市场份额和盈利能力。

（三）市场容量与产品生命周期

市场容量和产品生命周期有一定的关系，产品生命周期的不同阶段对市场容量的影响也是不同的。

在产品生命周期的引入期，市场容量通常较小。由于该产品是全新的，消费者可能还不知道其存在，也可能不太熟悉该产品，因此市场需求较低。在这个阶段，企业需要进行市场宣传和推广，提高消费者的认知度和兴趣度，以扩大市场容量。

随着产品生命周期的发展，进入成长期，市场容量开始增长。由于消费者对产品的认可度和接受度提高，市场需求逐渐增加，市场容量也随之扩大。在这个阶段，企业需要加强产品质量控制和服务质量，满足消费者的需求和期望，以维持产品的市场地位和竞争优势。

当产品进入成熟期，市场容量通常达到顶峰。由于市场竞争加剧，消费者需求趋于饱和，市场容量开始逐渐趋于稳定。在这个阶段，企业需要寻找新的市场增长点，拓展产品的市场份额，以保持产品的市场地位和盈利能力。

最后，产品进入衰退期，市场容量开始下降。由于市场饱和和产品更新换代，消费者需求逐渐减少，市场容量也开始缩小。在这个阶段，企业需要调整产品策略，优化产品结构，寻找新的市场机会，以实现产品的可持续发展。

综上所述，市场容量和产品生命周期有一定的关系，产品生命周期的不同阶段对市场容量的影响也是不同的。企业在制定产品策略和营销策略时，需要充分考虑产品生命周期和市场容量的关系，以制定相应的策略和措施，以提高产品的市场竞争力和盈利能力。

（四）影响因素

市场容量受到多种因素的影响，以下是其中一些主要因素：

（1）人口数量和增长率：市场容量与潜在需求密切相关，人口数量和增长率对市场容量有很大的影响。

（2）收入水平和分布：市场容量与消费能力密切相关，高收入人群通常有更高的消费能力，从而对市场容量有正向的影响。

（3）经济发展水平：经济发展水平对市场容量也有重要的影响。发展水平越高，市场容量越大，消费者对商品和服务的需求也更加多元化。

（4）市场竞争程度：市场竞争程度对市场容量的影响也很重要。在激烈的竞争环境中，企业通常需要更大的产能来满足市场需求，从而提高市场容量。

（5）技术进步和创新：技术进步和创新通常会提高企业的生产效率和产品质量，从而增加市场容量。

（6）政策法规：政策法规对市场容量的影响也很重要。例如，政府对某些行业的扶持政策可以增加市场容量。

（7）社会文化因素：社会文化因素也可能对市场容量产生影响。例如，人们的生活方式、娱乐需求等都可能影响市场容量。

总之，市场容量受到多种因素的影响，企业需要对这些因素进行充分的分析和评估，以便更好地制定市场策略和满足市场需求。

（五）子行业容量分析

企业通过对市场容量的分析，能够确定计划进入的父行业，但在具体运营过程中，还需要了解父行业下所有子行业的发展情况，从中选出有销售前景、市场容量大的子行业，并进一步确定行业品类切入方案，制订合理的品类上新计划。以下是进行子行业容量分析的步骤：

（1）定义子行业范围：确定研究的子行业的范围和定义，根据市场需求、产品特性、行业特点等因素对子行业进行分类。

（2）收集市场数据：通过市场研究、市场调查、行业报告等方式收集子行业内的潜在消费者数量、市场规模、增长率、竞争情况等信息。

（3）分析市场需求：了解市场需求和消费者偏好，预测未来市场的发展趋势和潜在增长空间。

（4）竞争格局分析：分析子行业的竞争格局，了解市场份额、主要竞争对手、市场入口门槛等因素，评估企业进入子行业的可行性。

（5）制定营销策略：根据子行业的市场规模、增长趋势和竞争情况，制定适合的营销策略，包括市场定位、产品定价、宣传推广等方面，以增加企业在子行业内的市场份额。

总之，进行子行业容量分析可以帮助企业了解子行业内的市场规模和发展趋势，从而为企业的商业决策提供有力的支持。

二、市场结构

（一）完全垄断市场

1. 概念

完全垄断市场指在市场上只存在一个供给者和众多需求者的市场结构。完全垄断市场的假设条件有三个点：第一，市场上只有唯一一家厂商生产和销售商品；第二，该厂商生产的商品没有任何接近的替代品；第三，其他厂商进入该行业都极为困难或不可能，所以垄断厂商可以控制和操纵市场价格。总的来说，完全垄断可以理解为某种产品只有一家企业提供，企业是产品价格的制定者，垄断企业可以实行价格歧视。

2. 特点

（1）厂商数目唯一，一家厂商控制了某种产品的全部供给。完全垄断市场上垄断企业排斥其他竞争对手，独自控制了一个行业的供给。由于整个行业仅存在唯一的供给者，企业就是行业。

（2）完全垄断企业是市场价格的制定者。由于垄断企业控制了整个行业的供给，也就控制了整个行业的价格，成为价格制定者。完全垄断企业可以有两种经营决策：以较高价格出售较少产量，或以较低价格出售较多产量。

（3）完全垄断企业的产品不存在任何相近的替代品。否则，其他企业可以生产替代品来代替垄断企业的产品，完全垄断企业就不可能成为市场上唯一的供给者。因此消费者无其他选择。

（4）其他任何厂商进入该行业都极为困难或不可能，要素资源难以流动。完全垄断市场上存在进入障碍，其他厂商难以参与生产。

完全垄断市场和完全竞争市场一样，都只是一种理论假定，是对实际中某些产品的一种抽象，现实中绝大多数产品都具有不同程度的替代性。

（二）寡头垄断市场

1. 概念

寡头垄断市场是介于完全垄断和垄断竞争之间的一种市场模式，是指某种产品的绝大部分由少数几家大企业控制的市场。每个大企业在相应的市场中占有相当大的份额，对市场的影响举足轻重。如美国的钢铁、汽车，日本的家用电器等规模庞大的行业。在这种市场条件下，商品市场价格不是通过市场供求决定的，而是由几家大企业通过协议或默契形成的。这种联盟价格形成后，一般在相当长的时间内不会变动。这是因为某一个厂商单独降低了价格，会引起竞争企业竞相降价的报复，结果只能是两败俱伤，大家都降低收入；如果提高价格，则意味着降低了市场占有率，也得不偿失。

2. 特点

（1）厂商极少。市场上的厂商只有一个以上的少数几个（当厂商为两个时，叫双头垄断），每个厂商在市场中都具有举足轻重的地位，对其产品价格具有相当的影响力。

（2）相互依存。任一厂商进行决策时，必须把竞争者的反应考虑在内，因而既不是价格的制定者，更不是价格的接受者，而是价格的寻求者。

（3）产品同质或异质。产品没有差别，彼此依存的程度很高，叫纯粹寡头，存在于钢铁、尼龙、水泥等产业；产品有差别，彼此依存关系较低，叫差别寡头，存在于汽车、重型机械、石油产品、电气用具、香烟等产业。

（4）进出不易。其他厂商进入相当困难，甚至极其困难。因为不仅在规模、资金、信誉、市场、原料、专利等方面，其他厂商难以与原有厂商匹敌，而且由于原有厂商相互依存，休戚相关，其他厂商不仅难以进入，也难以退出。

寡头垄断市场结构有一点与垄断竞争相类似，即它既包含垄断因素，也包含竞争因素。但相对而言，它更接近于垄断的市场结构，因为少数几个企业在市场中占有很大的份额，使这些企业具有相当强的垄断势力。寡头垄断企业的产品可以是同质的，也可以是有差别的。前者有时被称为纯粹寡头垄断，后者则被称为有差别的寡头垄断。

寡头垄断的市场存在明显的进入障碍。这是少数企业能够占据绝大部分市场份额的必要条件，也可以说是寡头垄断市场结构存在的原因。最重要也是最基本的因素是这些行业存在较明显的规模经济性。如果这些行业中要容纳大量企业，则每家企业都将因生产规模过小而造成很高的平均成本。规模经济性使得大规模生产占有强大的优势，大公司不断壮大，小公司无法生存，最终形成少数企业激烈竞争的局面。对试图进入这些行业的企业来说，除非一开始就能形成较大的生产规模，并能占据比较可观的市场份额，否则过高的平均成本将使其无法与原有的企业相匹敌。

（三）垄断竞争市场

1. 概念

垄断竞争市场（Monopolistic Competitive Market）是指许多厂商生产相近，但不同质量的商品市场，是介于完全竞争和完全垄断的两个极端市场结构的中间状态。在垄断竞争市场与寡头市场之间被称为不完全竞争市场。寡头市场更靠近完全垄断市场，而垄断竞争市场更靠近完全竞争市场，因为企业在其中进入和退出行业不受限制。垄断竞争市场竞争程度较大，垄断程度较小，比较接近完全竞争。在现实中的大城市的零售业、手工业、印刷业中普遍存在。

2. 特点

（1）厂商众多。

市场上厂商数目众多，每家厂商都要在一定程度上接受市场价格，但每家厂商又都可对市场施加一定程度的影响，不完全接受市场价格。另外，厂商之间无法相互勾结来控制市场。对于消费者，情况是类似的。垄断竞争市场上的经济人是市场价格的影响者。

（2）互不依存。

市场上的每个经济人都自以为可以彼此相互独立行动，互不依存。一个人的决策对其他人的影响不大，不易被察觉，可以不考虑其他人的对抗行动。

（3）产品差别。

同行业中不同厂商的产品互有差别，要么是质量差别，要么是功用差别，要么是非实质性差别（如包装、商标、广告等引起的印象差别），要么是销售条件差别（如地理位置、服务态度与方式的不同造成消费者愿意购买这家的产品，而不愿购买那家的产品）。产品差别是造成厂商垄断的根源，但由于同行业产品之间的差别不是大到产品完全不能相互替代，一定程度的可相互替代性又让厂商之间相互竞争，因而相互替代是厂商竞争的根源。如果要准确说出产品差别的含义，则可这样来说：在同样的价格下，如果购买者对某家厂商的产品表现出特殊的爱好，就说该厂商的产品与同行业内其他厂商的产品具有差别。

（4）进出容易。

厂商进出一个行业比较容易。这一点同完全竞争类似，厂商的规模不算很大，所需资本不是太多，进入和退出一个行业障碍不大，比较容易。

（5）形成产品集团。

行业内部可以形成多个产品集团（Product Group），即行业内生产类似商品的厂商可以形成团体，这些团体之间的产品差别程度较大，团体内部的产品之间差别程度较小。

（四）完全竞争市场

1. 概念

完全竞争市场又称纯粹竞争市场或自由竞争市场，是指一个行业中有非常多的生产销售企业，它们都以同样的方式向市场提供同类的、标准化的产品（如粮食、棉花等农产品）的市场。卖者和买者对于商品或劳务的价格均不能控制。在这种竞争环境中，由于买卖双方对价格都无影响力，只能是价格的接受者，企业的任何提价或降价行为都会招致对本企业产品需求的骤减或利润的不必要流失。因此，产品价格只能随供求关系而定。

2. 特点

（1）存在大量买者和卖者。

由于存在着大量的生产者和消费者，与整个市场的生产量（销售量）和购买量相比较，任何一个生产者的生产量（销售量）和任何一个消费者的购买量所占的比例都很小。因而，任何一个生产者或消费者都无能力影响市场的产量和价格。任何生产者和消费者的单独市场行为都不会引起市场产量（即销售量）和价格的变化。用另一种方式来表达就是：任何购买者面对的供给弹性是无穷大，而销售者面临的需求弹性也是无穷大的。

（2）产品同质性。

市场上有许多企业，每个企业在生产某种产品时不仅是同质的产品，而且在产品的质量、性能、外形、包装等方面也是无差别的，以至于任何一个企业都无法通过自己的产品具有与他人产品的特异之处来影响价格而形成垄断，从而享受垄断利益。对消费者来说，无论购买哪一个企业的产品都是同质无差别产品，以至于众多消费者无法根据产品的差别而形成偏好，买者在市场上购买商品时不关心生产厂家和品牌。也就是说，当各种商品互相之间具有完全的替代性时，就很容易接近完全竞争市场。

（3）资源流动性。

资源流动性指任何一个厂商可以完全自由和毫无困难地进入某个市场，或是退出某个市场。即进入或退出市场完全由生产者自身自由决定，而不受任何社会法令和其他社会力量的限制。由于无任何进出市场的社会障碍，因此，当某个行业市场上有净利润时，就会吸引许多新的生产者进入这个行业市场，从而引起利润的下降，以至于利润逐渐消失。而当行业市场出现亏损时，许多生产者又会退出这个市场，从而又会引起行业市场利润的出现和增长。这样在一个较长的时期内，生产者只能获得正常的利润，而不能获得垄断利益。

(4) 信息完全性。

市场信息是完备的。市场上的每一个买者和卖者都可以无成本地随时获得或掌握与自己的经济决策有关的一切信息，特别是市场上价格和供求关系的充分信息。这样每一个消费者和厂商都可以根据自己掌握的完全的信息，做出自己的最优的经济决策，从而获得最大的经济效益。而且，由于每一个买者和卖者都知道既定的市场价格，都按照这一既定的市场价格进行交易，这也就排除了由于信息不通畅而可能导致的一个市场同时按照不同的价格进行交易的情况。所以，任何市场主体都不能通过权力、关税、补贴、配给或其他任何人为的手段来控制市场供需和市场价格。

三、市场集中度

（一）概念

市场集中度即市场竞争程度，用于衡量市场上前几家企业所占的市场份额的总和，是反映市场垄断程度的重要指标之一。通常采用 CR_n 或 HHI 指标来计算市场集中度。

CR_n 指标是指市场上前 n 家企业的市场份额之和，通常 n 取前 4 或前 8 家企业，计算公式为：$CR_n = \sum S_i (i = 1, 2, \cdots, n)$。其中 S_i 为第 i 家企业的市场份额。

CR_n：规模最大的前几家企业的行业集中度；

S_i：表示第 i 家企业的产值、产量、销售额、销售量、职工人数、资产总额等；

n：产业内规模最大的前几家企业数；

N：产业内的企业总数。

通常 $n=4$ 或者 $n=8$，此时，行业集中度就分别表示产业内规模最大的前 4 家或者前 8 家企业的集中度。

根据美国经济学家贝恩和日本通产省对产业集中度的划分标准，将产业市场结构粗分为寡占型（$CR_8 \geq 40$）和竞争型（$CR_8 < 40\%$）两类。其中，寡占型又细分为极高寡占型（$CR_8 \geq 70\%$）和低集中寡占型（$40\% \leq CR_8 < 70\%$）；竞争型又细分为低集中竞争型（$20\% \leq CR_8 < 40\%$）和分散竞争型（$CR_8 < 20\%$），如表 3-1 所示。

表 3-1 美国贝恩对市场结构进行的分类

市场结构		CR_4 值/%	CR_4 值/%
寡占 Ⅰ 型		$CR_4 \geq 85$	—
寡占 Ⅱ 型		$75 \leq CR_4 < 85$	$CR_8 \geq 85$
寡占 Ⅲ 型		$50 \leq CR_4 < 75$	$75 \leq CR_8 < 85$
寡占 Ⅳ 型		$35 \leq CR_4 < 50$	$45 \leq CR_8 < 75$
寡占 Ⅴ 型		$30 \leq CR_4 < 35$	$40 \leq CR_8 < 45$
竞争型		$CR_4 < 30$	$CR_8 < 40$

市场集中度高，通常意味着市场上少数几家企业的市场份额比较大，市场竞争程度相对较低。相反，市场集中度低，市场上的企业数量多，市场竞争程度相对较高。市场集中度的

计算结果可作为政府、企业和投资者等决策者参考，用于制定相应的市场政策、竞争策略和投资决策等。

（二）赫芬达尔指数

1. 定义

赫芬达尔指数（Herfindahl-Hirschman Index，HHI）又称赫芬达尔集中度指数，是一种衡量市场集中度的指标。赫芬达尔指数的计算方法是将每个市场参与者的市场份额平方相加，得到一个综合的市场集中度指标。

计算公式为：

$$HHI = \sum (S_i)^2$$

其中，S_i 表示第 i 家企业在市场中的市场份额。

赫芬达尔指数的取值范围在 0 到 1 之间，数值越大表示市场集中度越高。当某一家公司独占整个市场时，赫芬达尔指数为 1；当市场份额完全平均分配时，赫芬达尔指数为 $1/n$，其中 n 是市场参与者的数量。

通常来说，赫芬达尔指数小于 0.15 的市场被认为是竞争充分的市场，0.15 到 0.25 的市场被认为是具有一定的市场垄断程度，大于 0.25 的市场则被认为是存在垄断或寡头垄断的市场。

2. 特点

（1）当独家企业垄断时，该指数等于 1，当所有企业规模相同时，该指数等于 $1/n$，故而这一指标在 $1/n \sim 1$ 之间变动，数值越大，表明企业规模分布的不均匀度越高。

（2）兼有绝对集中度和相对集中度指标的优点，并避免了它们的缺点。因为该值对规模较大的上位企业的市场份额反应比较敏感，而对众多小企业的市场份额小幅度的变化反应很小。

（3）可以不受企业数量和规模分布的影响，较好地测量产业的集中度变化情况。

因此，只要企业合并，该指数值就会增加；只要企业分解，该指数值就会减少。

3. 计算步骤

计算赫芬达尔指数的步骤如下：

（1）确定要计算的市场和企业范围，获取每个企业在市场中的市场份额数据，并将较小的竞争对手忽略。

（2）对每个企业的市场份额进行平方。

（3）对所有企业市场份额的平方值进行求和。

需要注意的是，赫芬达尔指数的计算结果仅仅反映了市场份额的分布情况，而未考虑企业的生产效率、成本等其他因素。因此，在使用赫芬达尔指数进行市场竞争评估时，还需要结合其他因素进行综合分析。

（三）市场集中度和赫芬达尔指数的区别与联系

市场集中度和赫芬达尔指数是用来衡量市场竞争程度的两个指标，它们之间有以下的区别和联系：

（1）定义：市场集中度是用于衡量市场上前几家企业所占的市场份额的总和，而赫芬达尔指数则是用于衡量市场上前几家企业所占的市场份额的平方和。

（2）计算方式：市场集中度可以采用不同的计算方式，常用的有 CR_n、HHI 等方法；而赫芬达尔指数只有一种计算方式。

（3）意义不同：市场集中度主要反映了市场上少数几家企业的垄断程度，而赫芬达尔指数则更加注重评估市场上领先企业的市场份额所占比例和竞争程度。

（4）使用范围不同：市场集中度可以应用于不同行业和市场的竞争程度评估，而赫芬达尔指数则更加适用于那些市场份额分布较为集中的行业和市场。

尽管市场集中度和赫芬达尔指数之间存在一些区别，但它们的本质都是用于衡量市场竞争程度。在实际应用中，可以根据具体情况选择合适的指标来评估市场竞争程度。

（四）影响因素

市场集中度是指市场中主要厂商的市场份额所占比例，反映了市场竞争程度的高低。市场集中度的高低对市场的运作和企业的发展都有很大的影响，以下是几个主要的影响因素：

（1）市场规模：市场规模越大，市场集中度通常也就越高，因为市场中只有少数的大型企业才能够支撑得起大规模的投资和运营费用。

（2）行业发展阶段：在行业发展的初期阶段，市场集中度一般比较低，但随着时间的推移，市场逐渐成熟，市场竞争逐渐激烈，市场集中度也会随之上升。

（3）产业结构：市场集中度还受到产业结构的影响，行业中如果存在垄断企业或者竞争激烈的局面，市场集中度就会较高。

（4）技术和专利：技术和专利的创新能力是影响市场集中度的重要因素之一。如果某家企业拥有独特的技术或专利，就会具有更强的竞争优势，从而提高市场集中度。

（5）政策法规：政策法规对市场集中度的影响也非常重要。如果政府制定的政策法规有利于市场竞争，就会降低市场集中度；反之，就会提高市场集中度。

（6）企业经营策略：企业的经营策略也会影响市场集中度。如果某家企业采用了高效的经营策略，能够实现成本的降低和市场份额的提高，就会提高市场集中度。

总之，市场集中度受到许多因素的影响。在进行市场集中度分析时，需要考虑行业的历史发展趋势、市场规模、产业结构、技术和专利等因素，并综合评估各因素对市场集中度的影响。

（五）作用

市场集中度是指市场中主要厂商的市场份额所占比例，它反映了市场竞争程度的高低。市场集中度的高低对市场的运作和企业的发展都有很大的影响，以下是市场集中度的主要作用：

（1）影响市场竞争：市场集中度高的行业一般竞争程度较低；反之，市场集中度低的行业则竞争程度较高。企业在行业竞争中的策略和决策，也往往受到市场集中度的影响。

（2）影响企业利润：市场集中度高的行业，主要的厂商可以通过控制价格和市场份额获得较高的利润。而在市场集中度低的行业，由于竞争激烈，企业的利润可能会较低。

（3）影响企业生存与发展：市场集中度高的行业，往往只有少数几家主要的企业可以生存和发展，而其他小型企业可能很难在市场中立足。因此，市场集中度对企业的生存和发展具有重要的影响。

（4）影响行业的创新能力：市场集中度低的行业，由于存在较多的企业和竞争，会促进行业的创新和技术进步，从而推动整个行业的发展。

（5）影响消费者利益：市场集中度高的行业，主要的企业往往具有较强的议价能力，可能导致价格较高。而在市场集中度低的行业，消费者往往可以享受到更低的价格和更好的服务。

总之，市场集中度对市场运作和企业发展都有非常重要的影响。企业需要密切关注市场集中度的变化，制定相应的战略和决策，以保持在市场中的竞争力和生存能力。

任务实践

一、任务要求

电商企业在进入新的行业前，需要全面地了解行业的发展状况，据此提前规避风险，某电商企业想要探索小家电行业，并从中选择市场容量大、销售前景好的子行业进入，并进一步分析子行业的集中度，明确是否还有进驻该行业的机会。为了保险起见，还需要进一步进行市场集中度分析，明确该行业的饱和度及垄断程度，为企业决策提供数据支持。

二、任务实施

我们可以利用生意参谋数据对某个行业进行市场容量分析，具体步骤如下。

步骤1，数据获取。进入生意参谋的市场功能板块，选择"市场大盘"选项，并设置行业和采集日期，采集一个月份的数据。整理数据如图3-1所示。

	A	B	C	D	E	F	G
1	类目名	父行业类目名	交易金额	父行业交易金额	交易增长幅度	支付金额较父行业占比	支付子订单数较父行业占比
2	净水器	厨房电器	522 297 857	5 005 343 136	-10.88%	10.37%	6.41%
3	商厨制冷类设备	厨房电器	435 607 082	5 005 343 136	-15.96%	8.69%	1.50%
4	电饭煲	厨房电器	363 792 706	5 005 343 136	-8.73%	7.06%	8.22%
5	商厨加热类设备	厨房电器	360 634 879	5 005 343 136	1.63%	7.06%	2.53%
6	电热水壶	厨房电器	265 344 566	5 005 343 136	5.47%	5.31%	11.94%
7	电热/火锅	厨房电器	231 769 798	5 005 343 136	15.07%	4.63%	12.22%
8	其它商用厨电	厨房电器	208 880 253	5 005 343 136	-2.07%	4.22%	1.07%
9	破壁机	厨房电器	181 716 438	5 005 343 136	-11.82%	3.64%	2.05%
10	电磁炉/陶炉	厨房电器	173 630 952	5 005 343 136	12.35%	3.47%	3.22%
11	空气炸锅	厨房电器	168 636 243	5 005 343 136	7.06%	3.38%	3.15%
12	微波炉	厨房电器	166 701 270	5 005 343 136	10.26%	3.34%	1.50%
13	商厨食品机械	厨房电器	154 221 105	5 005 343 136	1.83%	3.08%	1.37%
14	电压力锅	厨房电器	147 138 616	5 005 343 136	-13.70%	2.95%	1.99%
15	婴童厨房小家电	厨房电器	124 988 180	5 005 343 136	-10.16%	2.50%	3.49%
16	养生壶/煎药壶	厨房电器	122 976 309	5 005 343 136	-1.74%	2.46%	4.51%
17	绞肉/碎肉/绞菜机	厨房电器	118 878 161	5 005 343 136	-4.81%	2.38%	4.63%
18	电烤箱	厨房电器	106 760 647	5 005 343 136	-11.84%	2.14%	1.10%
19	咖啡机	厨房电器	89 702 796	5 005 343 136	-19.75%	1.79%	0.33%
20	电炖锅/煲汤锅/电炖盅	厨房电器	81 269 120	5 005 343 136	-4.97%	1.63%	2.59%
21	厨房家电配件	厨房电器	76 343 891	5 005 343 136	2.50%	1.52%	6.16%
22	饮水机	厨房电器	71 174 969	5 005 343 136	-9.62%	1.45%	1.59%
23	茶吧机/泡茶机	厨房电器	66 190 684	5 005 343 136	-10.45%	1.32%	0.88%
24	榨汁机/原汁机	厨房电器	60 479 378	5 005 343 136	-24.40%	1.21%	1.89%
25	豆浆机	厨房电器	59 545 191	5 005 343 136	-18.10%	1.19%	1.08%
26	电饼铛/华夫饼机/薄饼机	厨房电器	55 220 820	5 005 343 136	-19.90%	1.10%	1.72%
27	台式净饮机	厨房电器	53 475 033	5 005 343 136	-25.14%	1.07%	0.43%
28	商用水饮设备	厨房电器	48 017 605	5 005 343 136	5.11%	0.94%	0.31%
29	商用消毒洗涤设备	厨房电器	47 328 329	5 005 343 136	-7.99%	0.94%	0.55%
30	电蒸锅/台式电蒸箱/肠粉机	厨房电器	37 316 448	5 005 343 136	-14.28%	0.75%	0.75%

图3-1　整理数据

步骤2，创建数据透视表。以采集并整理的数据为来源，在 Excel 中创建一个数据透视表，将"类目名"字段添加到"行"列表框；将"支付金额较父行业占比"字段添加到"值"列表框，并更改"值字段设置"中"计算类型"为求和，单击"确定"按钮即可完成数据透视表的创建，如图 3-2 所示。

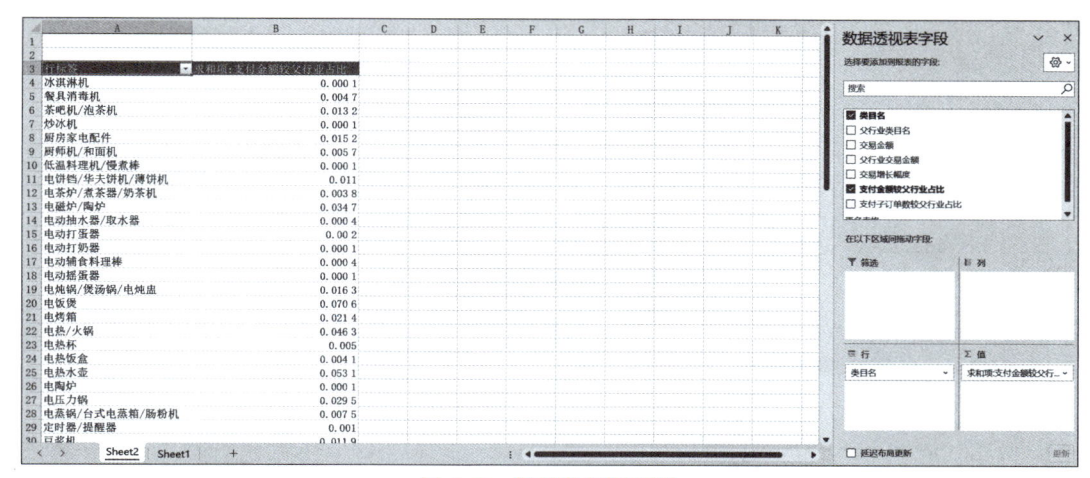

图 3-2　创建数据透视表

步骤3，展现各子行业的市场容量。在数据透视表"求和项：支付金额较父行业占比"下选择任意数据单击鼠标右键，在弹出的菜单栏中选择"排序"-"降序"，如图 3-3 所示。排序后，在任意数据上，单击右键，设置"值显示方式"为"列汇总的百分比"，如图 3-4、图 3-5 所示。

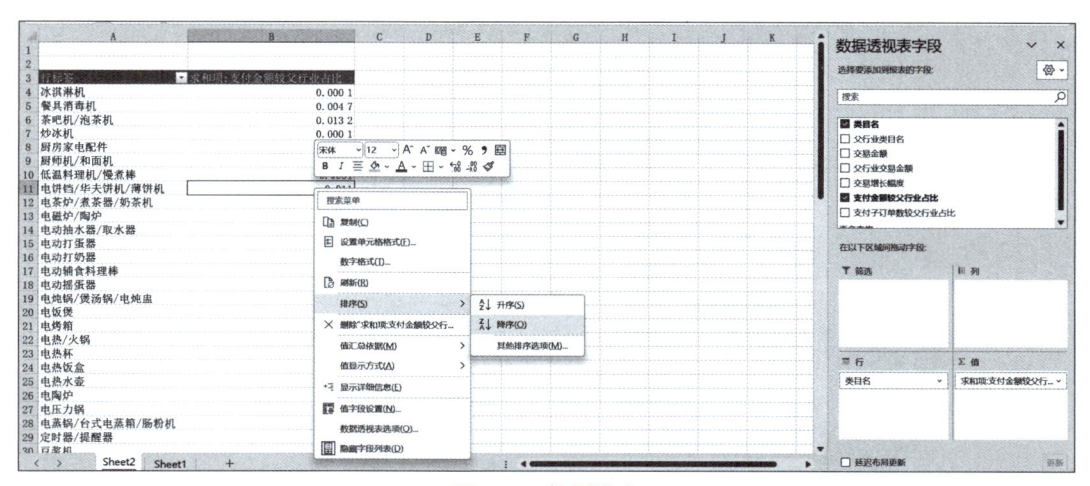

图 3-3　数据排序

步骤4，插入数据透视图。选择数据透视表中的任意数据，单击插入"数据透视图"，选择饼图，单击插入，在饼图上右键单击"添加数据标签"，如图 3-6 所示。添加完成后，单击任意数据标签，右键单击"设置数据标签格式"，标签选项默认勾选"值"和"显示引导线"，如图 3-7、图 3-8 所示。单击"单元格中的值"，在弹出的对话框的"选择数据标签区域"选中行标签下的类目名"=Sheet2!$A$4：$A$72"（图 3-9），单击"确定"按钮，

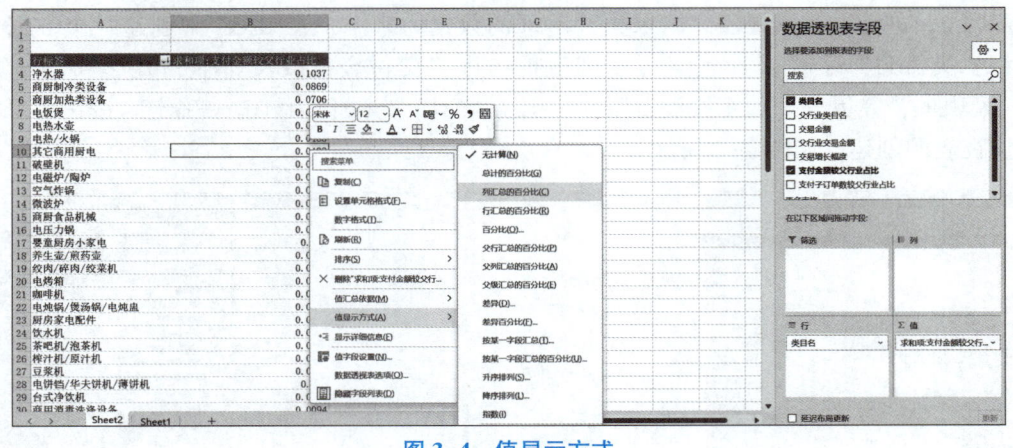

图 3-4 值显示方式

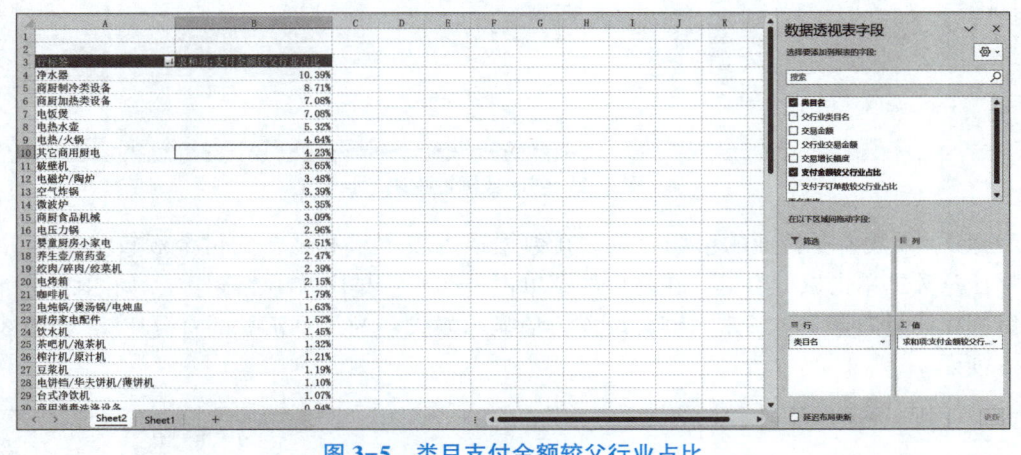

图 3-5 类目支付金额较父行业占比

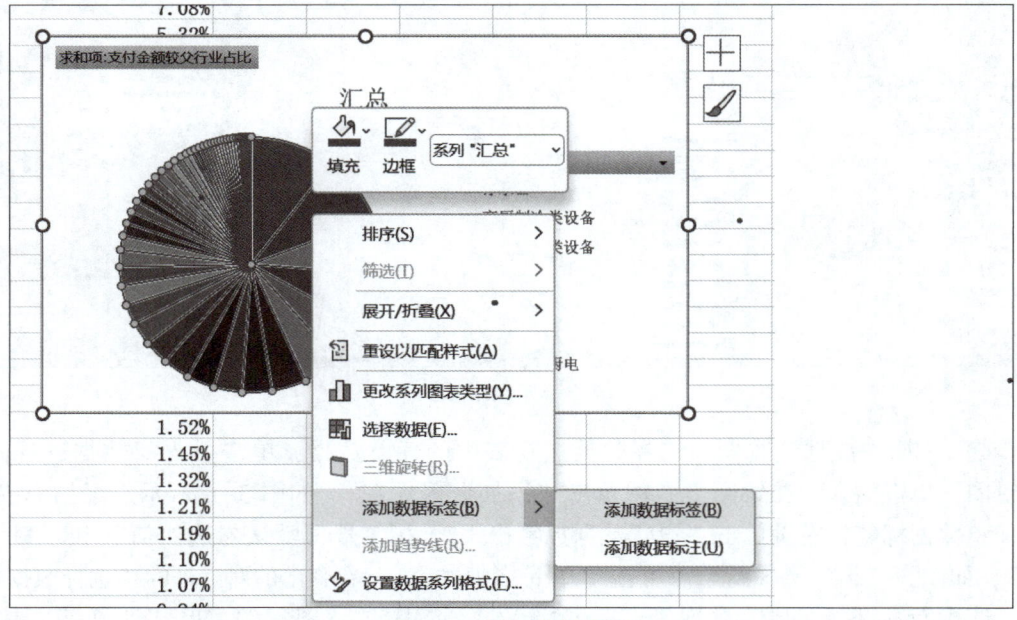

图 3-6 添加数据标签

然后再次勾选"单元格中的值",实现数据和类目一一对应。删除标题和图例,隐藏值字段按钮。通过饼图,可以直观地看出每个类目的占比,如图3-10所示。

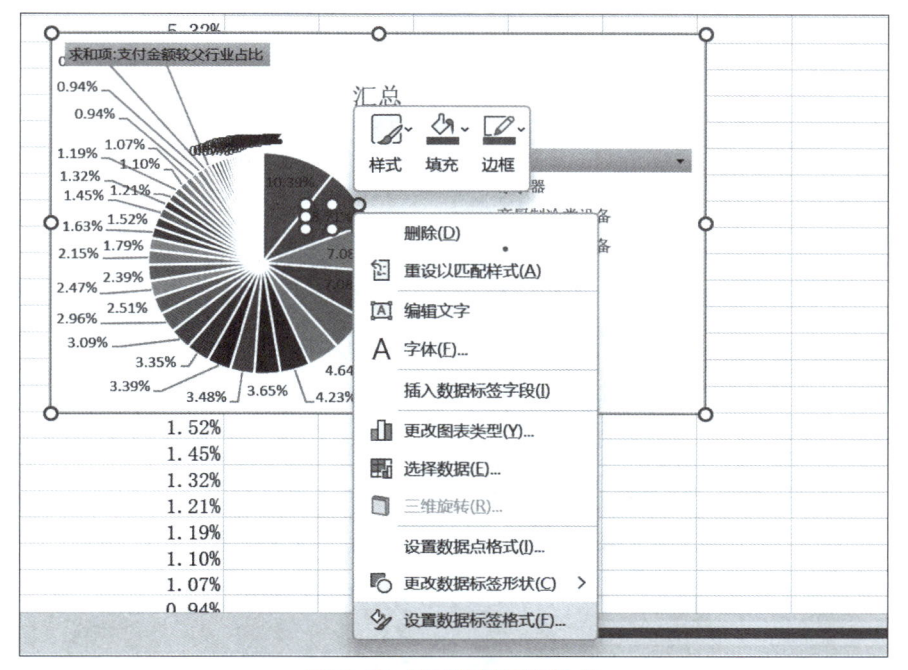

图 3-7 设置数据标签格式

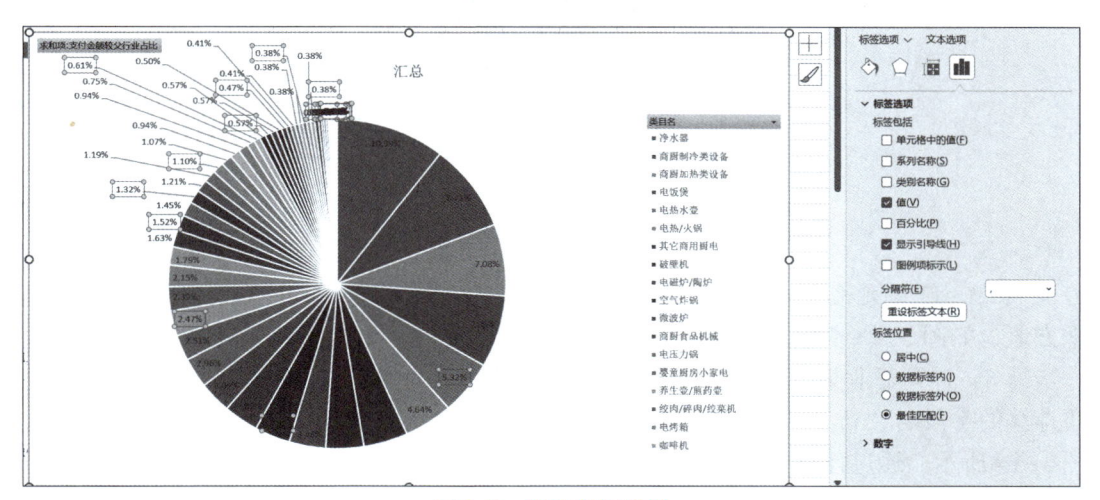

图 3-8 默认数据标签

步骤5:计算市场份额及其平方值。进入生意参谋界面,单击市场排行功能,单击店铺即可采集厨房电器最近一个月排名前30的品牌的交易指数,下载整理到Excel中,如图3-11所示。在G1单元格输入需要计算的字段名"市场份额",在G2单元格输入"=D2/SUM($D$2:$D$31)",30个品牌的交易指数之和可以使用SUM函数,而其中的"$"符号表示绝对引用,防止复制公式到其他单元格后,单元格地址自动变化。直接右下角拖住下拉即可得到其他品牌的市场份额,如图3-12所示。在H1单元格输入需要计算的字段名"市场份额

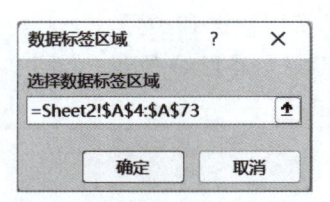

图 3-9　数据标签区域设置

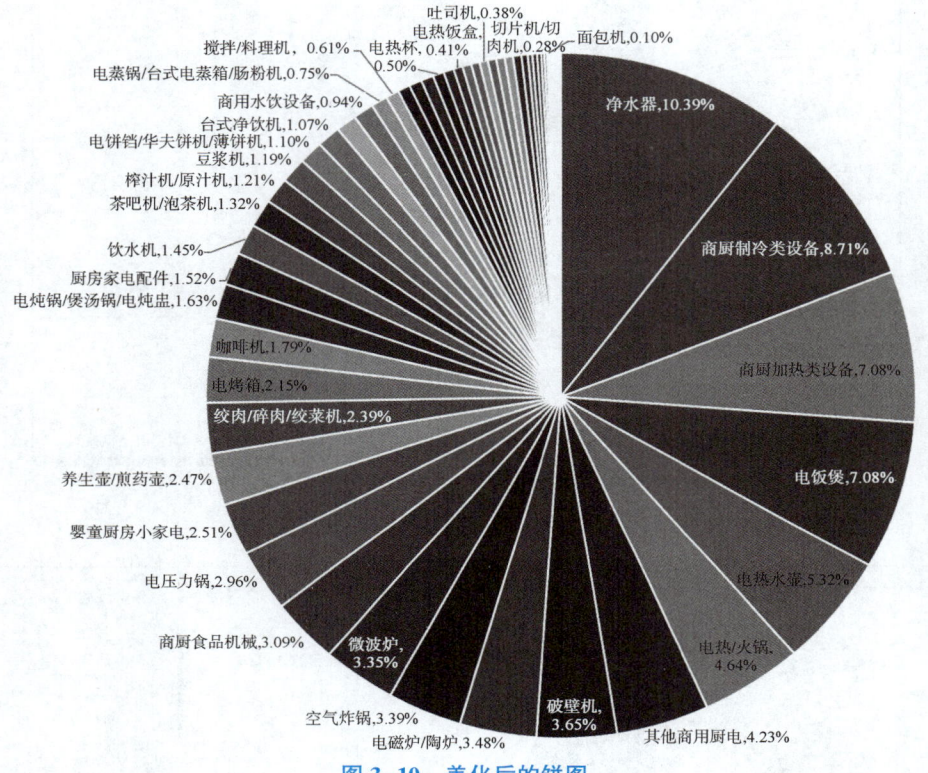

图 3-10　美化后的饼图

平方值",在 H2 单元格输入"=G2＊G2",直接右下角拖住下拉即可得到其他品牌的市场份额平方值,如图 3-13 所示。

步骤 6:计算行业集中度。用赫芬达尔指数计算方法计算行业集中度。在 I1 单元格输入需要计算的字段名"行业集中度",随后在 I2 单元格输入计算公式"=SUM(H2∶H31)",如图 3-14 所示。通过计算得到厨房电器最近一个月的行业集中度为 0.037 048 93。根据所学知识,赫芬达尔指数小于 0.15 的市场被认为是竞争充分的市场,说明该行业市场趋于自由竞争,所以适合进入。

三、任务思考

通过学习目标市场发展分析,可得出以上的行业集中度属于什么市场?是否适合该企业进入?为什么?

排名		店铺	交易指数	交易增长幅度	支付转化指数
1	持平	美的官方旗舰店	825 909	-1.66%	610
2	持平	小熊电器官方旗舰店	694 267	3.49%	604
3	新上榜	delonghi德龙旗舰店	692 027	3 002.54%	212
4	持平	九阳官方旗舰店	625 185	-2.22%	603
5	升1名	苏泊尔官方旗舰店	621 066	7.08%	574
6	降1名	美的生活电器旗舰店	597 915	-4.85%	777
7	持平	苏宁易购官方旗舰店	565 624	-6.70%	675
8	降5名	小米官方旗舰店	541 116	-30.17%	680
9	新上榜	piktjwsz的小店	531 468	0.00%	303
10	升1名	supor苏泊尔小家电	453 339	19.86%	404
11	升1名	AO.史密斯言方旗舰店	408 633	1.75%	349
12	升8名	360品牌家电直销店	405 943	42.33%	920
13	升1名	苏泊尔厨房电器旗舰店	398 590	6.84%	600
14	降1名	九阳合千润专卖店	386 583	0.93%	680
15	升28名	車康电器旗舰店	371 256	93.90%	558
16	降1名	supor苏泊尔兆洪专卖店	368 788	1.15%	682
17	降8名	九阳厨房电器旗舰店	365 413	-32.09%	629
18	降1名	沁园旗舰店	356 318	0.90%	533
19	降3名	格兰仕微波炉旗舰店@	345 101	-8.43%	693
20	升44名	bruno家居旗规店	342 343	128.30%	660
21	降3名	奥克斯电火花专卖店	326 805	-9.01%	644
22	升3名	小壮能旗舰店	322 661	3.16%	941
23	降2名	九阳创美专卖店	321 973	-1.92%	621
24	升13名	小能生活电器旗舰店	315 676	30.51%	677
25	升1名	苏泊尔海淮专卖店	310 359	-2.35%	679
26	降3名	美的微波电器旗舰店	304 204	-9.13%	595
27	降3名	美的净水官方旗舰店	297 722	-11.23%	362
28	降6名	苏泊尔家禾专卖店	297 188	-14.38%	737
29	降10名	olayks旗舰店了	292 925	-21.03%	536
30	降1名	海尔官方旗舰店	289 839	-7.50%	381

图 3-11 厨房电器行业交易数据

G2 fx =D2/SUM($D$2:$D$51)

排名		店铺	交易指数	交易增长幅度	支付转化指数	市场份额
1	持平	美的官方旗舰店	825 909	-1.66%	610	0.063 647 81
2	持平	小熊电器官方旗舰店	694 267	3.49%	604	0.053 502 957
3	新上榜	delonghi德龙旗舰店	692 027	3 002.54%	212	0.053 330 334
4	持平	九阳官方旗舰店	625 185	-2.22%	603	0.048 179 225
5	升1名	苏泊尔官方旗舰店	621 066	7.08%	574	0.047 861 799
6	降1名	美的生活电器旗舰店	597 915	-4.85%	777	0.046 077 692
7	持平	苏宁易购官方旗舰店	565 624	-6.70%	675	0.043 589 22
8	降5名	小米官方旗舰店	541 116	-30.17%	680	0.041 700 536
9	新上榜	piktjwsz的小店	531 468	0.00%	303	0.040 957 023
10	升1名	supor苏泊尔小家电	453 339	19.86%	404	0.034 936 094
11	升1名	AO.史密斯言方旗舰店	408 633	1.75%	349	0.031 490 873
12	升8名	360品牌家电直销店	405 943	42.33%	920	0.031 283 571
13	升1名	苏泊尔厨房电器旗舰店	398 590	6.84%	600	0.030 716 92
14	降1名	九阳合千润专卖店	386 583	0.93%	680	0.029 791 613
15	升28名	車康电器旗舰店	371 256	93.90%	558	0.028 610 454
16	降1名	supor苏泊尔兆洪专卖店	368 788	1.15%	682	0.028 420 26
17	降8名	九阳厨房电器旗舰店	365 413	-32.09%	629	0.028 160 169
18	降1名	沁园旗舰店	356 318	0.90%	533	0.027 459 272
19	降3名	格兰仕微波炉旗舰店@	345 101	-8.43%	693	0.026 594 846
20	升44名	bruno家居旗规店	342 343	128.30%	660	0.026 382 304
21	降3名	奥克斯电火花专卖店	326 805	-9.01%	644	0.025 184 884
22	升3名	小壮能旗舰店	322 661	3.16%	941	0.024 865 531
23	降2名	九阳创美专卖店	321 973	-1.92%	621	0.024 812 511
24	升13名	小能生活电器旗舰店	315 676	30.51%	677	0.024 327 239
25	升1名	苏泊尔海淮专卖店	310 359	-2.35%	679	0.023 917 49
26	降3名	美的微波电器旗舰店	304 204	-9.13%	595	0.023 443 162
27	降3名	美的净水官方旗舰店	297 722	-11.23%	362	0.022 943 633
28	降6名	苏泊尔家禾专卖店	297 188	-14.38%	737	0.022 902 481
29	降10名	olayks旗舰店了	292 925	-21.03%	536	0.022 573 958
30	降1名	海尔官方旗舰店	289 839	-7.50%	381	0.022 336 138

图 3-12 市场份额

图 3-13　计算市场份额平方值

图 3-14　计算行业集中度

任务二　市场需求趋势分析

头脑风暴

市场需求趋势分析是一种分析市场中消费者需求变化趋势的方法，通过对市场和消费者的研究，以及历史数据的分析，来预测市场的未来发展趋势和消费者需求变化。Excel 图表中的趋势线是一种直观的预测分析工具，通过这个工具，用户可以很方便地从图表中获取预测数据信息。趋势线的主要类型有线性、指数、对数、多项式、幂、移动平均等。选择合适的趋势线类型是提升趋势线的拟合程度、提高预测分析准确性的关键。那么究竟如何选择市场需求趋势的类型呢？

知识储备

竞争在每个行业中都存在，可以说只要存在市场便离不开竞争。国家也颁布了相关法律法规来防止行业垄断。商家对竞争环境的分析从未停止过，某商家带着自己的品牌进入市场，却发现线上的消费者并不认可自己的品牌，原因是线上市场的消费者已经被其他品牌占据。

一、市场需求趋势分析认知

趋势分析是在已有数据的基础上，利用科学的方法和手段，对未来一定时期内的市场需求、发展趋势和影响因素的变化做出判断，进而为营销决策服务。

趋势分析一般而言，适用于产品核心指标的长期跟踪，比如点击率、成交金额、活跃用户数等。做出简单的数据趋势图，并不算是趋势分析，趋势分析更多的是需要明确数据的变化，以及对变化原因进行分析，包括外部原因和内部原因。

市场需求趋势分析是一种分析市场中消费者需求变化趋势的方法，通过对市场和消费者的研究，以及历史数据的分析，来预测市场的未来发展趋势和消费者需求变化。通过市场需求趋势分析，企业可以更好地了解市场和消费者的需求变化趋势，以制定更合理的市场策略和商业计划。具体可分为以下几点：

（1）研究市场规模和增长率：了解市场的规模、增长率以及市场的历史发展趋势，为后续的需求趋势分析提供基础数据。

（2）分析竞争环境：了解市场上的竞争对手及其产品特点，以及他们在市场中的定位和优势，以便预测市场的未来发展趋势。

（3）了解消费者需求：通过市场调研、问卷调查、访谈等方式，了解消费者的需求、喜好和行为习惯，以及他们的消费预算和购买决策过程。

（4）分析社会经济和技术趋势：通过研究社会经济和技术趋势，了解未来的社会发展方向和技术变革，从而预测市场的未来发展趋势。

（5）综合分析预测市场需求趋势：通过综合以上分析结果，预测市场的未来需求趋势，包括产品需求量、产品价格、消费者需求类型等方面的变化趋势。

二、市场需求图表趋势分析法

（一）图表趋势预测法

在企业经营过程中，商家可以通过图表趋势法预测商品销量和销售额，根据预测值调整销售策略。

在 Excel 中，图表趋势预测法的基本流程如下：

（1）根据给出的数据制作散点图或者折线图。

（2）观察图表形状并添加适当类型的趋势线。

（3）利用趋势线外推或利用回归方程计算预测值。

（二）趋势线概念

在市场数据分析中，趋势线是一种常见的技术分析工具，用于研究资产价格的趋势方向和力度。趋势线是一条直线或曲线，它连接着相邻的高点或低点，以显示价格或其他指标的趋势方向。趋势线有助于商家识别价格或其他指标的长期趋势，并作出相应的决策。

趋势线是一种回归分析的基本方法，回归分析是确定两种或两种以上变量间相互依赖的定量关系的一种统计分析方法。通过回归分析，可以使趋势线延伸至事实数据之外，从而预测未来值。

在一个价格运动当中，如果其包含的波峰和波谷都高于前一个波峰和波谷，那么就称为上升趋势；如果其包含的波峰和波谷都低于前一个波峰和波谷，那么就称为下降趋势；如果后面的波峰与波谷都基本与前面的波峰和波谷持平，那么称为盘整趋势，或者横盘趋势，或者无趋势。选择合适的趋势线类型是提升趋势线的拟合程度、提高预测分析准确性的关键。

在 Excel 中添加趋势线的具体步骤如下：

（1）要在 Excel 中添加趋势线，首先需要创建一个散点图，并将数据点添加到图表中。接着，单击鼠标右键任意一个数据点，选择"添加趋势线"选项，弹出"添加趋势线"对话框。

（2）在"添加趋势线"对话框中，可以选择不同的趋势线类型，如指数趋势线、线性趋势线、多项式趋势线等（图 3-15）。还可以选择是否显示公式和 R 平方值等信息，并可以更改趋势线的颜色、宽度等属性。

（3）在选择趋势线类型后，Excel 将自动在散点图中绘制最佳拟合直线，并显示趋势线方程式和 R 平方值。

趋势线方程式显示了趋势线的数学公式，R 平方值是一个衡量趋势线对数据的拟合程度的指标，它表示回归平方和与总离差平方和的比值，表示总离差平方和中可以由回归平方和解释的比例，这一比例越大则表示模型越精确，回归效果越显著。R 平方值的取值范围为 0~1，值越接近 1 表示趋势线越能够拟合数据。在实际数据分析中，通常很难通过趋势线完美地拟合所有的数据点。当 R 平方

图 3-15　趋势线格式

值大于 0.8 时，我们认为拟合结果比较可靠。需要注意的是，趋势线并不能保证 100% 准确预测数据趋势，需要结合其他的分析方法来做出决策。此外，趋势线只适用于具有一定趋势性的数据，对于没有趋势性的数据，趋势线可能会产生错误的分析结果。

（三）趋势线种类及运用

1. 线性趋势线

线性趋势线是一种用于分析时间序列数据的方法，通过拟合一条直线来描述数据随时间变化的趋势。它可以帮助我们了解数据的总体趋势和预测未来的发展趋势。线性趋势线是在散点图中绘制的一条直线，它尽可能地拟合数据点。拟合过程使用最小二乘法来计算直线的斜率和截距，以使直线到每个数据点的距离的平方和最小。线性趋势线适用于增长或降低的速度比较平稳、关系稳定，数据点构成趋势近乎直线的预测。

线性趋势线的方程式为 $y=a+bx$，其中 a 表示截距，b 表示斜率。截距表示当 x 等于 0 时，y 的值，斜率表示 y 相对于 x 的变化率。而 R 平方值表示趋势线对数据的拟合程度，值越接近 1 表示趋势线越能够拟合数据。

它可以用于预测未来的数据点，并提供一种衡量拟合程度的指标，即 R 平方值。假设分析某公司过去 5 年的销售额数据，并预测未来 2 年的销售额。收集到的数据如表 3-2 所示。

表 3-2　某公司过去 5 年的销售额

年份	销售额/万元
2015	680
2016	965
2017	1 012
2018	1 120
2019	1 520
2020	1 786
2011	1 862
2022	1 950

可以使用 Excel 中的趋势线函数来拟合一条直线，并预测未来的销售额。

首先，将数据输入 Excel 的表格中。然后，选择数据，单击插入选项卡中的"散点图"按钮，选择一个合适的散点图样式。接下来，单击鼠标右键图中任意一个数据点，选择"添加趋势线"，在弹出的对话框中选择线性趋势线，勾选"显示公式"和"显示 R 平方值"，单击"确定"按钮。如图 3-16 所示，图中显示一条直线和一个方程式。线性方程式为 $y=26x-52\ 318$，其中 x 是第几个年份对应的数据点，y 是对应年份的销售额。由于 2023 年是第 9 个数据点，2024 年是第 10 个数据点，由此计算出 2023 年、2024 年的预测销售额如下：

$$y_{2023年} = 191.63 \times 10 + 499.54 \approx 2\ 415.84（万元）$$

$$y_{2024年} = 191.63 \times 11 + 499.54 \approx 2\ 607.47（万元）$$

预测未来 2 年的销售额分别为 2 415.84 万元和 2 607.47 万元。

在这个例子中，我们得到的 R 平方值为 0.961 4，说明线性趋势线与实际数据的拟合程

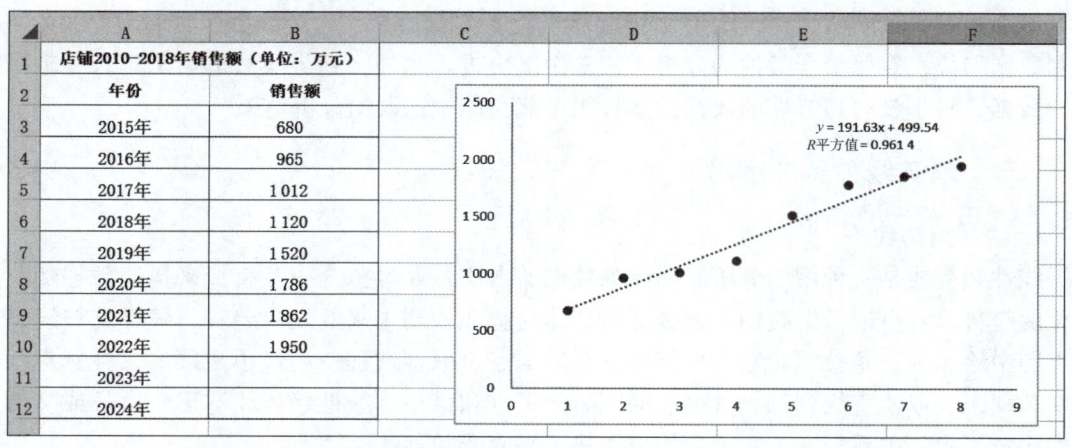

	A	B
1	店铺2010-2018年销售额（单位：万元）	
2	年份	销售额
3	2015年	680
4	2016年	965
5	2017年	1 012
6	2018年	1 120
7	2019年	1 520
8	2020年	1 786
9	2021年	1 862
10	2022年	1 950
11	2023年	
12	2024年	

图 3-16　线性趋势线公式及 R 平方值

度较好。因此，我们可以使用线性趋势线来预测未来的销售额。需要注意的是，R 平方值只能用于评估线性趋势线与实际数据的拟合程度，不能用于证明因果关系。

2. 指数趋势线

指数趋势线是一种用于分析时间序列数据的方法，适用于数据呈指数增长或衰减的情况。它可以用于预测未来的数据点。

假设分析某公司过去 10 个月的网站访问量，并预测未来 2 个月的访问量。收集到的数据如表 3-3 所示。

表 3-3　某公司过去 10 个月的网站访问量

月份	网站访问量/万次
1 月	23
2 月	28
3 月	45
4 月	46
5 月	48
6 月	52
7 月	65
8 月	76
9 月	80
10 月	85

可以使用 Excel 中的趋势线函数来拟合一条指数趋势线，并预测未来的访问量。

首先，将数据输入 Excel 的表格中。然后，选择数据，单击插入选项卡中的"散点图"按钮，选择一个合适的散点图样式。接下来，单击鼠标右键图中任意一个数据点，选择"添加趋势线"，在弹出的对话框中选择指数趋势线，勾选"显示公式"和"显示 R 平方值"，单击"确定"按钮。如图 3-17 所示，得到一条曲线和一个方程式。方程式的形式为 $y = 23.661 e^{0.138 5x}$，其中 23.661 为 y 轴截距，0.138 5 为指数，x 为时间。根据这个方程式，可以预测未来 2 年的网站访问量。

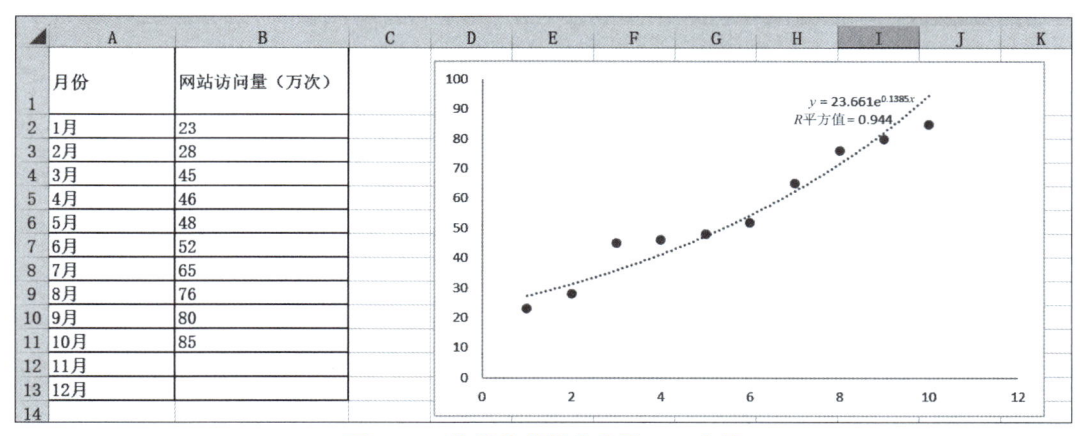

	A	B
1	月份	网站访问量（万次）
2	1月	23
3	2月	28
4	3月	45
5	4月	46
6	5月	48
7	6月	52
8	7月	65
9	8月	76
10	9月	80
11	10月	85
12	11月	
13	12月	

图 3-17　指数趋势线公式及 R 平方值

$$y_{11月} = 23.661\ e^{0.138\ 5 \times 11}$$

$$y_{12月} = 23.661\ e^{0.138\ 5 \times 12}$$

其中，e 代表自然对数的底数，约等于 2.718 28。要计算这个表达式，我们可以按照以下步骤进行：

（1）分别计算括号内的指数表达式：

$$0.138\ 5 \times 11 = 1.523\ 5$$

$$0.138\ 5 \times 12 = 1.662$$

（2）将（1）结果分别代入指数函数中：

$$e^{1.523\ 5} \approx 4.598$$

$$e^{1.662} \approx 5.27$$

（3）将（2）的结果乘以常数 23.661：

$$23.661 \times 4.598 \approx 108.850$$

$$23.661 \times 5.27 \approx 124.69$$

即

$$y_{11月} = 23.661\ e^{0.138\ 5 \times 11} \approx 108.85（万次）$$

$$y_{12月} = 23.661\ e^{0.138\ 5 \times 12} \approx 124.69（万次）$$

预测未来 2 个月的网站访问量分别为 108.85 万次和 124.69 万次。

在这个例子中，我们得到的 R 平方值为 0.944，接近 1，说明指数趋势线与实际数据的拟合程度比较好，可以使用指数趋势线来预测未来的网站访问量。

3. 对数趋势线

对数趋势线是一种用于分析时间序列数据的方法，适用于数据呈现出指数增长或衰减，但增长或衰减的速率逐渐降低的情况。即当数据的更改率快速增加或减少，然后逐渐减少时，该曲线最有用。它可以用于预测未来的数据点。

假设分析某公司过去 8 个月的产品销量，并且预测未来 2 个月的销量。收集到的数据如表 3-4 所示。

表 3-4　某公司过去 8 个月的销量

年份	销量/万件
1月	25
2月	37
3月	51
4月	59
5月	69
6月	73
7月	76
8月	80

可以使用 Excel 中的趋势线函数来拟合一条对数趋势线，并预测未来的销售额。

首先，将数据输入 Excel 的表格中。然后，选择数据，单击插入选项卡中的"散点图"按钮，选择一个合适的散点图样式。接下来，单击鼠标右键图中任意一个数据点，选择"添加趋势线"，在弹出的对话框中选择对数趋势线，勾选"显示公式"和"显示 R 平方值"，单击"确定"按钮。如图 3-18 所示，得到一条曲线和一个方程式。方程式的形式为 $y=a\ln(x)+b$，其中 a 为斜率，b 为截距，x 为时间。根据这个方程式，可以预测未来 2 年的销售额。

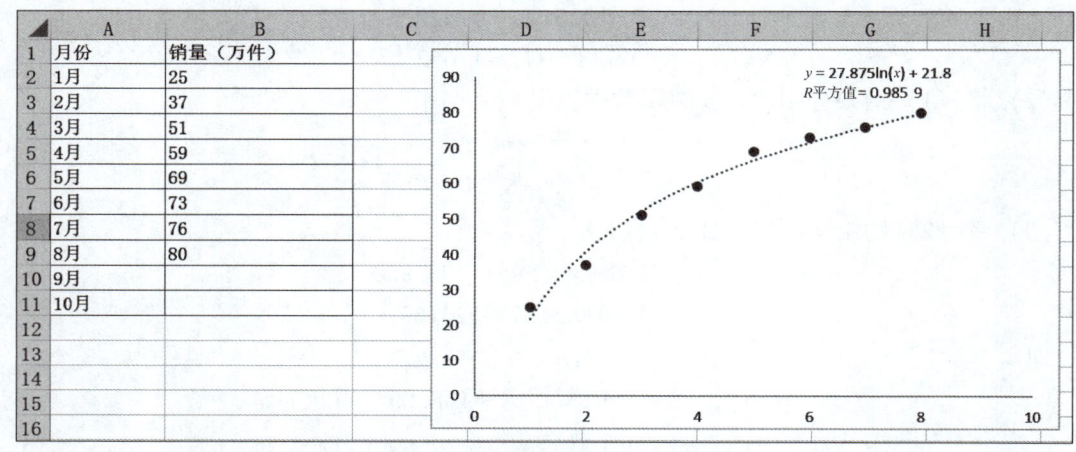

图 3-18　对数趋势线公式及 R 平方值

对数方程式为 $y=27.875\ln(x)+21.8$，那么：

$$y_9 = 27.875\ln(9)+21.8 = 57.57（万件）$$

$$y_{10} = 27.875\ln(10)+21.8 = 59.95（万件）$$

预测未来 2 个月的销售额分别为 57.57 万件和 59.95 万件。

在这个例子中，我们得到的 R 平方值为 0.985 9，说明对数趋势线与实际数据的拟合程度比较好，可以使用对数趋势线来预测未来的销量。

4. 多项式趋势线

多项式趋势线是一种用于拟合非线性数据的方法，它可以适用于不同形态的数据。多项式趋势线可以拟合任意次数的多项式方程，例如二次、三次、四次等。多项式趋势线适用于增长或降低的波动较大的数据集合，它可用于分析大量数据的偏差，多项式的阶数可由数据波动的次数或曲线中拐点（峰和谷）的个数确定。二阶多项式趋势线通常仅有一个峰或谷。三阶多项式趋势线通常有一个或两个峰或谷，四阶通常多达三个。

假设已知某企业 2023 年 5 月 1 日至 2023 年 5 月 20 日的销售额和销售费用数据（表 3-5），在 5 月 21 日的销售额也已知的情况下，可以使用 Excel 中的趋势线函数来拟合一条多项式趋势线，预测 5 月 21 日的销售费用。

表 3-5 某企业销售额和销售费用

日期	销售额/万元	销售费用/万元
2023.5.1	186.00	16.20
2023.5.2	169.00	15.70
2023.5.3	170.90	15.90
2023.5.4	189.50	11.90
2023.5.5	223.00	10.80
2023.5.6	236.00	12.50
2023.5.7	256.00	13.60
2023.5.8	281.00	14.80
2023.5.9	200.00	12.00
2023.5.10	285.00	15.60
2023.5.11	295.00	17.20
2023.5.12	251.00	12.20
2023.5.13	221.00	11.10
2023.5.14	208.00	10.80
2023.5.15	265.00	12.50
2023.5.16	231.00	11.50
2023.5.17	213.00	10.60
2023.5.18	221.00	10.80
2023.5.19	268.00	13.50
2023.5.20	286.00	14.60
2023.5.21	300.00	

首先，将数据输入 Excel 的表格中。然后，选择数据，单击插入选项卡中的"散点图"按钮，选择一个合适的散点图样式。接下来，单击鼠标右键图中任意一个数据点，选择"添加趋势线"，在弹出的对话框中选择多项式趋势线，将"阶数"设置为 2，勾选"显示公式"和"显示 R 平方值"，单击"确定"按钮。如图 3-19 所示，得出一条曲线和一个方程式。方程式的形式为 $y = 0.0013x^3 - 0.6106 + 81.027$，其中 x 是销售额的数据，y 是该销售额对应的销售费用。如已知 8 月 21 日该店铺的销售额是 300 万元，由此计算出其销售费用的预测值如下：

$$y = 0.0013 \times 300^2 - 0.6106 \times 300 + 81.027 \approx 14.85 \text{（万元）}$$

在这个例子中，我们得到的 R 平方值为 0.814 6，说明多项式趋势线与实际数据的拟合

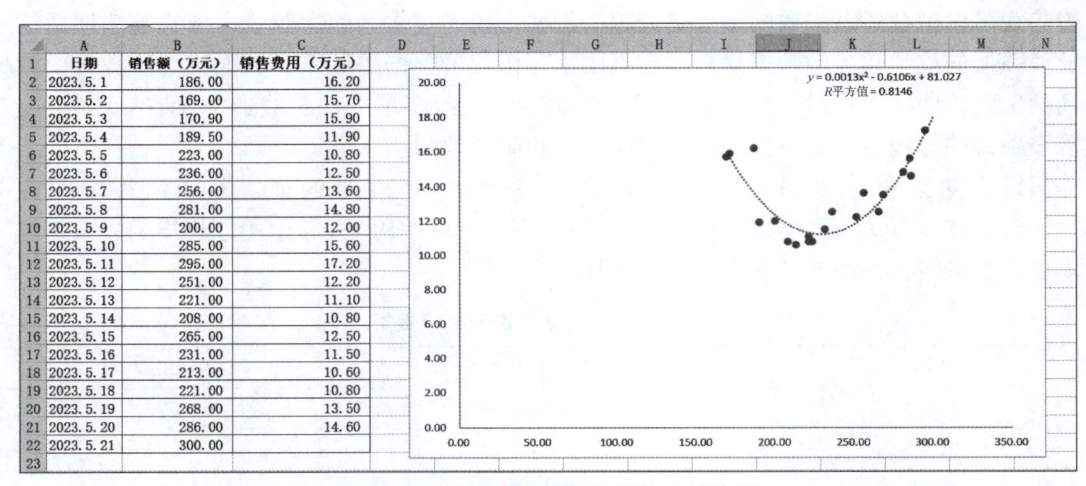

图 3-19　多项式趋势线公式及 R 平方值

程度刚好达标，可以使用对数趋势线来预测未来的销售额。

5. 乘幂趋势线

乘幂趋势线是一种用于拟合非线性数据的方法，它适用于一种数据变化比较缓慢的趋势，例如人口增长等。在这里，我们以乘幂趋势线为例来说明如何使用 Excel 拟合幂乘趋势线并分析 R 平方值。

假设分析某企业的销量情况，并预测未来 1 年的销量，收集到的数据如表 3-6 所示。

表 3-6　某企业销量情况

年份	销量/万个
2018 年	351
2019 年	375
2020 年	397
2021 年	415
2022 年	427

可以使用 Excel 中的趋势线函数来拟合一条乘幂趋势线，并预测未来的销量。

首先，将数据输入 Excel 的表格中。然后，选择数据，单击插入选项卡中的"散点图"按钮，选择一个合适的散点图样式。接下来，单击鼠标右键图中任意一个数据点，选择"添加趋势线"，在弹出的对话框中选择乘幂趋势线，勾选"显示公式"和"显示 R 平方值"，单击"确定"按钮。如图 3-20 所示，得到一条曲线和一个方程。方程的形式为 $y=ax^b$，其中 a、b 为幂乘的系数，即 $y=348.31x^{0.1235}$，结合案例 $y=348.31×6^{0.1235}=447.61$（万个）。

在这个例子中，我们得到的 R^2 值为 0.99，非常接近 1，说明拟合结果是相当可靠的，可以用于对 1 年销量的预测。

6. 移动平均趋势线

移动平均趋势线是一种平滑数据的方法，它可以用来消除数据中的随机波动，揭示出数据中的长期趋势。例如在股票、基金、汇率等技术分析中常用。移动平均使用特定数目的数据点（由"周期"选项设置），取其平均值，然后将该平均值作为趋势线中的一个点。例

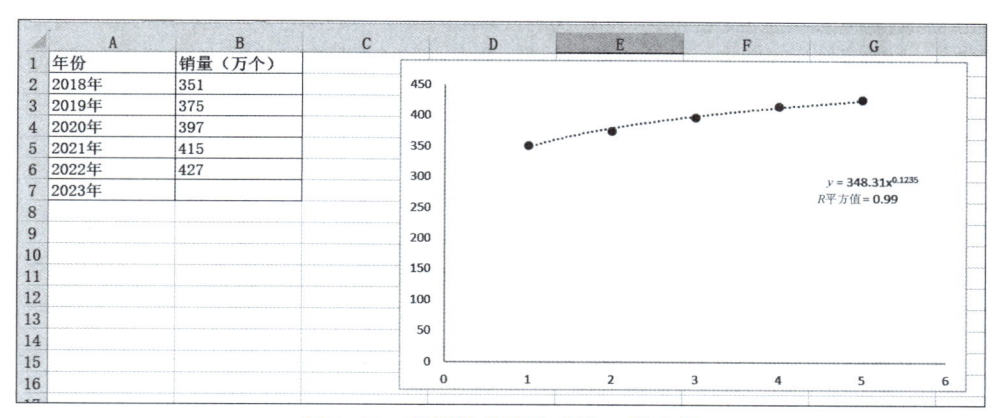

图 3-20　乘幂趋势线公式及 R 平方值

如，如果"周期"设置为 2，那么，前两个数据点的平均值就是移动平均趋势线中的第一个点，第二个和第三个数据点的平均值就是趋势线的第二个点，依此类推。移动平均法计算公式如下：

$$Y_t = (X_{t-1} + X_{t-2} + X_{t-3} + \cdots + X_{t-n})/n$$

式中，Y_t——对下一期的预测值；

n——移动平均的时期个数；

X_{t-1}——前期实际值；

X_{t-2}、X_{t-3} 和 X_{t-n}——前两期、前三期直至前 n 期的实际值。

在 Excel 中，我们可以使用"数据分析"工具中的"移动平均"功能来计算移动平均趋势线。例如，某企业年销售额如表 3-7 所示。

表 3-7　某企业年销售额

日期	销售额/百万元
2022/1/1	100
2022/2/1	150
2022/3/1	200
2022/4/1	175
2022/5/1	250
2022/6/1	300
2022/7/1	400
2022/8/1	375
2022/9/1	450
2022/10/1	500
2022/11/1	600
2022/12/1	700

假设我们想要计算这些销售数据的 5 个月移动平均值，可以选择数据分析工具中的"移动平均"功能，设置窗口大小为 5 个月。或者在空白单元格中输入"移动平均"，并在下方

的单元格中输入以下公式：=AVERAGE(B2：B6)，其中 B2：B6 为当前单元格所在行的前 5 个单元格，表示计算当前月份的 5 个月移动平均值。将公式复制到所有需要计算移动平均值的单元格中，直到最后一个单元格。例如，如果我们要计算每个月的 5 个月移动平均值，那么公式需要复制到最后一个单元格，即计算最后一个月的 5 个月移动平均值。最后，我们可以将计算得到的移动平均值作为移动平均趋势线，并将其绘制在销售数据图表中。

执行计算后，我们可以得到如表 3-8 所示的结果。

表 3-8 计算结果

日期	销售额/百万元	5 个月移动平均
2022/1/1	100	—
2022/2/1	150	—
2022/3/1	200	—
2022/4/1	175	—
2022/5/1	250	175
2022/6/1	300	190
2022/7/1	400	225
2022/8/1	375	260
2022/9/1	450	321.67
2022/10/1	500	381.67
2022/11/1	600	476.67
2022/12/1	700	575

特定类型的数据具有特定类型的趋势表现，要获得精确的预测，为数据选择合适的趋势线非常重要。在实际应用时，不可仅凭主观臆断草率决定，究竟选择哪种趋势线最合适，主要取决于趋势线的 R 平方值（越接近 1，拟合度越好）。

🔖 任务实践

一、任务要求

对店铺商品销量趋势分析与预测的结果可以帮助运营人员优化选品及销售策略，调整商品库存及采购数量。某店铺是一家零食专营店，主营产品为威化饼干，根据近两年各月的销量数据，决定分析未来的销量趋势。对店铺一定时间段内销量及趋势进行预测时，需要借助时间序列预测法，利用历史数据进行统计分析，将已知数据序列外推预测对象未来的发展趋势。由于该款威化饼干一年内各月的销量数据基本平稳，因此，采用移动平均法能有效地消除预测中的随机波动，分析牛仔裤的销量趋势。

二、任务实施

步骤 1：获取数据。获取店铺近两年月销量的统计数据，用 Excel 整理好，如图 3-21 所示。

年份	月份	销量（单位：盒）
某店铺威化饼干近两年月销量统计		
2021年	1月	1 560
	2月	1 680
	3月	1 965
	4月	2 012
	5月	2 120
	6月	2 220
	7月	2 086
	8月	1 862
	9月	1 950
	10月	2 200
	11月	3 350
	12月	2 012
2022年	1月	2 005
	2月	2 056
	3月	2 350
	4月	2 386
	5月	2 580
	6月	2 599
	7月	2 528
	8月	2 489
	9月	2 560
	10月	2 600
	11月	3 880
	12月	2 785

图 3-21 原始数据

步骤2：添加"移动平均"分析工具。搜索"加载项"，然后单击"可用加载宏"，选中"Euro Currency Tools"和"分析工具库"，如图 3-22 所示，单击"确定"按钮。

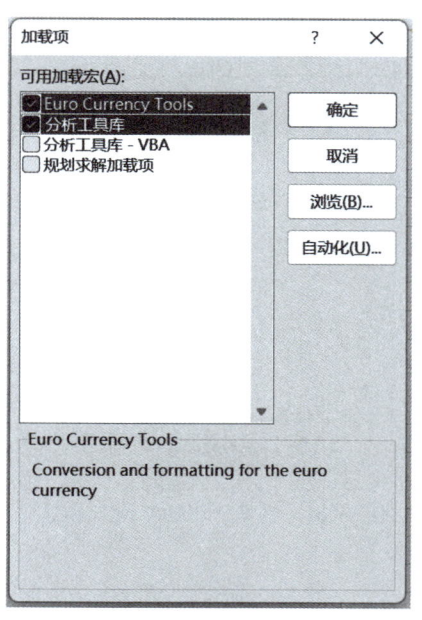

图 3-22 添加"加载项"

步骤3：利用"移动平均"分析工具计算。加载工具完成以后，单击数据，然后单击数据分析，在数据分析工具中，下滑菜单选中移动平均（图 3-23），单击"确定"按钮。在弹出的"移动平均"对话框中设置参数，输入区域为"$C$3：$C$26"，间隔为12，输出区域为"$E$3"，选中"标志位于第一行""图表输出""标准误差"，如图3-24所示。标准误差是实际数据与预测数据即"移动平均数据"的标准差，用以显示预测值与实际值的差距，这个数据越小则表明预测数据越准确。然后单击"确定"按钮，即可输出移动平均数值及趋势线，如图3-25所示。通过查看店铺利润趋势线，可以发现该店铺各月利润数据的变化趋势并分析这些趋势变化的内在原因。

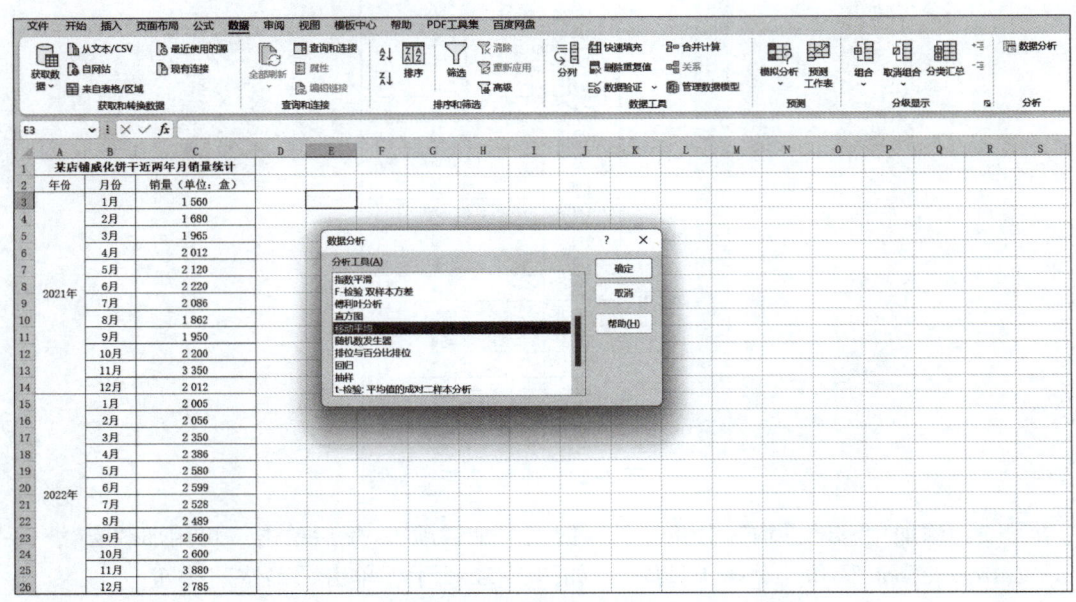

图3-23　选择"移动平均"分析工具

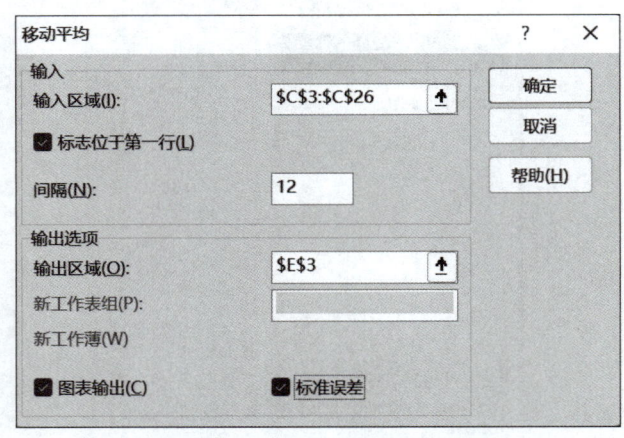

图3-24　设置"移动平均"参数

三、任务思考

利用移动平均法进行趋势分析时，除了可以利用Excel"移动平均"分析工具，还可以采用哪种方法？如何操作呢？

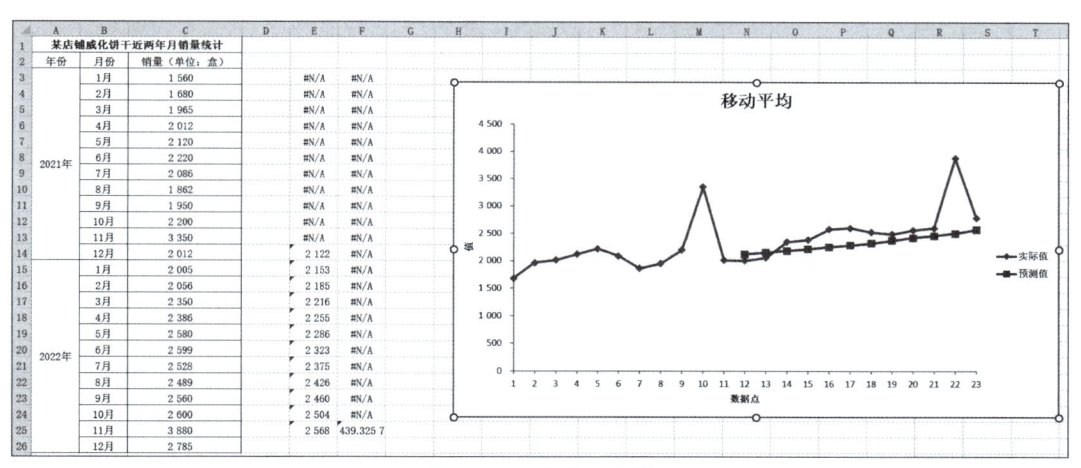

图 3-25 移动平均值

任务三　市场竞店分析

头脑风暴

竞争对手是指对电商企业发展可能造成威胁的任何企业，具体是指与本企业生产销售同类商品或替代品，提供同类服务或替代服务，以及价格区间相近、目标客户类似的相关企业。对竞争对手进行识别分析，能够了解整个行业的竞争格局，能够对整个行业目前的竞争激烈程度以及未来的走势进行分析和预判。

知识储备

一、界定竞争对手

既然存在竞争，就必然存在资源的争夺，因此，同自己争夺各种资源的对象就是竞争对手。根据争夺资源的不同，我们可以分为不同的竞争对手。

（1）争夺人力资源。即抢夺同一个类型的人力资源，如企业运营人员、美工人员、客服人员等。

（2）争夺客户资源。争夺客户资源是竞争对手最本质的表现。

（3）销售同品类商品或服务，即所谓的同业竞争，是最直接的竞争对手，如可口可乐、百事可乐。

（4）销售替代类商品或服务，是指非同类但是属于可替代的商品或服务，它们同样构成竞争关系。

（5）销售互补类商品或服务。互补类商品是指两种商品之间互相依赖，形成互利关系，例如牙膏和牙刷。

（6）争夺营销资源。在同一时段、同一媒介投放广告的其他企业就是竞争对手。

(7) 争夺生产资源。争夺同一类生产资源的企业之间是竞争关系。

(8) 争夺物流资源。电子商务离不开物流，争夺物流资源的情况时常发生，这些企业为竞争对手。

二、识别竞争对手

识别竞争对手非常重要。前期根据计划经营的商品品类，可以从关键词、目标人群、价格、营销活动、视觉拍摄等维度进行竞争对手识别。

（1）通过关键词识别竞争对手。

根据自身所在的电商平台，搜索经营品类最相似的卖家，更具体的还可以根据店铺商品的属性使竞争对手更加精确。比如，在淘宝网搜索框内输入"女装毛衣套头"，可以搜索到大量的竞争对手，随后选择材质为"羊毛"，厚薄为"常规"，领型为"圆领"，可以进一步识别竞争对手。

（2）通过目标人群识别竞争对手。

通过目标人群也能够有效识别竞争对手，如搜索词同为"女装毛衣"，但20~29岁与60岁以上的人群是完全不同的竞争体系，可以通过设定适用年龄来识别。

（3）通过销量和商品单价识别竞争对手。

从销量和商品单价维度在电商平台搜索页面找出相关卖家。然后找到店铺商品所在的排位、圈定销量或商品单价最接近的店铺作为竞争对手。

三、竞店数据分析

电商企业能否在市场上取得成功，除了取决于自身商品的品类、质量、价格外，还取决于竞店的各种要素。如果竞店的品类更丰富，商品质量更好，则会直接影响自身的市场占有率及转化率。

监控和分析竞店，一方面可以了解竞店的优势，使本企业做好竞争的应对准备，错位竞争，找到自身店铺可以提升的地方；另一方面可以了解竞店应对市场的方式，如促销方案的制定、上新的时间点、销售趋势等，查看竞店的做法，并结合自身的供应链、经营能力、资金实力进行自身店铺的各项规划。

在对竞店进行分析时，需要持续追踪各项关键数据，可以通过人工采集各项数据，也可以借助相应的工具展开，如淘宝网生意参谋专业版可以直接识别竞店并进行竞店监控与分析，除了平台工具之外，还可以借助店侦探这样专门用于监控竞争对手的工具。新用户注册并登录店侦探网站可免费试用7天（图3-26），单击红色的"添加监控店铺"按钮，在其中的文本框中输入竞店某个商品的网址，单击"添加监控"即可完成竞店的添加（图3-27）。

添加竞店以后，通过监控店铺分析单击整店状况查看七天透视（图3-28）和DSR（图3-29），单击销售分析查看30天内的销售数据（图3-30）和具体的销售产品（图3-31），分析统计周期内的销售趋势，并进一步找出网店之间的差距。如果在同一周期内，竞店销售在某些时间段呈现出明显的增长趋势，需要进一步分析竞店是否开展了促销活

图 3-26　登录店侦探

图 3-27　添加店铺监控

动,自身可否跟进竞店的策略,从而提升店铺的销量。查看竞店流量来源,例如无线直通车(图 3-32)可以获取相应的关键词。查看活动分析的活动概况(图 3-33),可以清晰了解竞店开展的推广活动,参加各类活动的商品数。持续追踪、分析促销推广活动的频度、深度和效果,结合自身网店的实际情况,制定适当的促销推广策略。网店的类目结构不仅影响销售业绩,而且影响网店抵御风险的能力。在分析竞店商品类目时,需要了解自身店铺和竞争店铺在类目布局和类目销售额方面的差距,从而进行品类布局的优化和提升。如果竞店的优势品类表现强势,对自身店铺形成威胁,且自身在供应链、价格等方面并无明显优势,那么需要从其他销售前景好且自身相对具有优势的品类着手,错位竞争,打造自身店铺的优势品类。通过查看宝贝分析的类目分布(图 3-34)可知,竞店包括唇部彩妆、面部彩妆、香水/香水用品、面部精华等,其中唇部彩妆为店铺的优势类目,类目下的商品数和销售额均呈现出较明显的优势。

图 3-28　竞店七天透视图

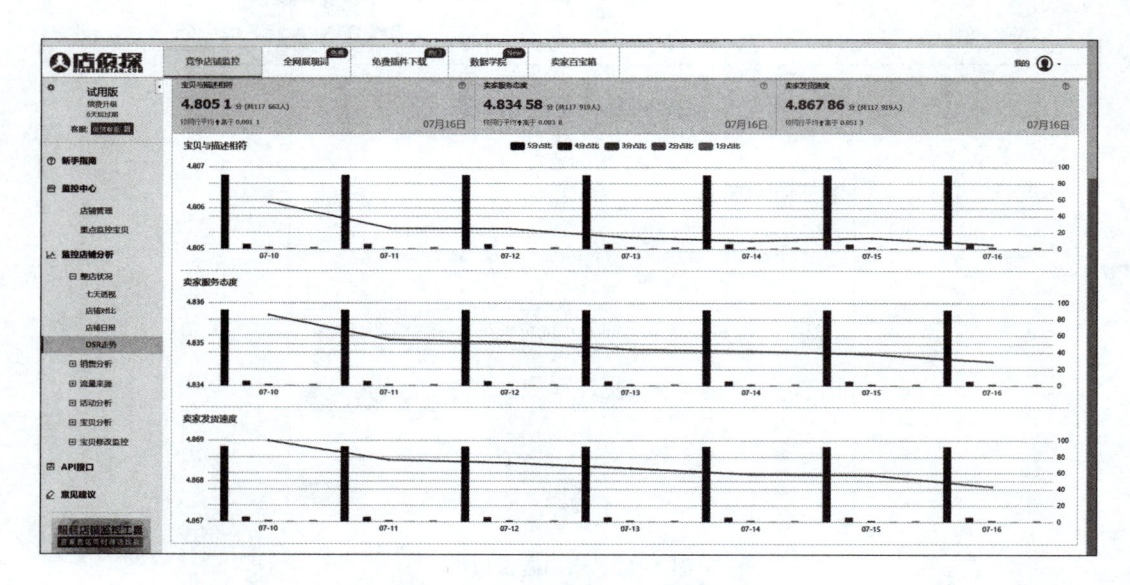

图 3-29　竞店 DSR 监控图

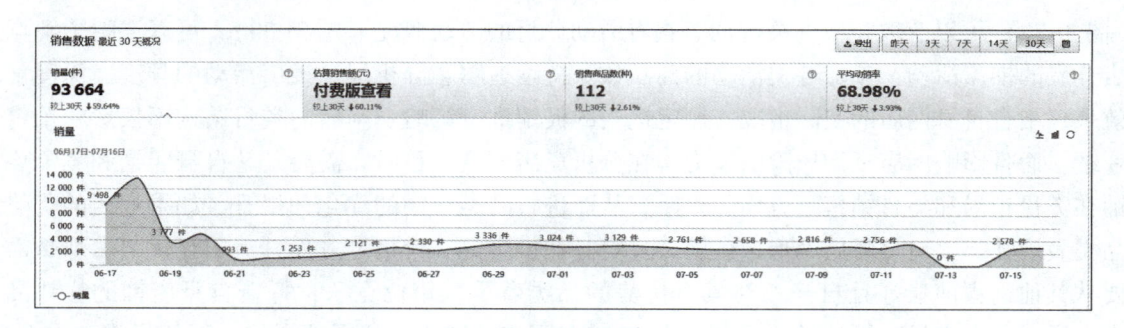

图 3-30　竞店 30 天销售情况

图 3-31　竞店销售产品数据

图 3-32　竞店无线直通车

图 3-33　竞店活动概况

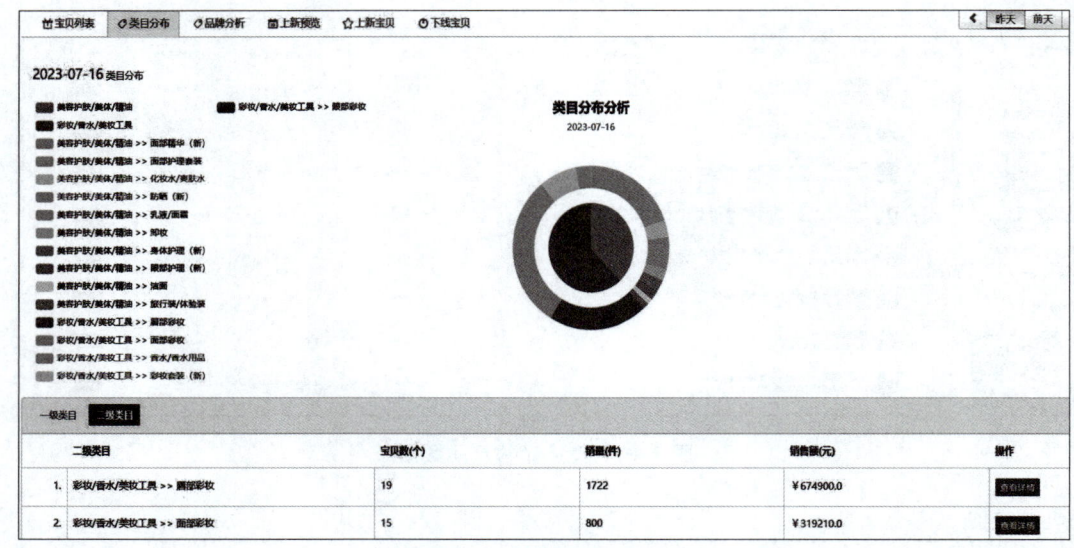

图 3-34　竞店商品类目分布

🔖 任务实践

一、任务要求

竞店分析需要围绕类目构成、销售、推广活动等综合分析，其中商品结构直接影响店铺的销售业绩，在不同的营销场景下，需要有相应的对标商品。销售数据的比较较为直观，可以直接反馈自身店铺与竞店之间的差距。此外，推广活动的布局也需要格外关注，这些都将影响自身店铺的市场占有率。某企业开设了一家女装店铺，主打学院风，淘宝网经营类似风格的店铺众多，选定与自身匹配度最高的竞店，进行竞店追踪，找出自身的差距，用于以后进行完善并展开错位竞争。

二、任务实施

步骤 1：获取数据。进行竞店分析，其目标是了解竞店的商品结构、销量变化，追踪店铺在开展推广活动期间的各项数据变化，寻找自身店铺与竞店之间的差距。竞店属性数据可以进入竞店人工采集。通过生意参谋或者店侦探可以获取销售数据，整理后得到本店与竞店的交易金额与访客人数，如图 3-35 所示。

日期	本店交易金额	本店访客人数	竞店交易金额	竞店访客人数
2021-10	7,879,403	916,070	27,832,312	3,335,814
2021-09	7,831,584	784,923	30,401,575	2,955,742
2021-08	7,824,851	788,914	34,860,691	3,568,046
2021-07	5,149,418	505,828	31,950,477	3,064,356
2021-06	5,938,808	492,105	45,049,155	3,443,271
2021-05	3,720,667	423,581	29,553,354	2,620,478
2021-04	3,936,166	450,457	34,645,777	3,355,030
2021-03	5,220,489	589,813	42,100,184	3,728,596
2021-02	3,972,242	482,048	33,677,839	3,128,909
2021-01	7,485,084	705,314	54,183,639	4,136,386
2020-12	6,066,370	596,790	45,616,050	3,869,388
2020-11	7,457,367	680,414	51,187,662	4,066,821
2020-10	3,840,121	529,896	30,233,797	3,432,967

图 3-35　销售数据统计

步骤2：销售数据分析。

在数据表中选择"A1：A14，B1：B14，D1：D14"单元格区域，选择"插入"选项卡，选择"簇状柱形图"，插入图表，去掉标题和网格线，单击鼠标右键选择"添加趋势线"，如图3-36所示。

图 3-36 销售数据分析

步骤3：访客人数分析。

在数据表中选择"A1：A14，C1：C14，E1：E14"单元格区域，选择"插入"选项卡，选择"簇状柱形图"，插入图表，去掉标题和网格线，单击鼠标右键选择"添加趋势线"，如图3-37所示。

图 3-37 访客人数分析

三、任务思考

综合分析竞店与本店铺的情况比较，能得出哪些分析结果？

巩固练习

一、单选

1. 市场价格是（　　）的货币表现。
   A. 商品定价　　　B. 商品价值　　　C. 商品利润　　　D. 商品成本
2. 下列不属于竞争对手的是（　　）。
   A. 造成自身网店客户流失的其他网店
   B. 销售儿童保温杯的不同网店
   C. 销售电视的网店和销售智能音响的网店
   D. 销售女士棉衣的网店和销售女士羽绒服的网店
3. 以下是运营人员计算出的不同行业的赫芬达尔指数，其中行业集中度最高的是（　　）。
   A. 0.061　　　　B. 0.175 3　　　C. 0.22　　　　D. 0.889 1
4. 分析父行业下各子行业的市场容量占比情况，适合选用的可视化图表是（　　）。
   A. 雷达图　　　　B. 折线图　　　　C. 气泡图　　　　D. 饼状图
5. 当市场需求扩大时，商品价格（　　）。
   A. 相对稳定　　　　　　　　　　　　B. 处于上涨趋势
   C. 处于下跌趋势　　　　　　　　　　D. 毫无变化

二、多选

1. 关于市场容量分析，下列说法正确的是（　　）。
   A. 市场容量的大小决定了行业的天花板
   B. 进行市场容量分析，有利于电商企业制定销售计划与目标
   C. 无视市场容量，盲目制定销售目标，会导致电商企业积压库存、占用资金
   D. 在进行市场容量分析时，仅可获知过往年份的市场容量数据，无法预测未来几年的市场容量
2. 计算行业赫芬达尔指数，其关键步骤包括（　　）。
   A. 获取竞争对手的市场份额
   B. 将竞争对手的市场份额平方值相乘
   C. 将竞争对手的市场份额平方值相加
   D. 计算市场份额的平方值
3. 关于竞品分析，下列说法正确的是（　　）。
   A. 竞品分析可以通过竞品基本信息、商品评价等分别展开
   B. 竞品分析就是对竞争对手的商品进行分析
   C. 基本信息分析是竞品分析的基础
   D. 借助店侦探工具进行竞品分析可直接添加选定的竞品
4. 行业发展阶段包括（　　）。

A. 爆发期　　　　　B. 成长期　　　　　C. 萌芽期　　　　　D. 衰退期

5. 以下（　　）等虽为互补类商品，但同样形成竞争关系。

A. 毛笔和墨汁　　　　　　　　B. 眼镜框和眼镜片

C. 数码相机和胶卷　　　　　　D. 电动汽车和汽油

三、案例分析

某电商企业已经确定进入厨房电器行业，但对目标行业下各个子行业的发展状况不是非常了解，为了明确计划切入的品类，并为后期的品类上新计划提供决策依据，采集相关数据如图3-38所示。请你为该企业进入厨房电器子行业市场容量进行分析。

类目名	父行业类目名	日期	交易金额	父行业交易金额	交易增长幅度	支付金额较父行业占比	支付子订单数较父行业占比
净水器	厨房电器	2021年10月	522,297,857	5,005,343,136	-10.88%	10.37%	6.41%
商厨制冷类设备	厨房电器	2021年10月	435,607,082	5,005,343,136	-15.96%	8.69%	1.50%
电饭煲	厨房电器	2021年10月	363,792,706	5,005,343,136	-8.73%	7.06%	8.22%
商厨加热类设备	厨房电器	2021年10月	360,634,879	5,005,343,136	1.63%	7.06%	2.53%
电热水壶	厨房电器	2021年10月	265,344,566	5,005,343,136	5.47%	5.31%	11.94%
电热/火锅	厨房电器	2021年10月	231,769,798	5,005,343,136	15.07%	4.63%	12.22%
其它商用厨电	厨房电器	2021年10月	208,880,253	5,005,343,136	-2.07%	4.22%	1.07%
破壁机	厨房电器	2021年10月	181,716,438	5,005,343,136	-11.82%	3.64%	2.05%
电磁炉/陶炉	厨房电器	2021年10月	173,630,952	5,005,343,136	12.35%	3.47%	3.22%
空气炸锅	厨房电器	2021年10月	168,636,243	5,005,343,136	7.06%	3.38%	3.15%
微波炉	厨房电器	2021年10月	166,701,270	5,005,343,136	10.26%	3.34%	1.50%
商厨食品机械	厨房电器	2021年10月	154,221,105	5,005,343,136	1.83%	3.08%	1.37%
电压力锅	厨房电器	2021年10月	147,138,616	5,005,343,136	-13.70%	2.95%	1.99%
婴童厨房小家电	厨房电器	2021年10月	124,988,180	5,005,343,136	-10.16%	2.50%	3.49%
养生壶/煎药壶	厨房电器	2021年10月	122,976,309	5,005,343,136	-1.74%	2.46%	4.51%
绞肉/碎肉/绞菜机	厨房电器	2021年10月	118,878,161	5,005,343,136	-4.81%	2.38%	4.63%
电烤箱	厨房电器	2021年10月	106,756,647	5,005,343,136	-11.84%	2.14%	1.10%
咖啡机	厨房电器	2021年10月	89,702,796	5,005,343,136	-19.75%	1.79%	0.33%
电炖锅/煲汤锅/电炖盅	厨房电器	2021年10月	81,269,120	5,005,343,136	-4.97%	1.63%	2.59%
厨房家电配件	厨房电器	2021年10月	76,343,891	5,005,343,136	2.50%	1.52%	6.16%
饮水机	厨房电器	2021年10月	71,174,969	5,005,343,136	-9.62%	1.45%	1.59%
茶吧/泡茶机	厨房电器	2021年10月	66,190,684	5,005,343,136	-10.45%	1.32%	0.88%
榨汁机/原汁机	厨房电器	2021年10月	60,479,378	5,005,343,136	-24.40%	1.21%	1.89%
豆浆机	厨房电器	2021年10月	59,545,191	5,005,343,136	-18.10%	1.19%	1.08%
电饼铛/华夫饼机/薄饼机	厨房电器	2021年10月	55,220,820	5,005,343,136	-19.90%	1.10%	1.72%
台式净饮机	厨房电器	2021年10月	53,475,033	5,005,343,136	-25.14%	1.07%	0.43%
商用水饮设备	厨房电器	2021年10月	48,017,605	5,005,343,136	5.11%	0.94%	0.31%
商用消毒洗涤设备	厨房电器	2021年10月	47,328,329	5,005,343,136	-7.99%	0.94%	0.55%
电蒸锅/台式电蒸箱/肠粉	厨房电器	2021年10月	37,316,448	5,005,343,136	-14.28%	0.75%	0.75%

图3-38　厨房电器子行业数据

补充阅读

反不正当竞争护航市场经济健康发展

2023年以来，市场监督管理总局部署开展反不正当竞争"守护"专项执法行动，严厉打击各类网络不正当竞争行为。截至目前，全国各级市场监管部门共立案查处网络不正当竞争案件1 209件。

公平竞争是市场经济的源头活水。围绕保护和促进公平竞争，党中央、国务院先后做出一系列决策部署。高度重视反不正当竞争，在维护公平竞争中具有基础性作用，对完善社会主义市场经济体制、构建新发展格局、推动高质量发展具有重要意义。

值得注意的是，随着互联网领域竞争业态及方式发展转变，新型网络不正当竞争行为频发，网络虚假宣传行为花样翻新，侵犯经营者、消费者合法权益，影响网络经济持续健康发展。有关部门强化监管执法力度，着力规范互联网领域市场竞争秩序，为确保市场经济公平竞争提供有力支撑。

聚焦重点问题，执法有的放矢。专项执法行动以查处互联网不正当竞争行为、规范民生领域营销行为、保护企业核心竞争力为工作重点，剑指刷单炒信、网络直播虚假宣传等不正当竞争行为，专注群众反映集中的、误导蒙蔽消费者的不良营销行为，注重对企业商业秘密、商业标识、商业信誉等的保护，相关工作坚持规范监管和促进发展并重，依法维护经营者和消费者的合法权益，促进商品和要素高效流通，为数字经济健康发展保驾护航。

公布典型案例，发挥警示教育作用。比如，有商家利用"爬虫"程序窃取他人店铺商品信息数据，挪用上传至其他具有竞争关系的购物平台，对于这种挪用他人劳动成果的新型网络不正当竞争行为，有关部门责令停止违法行为，并处罚款100万元。还有案件当事人帮助其他经营者进行商品粉丝关注量、店铺关注量、产品收藏量、销量展示、好评、补单等全链条造假，误导消费者对相关产品或服务的判断，被责令停止违法行为，罚款20万元。更有商家在直播销售时谎称其产品纤维成分含有"羊毛、羊绒、骆驼绒、鹅绒、貂、幼貂、进口貂、未经染色的稀有貂"等，而经抽样检测发现，其产品实际纤维成分为聚酯纤维、锦纶、腈纶、氨纶等，虚假宣传被处以65万元罚款……一系列违反《中华人民共和国反不正当竞争法》的行为必将受到法律惩治。惩治不是目的，规范才是根本。不断增强经营主体诚信守法、合规经营的意识，有效引导消费者科学理性消费，建立更加公平竞争的市场环境，进一步提升市场竞争整体质量和水平。

维护公平竞争的市场秩序，不仅要有法律法规护航，而且有赖于执法和监管到位。要充分发挥执法和监管能为、有为、善为的作用，及时纠正和解决市场出现的新问题和新矛盾，弥补市场自身调节存在的不足。让公平竞争制度更加健全，持续规范市场竞争行为，营造各类经营主体公平、透明、可预期良性竞争的环境，确保社会主义市场经济行稳致远。

来自：人民网

模块四

运营数据分析

【学习目标】

【知识目标】

(1) 熟悉客户特征、客户忠诚度和客户行为的内容
(2) 掌握关键词推广、活动推广、内容运营推广的相关知识与指标
(3) 熟悉客单价分析方法及影响因素
(4) 掌握采购数据、物流数据以及仓储数据分析内容

【能力目标】

(1) 能够进行通过数据描绘客户画像
(2) 能够进行关键词推广效果分析以及内容运营分析
(3) 能够通过数据精准计算出店铺客单价
(4) 能够掌握利用析采购、物流、仓储数据分析其供应链中的作用

【素质目标】

(1) 具备数据保密意识、尊重公民隐私，遵守职业道德
(2) 具有较好的逻辑分析能力
(3) 熟悉《中华人民共和国电子商务法》等相关法律法规

【思维导图】

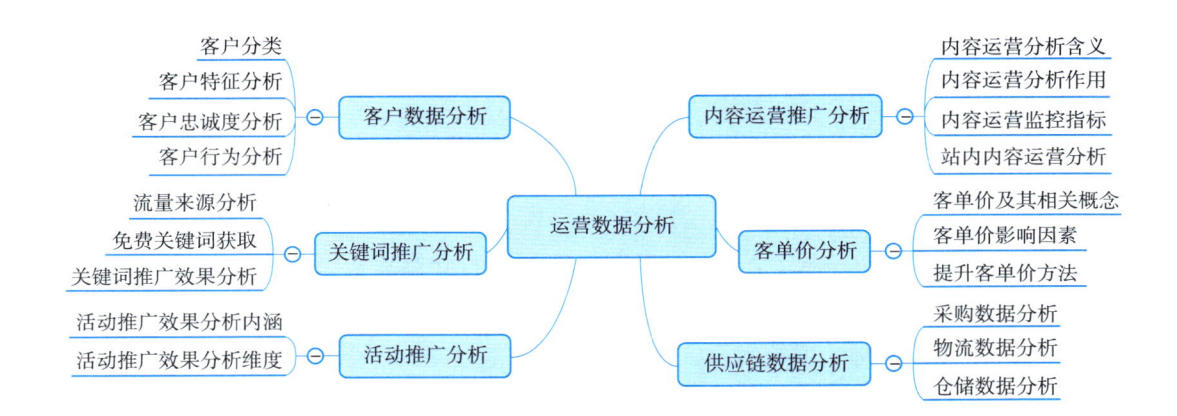

- 客户数据分析
  - 客户分类
  - 客户特征分析
  - 客户忠诚度分析
  - 客户行为分析
- 关键词推广分析
  - 流量来源分析
  - 免费关键词获取
  - 关键词推广效果分析
- 活动推广分析
  - 活动推广效果分析内涵
  - 活动推广效果分析维度
- 内容运营推广分析
  - 内容运营分析含义
  - 内容运营分析作用
  - 内容运营监控指标
  - 站内内容运营分析
- 客单价分析
  - 客单价及其相关概念
  - 客单价影响因素
  - 提升客单价方法
- 供应链数据分析
  - 采购数据分析
  - 物流数据分析
  - 仓储数据分析

（运营数据分析）

任务一　客户数据分析

头脑风暴

洞察企业客户群画像，能够帮助企业实现"千人千面"，使企业可以针对不同人群制定差异化的运营策略。描绘客户画像，首先需要明确客户画像涉及的分析维度有哪些，一般来说，描绘客户画像需要分析的维度主要有客户年龄、客户地域、客户消费层级、客户产品偏好、客户来源终端、客户性别、客户职业等。那么，我们可以从哪些方面进行分析呢？

知识储备

一、客户分类

在进行客户分析时，可以使用不同的分类方法和标准来将客户进行分类。

1. 基本属性分类

每个客户都具有一定的属性，在工作领域中，他的属性可以是学生、教师、公务员、公司职员等；在家庭中，他的属性可以是母亲、父亲、丈夫、妻子等；可以依照不同的属性将客户分群。常见的客户基础属性有：

（1）性别：男、女。

（2）年龄：18岁以下、18~25岁、26~30岁、31~35岁、36~40岁、41~45岁、46~50岁、51岁及以上。

（3）职业：公务员、医护人员、白领、教职工、蓝领/服务业、学生、媒体从业者、科研人员、金融从业者等。

（4）婚恋阶段：单身、恋爱、订婚、已婚未育、已婚已育。

2. 价值分类

高价值客户和低价值客户：根据客户对企业贡献的价值，例如购买频率、订单金额、利润贡献等将其分为高价值客户和低价值客户。也可以将客户分为普通客户、会员客户、超级会员客户等。每个会员等级对应不同的购买数量门槛，客户只有达到既定的购买数量，才能获得相应的会员资格并享有会员特权。通过会员等级特权，刺激客户的购买欲望，有效拉动企业的产品销量。

潜在价值客户和流失风险客户：根据客户的潜在价值和流失风险程度将其分为潜在价值客户（有潜力成为高价值客户）和流失风险客户（可能面临流失的高价值客户）。

3. 偏好分类

产品偏好：根据客户对特定产品或产品类别的偏好将其分为不同的产品偏好群体。常见的客户产品偏好属性例如：

（1）款式：时尚潮流、简约大方、可爱卡通等。

（2）颜色：白色、红色、黑色、蓝色、金色、粉色等。

（3）口味：酸、甜、苦、辣、咸等。

（4）风格：时尚、商务、嘻哈、英伦、复古等。
（5）图案：花色、纯色、卡通、字母等。
（6）材质：木质、皮质、橡胶、玻璃、硅胶、金属等。
（7）价格：高、中高、中、中低、低。
（8）功能：智能控制、防水、多功能等。

渠道偏好：根据客户对购买渠道的偏好，例如线上购买偏好或线下购买偏好将其分为不同的渠道偏好群体。

4. 行为分类

根据客户的购买行为模式和频率将其分为不同的购买群体，如将客户分为新客户、活跃客户、流失客户、回流客户等。

（1）新客户。新客户指首次访问企业网站/网店，或者首次使用企业服务的客户。新客户是企业客户构成的重要部分，新客户的加入意味着企业新购买力的注入，尤其是具有较大潜能的新客户的加入，能够直接影响企业的营业收入。新客户加入后，企业需要维护与新客户的关系，将其发展成为活跃客户，为企业创造价值。

（2）活跃客户。活跃客户指经常光顾企业，并为企业带来一定价值的客户。活跃客户数指在一定时期（如30天、60天等）内，有消费或者登录行为的客户总数。通过活跃客户数，可以了解客户的整体活跃率，一般随着时间周期的加长，客户活跃率会出现逐渐下降的现象。如果经过一个生命周期（3个月或半年），客户的活跃率还能稳定保持在5%~10%，则是比较好的客户活跃表现。

（3）流失客户。流失客户指曾经访问过企业，但由于对企业失去兴趣而彻底脱离企业的客户。客户流失率是判断客户流失的主要指标，能够反映企业经营与管理的现状。企业在运营过程中，需要确保产品/服务质量，提升产品附加值，保持与客户的联系，以减少客户流失，避免因客户流失给企业运作造成不利影响。

（4）回流客户。回流客户指原流失客户经过一段时间后重新回归企业的客户。回流客户经过引导有可能成为企业的活跃客户，为企业创造价值。因此，企业需要重视回流客户的维护，使其由不稳定客户转化为忠实客户。

5. 地理分类

根据客户所在的地理位置将其分为不同的地理区域群体，如国家、城市、地区等。根据地理分布不同，可以将客户划归到不同的区域，比如东北客户群、华北客户群、西北客户群等。这样分类一是方便企业对客户进行管理，可以由专人负责对应区域的客户；二是方便企业对客户群体特征进行分析，因为同一区域的客户，在整体口味偏好、穿着偏好等方面具有共性。

这些分类方法可以单独应用，也可以结合使用，根据具体业务需求和分析目的来确定适合的客户分类方式。通过客户分类，企业可以更好地理解不同类型客户的特点和需求，从而制定针对性的营销策略和服务方案。

二、客户特征分析

（一）客户特征分析含义

客户特征分析是从多个维度对客户进行分析，然后总结出客户全貌的过程。客户特征分析的常见维度有：客户性别、客户年龄、客户地域、客户年龄、客户终端、购买能力、购买次数等，对客户特征进行归类分析，能够形成客户画像，帮助企业了解客户群体特征。

在进行客户特征分析时，常用到的指标有：页面浏览量（PV）、访客数（UV）、成交客户数、成交金额、转化率、客单价等。企业通过从不同维度采集相应指标进行分析，能够得出符合企业营销需求的客户特征分析结果。

客户特征分析能够让企业从整体上了解客户，结合客户特征，定位品牌形象、打造企业理念、确定经营策略（选品策略、营销策略等）。整体来看，客户特征分析的作用主要为精准营销、助力产品销售和服务客户研究。

（二）客户特征核心需求

（1）引流。流量是电子商务企业变现的基础，流量越大，成交数据越好。吸引流量的关键是了解客户，知道客户是谁、客户在哪儿，然后将客户感兴趣的内容推送到客户面前吸引其点击浏览。因此，电子商务企业需要对客户的地域、年龄、消费层级、购买时间等进行分析，然后进行精准引流。

（2）转化。引流是将客户引到企业，转化则是实现客户变现，即让客户购买商品。提升转化率的前提是为客户推送的商品符合客户的需求和偏好，即做到"千人千面"。因此，电子商务企业需要结合客户特征分析结果，将商品推送到对其感兴趣的客户面前。

（3）复购率。复购率解决让客户再次购买的问题。想要解决该问题，企业需要了解哪些客户复购的概率更大，在确定大概率复购客户群体的基础上，对这些客户的特征进行分析。

（4）客单价。客单价解决让客户多买的问题。想要让客户多买，就要了解哪些客户会多买，哪些价位的商品客户会多买等问题，然后匹配合适价位的商品给客户，因此企业需要对客户购买频次、客户消费层级等内容进行分析。

（三）客户特征分析维度

1. 客户性别分析

性别不同，客户的产品偏好、行为偏好、购买动机等往往不同。男性在购物时更加冷静和理智，选择的产品多为高质量的功能性产品，较少考虑价格因素；女性在购物时更冲动和随机，影响产品选择的因素多样，较多考虑价格因素、产品外观因素和产品质量因素。

2. 客户地域分析

客户地域分析是从空间角度分析客户的来源，比如客户来自哪个国家、哪个省份、哪座城市等，通过地域分析，企业可以明确客户的主要来源地，便于其有针对性地分配产品或开展营销。

3. 客户年龄分析

不同年龄的客户在性格、爱好、财务状况等方面有很大区别。通过年龄分析，企业可以明确客户的主要年龄群，从而开展更具有针对性的营销。

4. 客户消费层级分析

消费层级是对客户某一时间单位内的花费金额进行分析，通过分析，企业能够了解该时间段内客户的普遍消费能力，并根据客户消费能力调整产品结构。

5. 客户访问时间分析

客户访问时间分析，是从时间维度分析客户情况。通过分析，企业能够了解客户访问时间规律，比如哪些时间段是客户访问高峰期、哪些时间段是客户下单高峰期等。在具体分析时，企业可以从不同方向进行客户访问时间分析，比如 PC 端客户访问时间分析、移动端客户访问时间分析。

6. 客户偏好分析

客户偏好分析，是对客户的产品偏好、营销偏好、邮寄方式偏好、包装偏好等进行分析，企业可以根据分析结果，优化对应的内容。如在进行企业网店流量来源分析时，通过分析该企业客户大部分从聚划算而来，则营销偏好是聚划算，因此企业可以在后续营销时，选择参加聚划算。除了以上维度，还可以根据企业营销需求从其他客户特征维度进行分析，如客户职业分析、客户来源分析等。只要分析维度贴合企业精准营销的需求，就可以针对需求进行客户特征分析。

7. 客户终端分析

随着移动智能终端的普及和移动互联网技术的发展，越来越多的客户选择在移动端购买产品，对不同终端的客户进行分析，有利于企业了解各终端各数据的占比情况，如访客数（UV）、客户转化率、成交客户数、成交金额、客单价等数据的占比情况。在进行分析时，需要采集移动端、PC 端相应的数据展开分析。

三、客户忠诚度分析

（一）客户忠诚度的含义

客户忠诚度，也叫客户黏性，是指借助企业产品或服务的质量、价格等因素的影响，使客户对企业产品或服务产生情感，形成长期重复购买的程度。电子商务企业通过提高客户忠诚度，能够在一定程度上减少客户流失，取得更高的销量和利润。客户忠诚度有利于核心竞争力的形成，企业开展营销活动时，需要以客户为中心，关注客户对企业的评价，提升客户忠诚度。客户忠诚度影响业务流程和企业组织结构，客户忠诚营销要求企业建立以忠诚度为基础的业务体系，合理分配资源，同时要求企业形成自上而下便于客户关系管理工作顺畅进行的信息传播体系，使企业能对客户信息作出迅速反应。

客户忠诚度分析是对客户的忠诚程度进行分析，从而了解客户对企业的态度、满意度等情况，为客户忠诚度的提升提供指导。在电子商务时代，粉丝是企业得以运营下去的基础，粉丝即高忠诚度的客户。企业使用各种推广方式吸引新客户，并尽可能多地将这些新客户转化为忠实客户。在将新客户转化为忠实客户的过程中，企业需要完善产品、服务、客服、关怀等多个环节，同时企业还需要配备相应的客户忠诚度管理办法，指导忠诚客户的转化和稳定。客户忠诚度分析的目的就是检验企业客户忠诚度管理的成果，并及时优化客户忠诚度管理办法。同时，及时识别出忠诚客户，对这些客户进行有针对性的营销和维护，让更多的客户成为企业忠诚客户，拉动企业销量，提升企业品牌知名度和美誉度。

（二）影响客户忠诚度的因素

影响客户忠诚度的主要因素有：客户满意度、客户贡献度、客户依存度。

1. 客户满意度

客户满意度是决定客户忠诚与否的关键因素，客户满意度包括客户对企业产品的满意度、对企业服务的满意度、对企业（品牌）文化的满意度。

2. 客户贡献度

客户贡献度能够体现客户的忠诚度情况，一般来说，贡献度越大忠诚度越高，贡献度越小忠诚度越小，比如客户在企业的采购次数越多，其采购金额一般越大。

3. 客户依存度

客户依存度指组织在一段时间内（通常为一年）保留的老客户的数量占其总客户数量的比例。

（三）客户忠诚度影响

1. 会员营销

企业可以根据客户忠诚度分析结果搭建或调整其会员结构。比如按忠诚度高低依次将客户分为 VIP 客户、主要客户、普通客户等。搭建或调整好会员结构后，针对不同级别的会员，采取不同的营销策略。尤其是对忠诚度较高的会员层级要加强营销，因为根据二八定律，企业 80% 的盈利来源于 20% 客户的贡献，忠诚度高的客户一般包括在这 20% 的客户中。因此，企业通过优化和加强忠诚客户营销，能够有效稳定和提升企业效益。

2. 群专属优惠

企业可以为忠诚客户建立专属优惠群，凡是入群的客户均可以不定期领取优惠券、产品折扣、产品拼购优惠等，引导老客户购买的同时，加深忠诚客户的黏性。

3. 客户拉新

通过客户忠诚度分析找到企业的忠诚客户后，企业可以通过给予忠诚客户拉新优惠、拉新奖励等方式调动忠诚客户为企业拉来新客户。

（四）提升客户忠诚度的方法

提升客户忠诚度可以通过划分会员等级、确定积分制度、提升产品与服务质量等方式实现。

1. 划分会员等级

企业可以根据客户忠诚度的深浅划分会员等级，比如将会员划分为普通会员、高级会员、VIP 会员和至尊 VIP 会员等。划分好会员等级后，结合企业产品价格、平均客单价、客户购买频次等确定每个等级会员的晋级条件。晋级条件不宜太高，太高会打消客户的晋级积极性，晋级条件也不宜太低，太低不利于刺激客户消费。划分好会员等级后，还需要确定好每一层级会员的特权，比如会员专属优惠、会员专属客服、会员生日礼物、会员积分优惠、会员优先发货等，等级不同的会员享有不同的特权，等级越高特权越多。同时，也要确定会员降级规则，比如对长时间未入店或未消费的客户进行降级处理，在降级之前要与会员进行沟通，避免引起会员反感。此外，需要对会员页面进行设计，方便会员查看活动或优惠信息，同时企业也要及时发布会员优惠信息，让会员在第一时间获得信息并进行购买。

2. 确定积分制度

积分制度是维持和提升客户忠诚度的重要手段之一，确定积分制度，一方面要让客户能够相对容易地获取积分，另一方面获取到的积分要能够及时变现。

（1）确定积分获取方式。积分获取方式可以是购物获取积分、参与活动获取积分、收藏企业网店获取积分、签到获取积分等。通过这些方式，能够激发客户的购物积极性，提升客户忠诚度，最终达到提升企业盈利能力的目的。

（2）确定积分变现方式。积分获取后，客户最关心的是积分变现的问题，企业可以设置积分变现形式为：兑换产品小样、兑换优惠券、兑换折扣、积分抽奖等。

3. 提升产品与服务质量

提升客户忠诚度的关键是要提升企业产品与服务质量。产品质量是保证客户忠诚的前提，没有质量好的产品，客户忠诚就无从培养，因此企业需要在选品时严格把关，筛选高质量的产品提供给客户。高质量的产品就位后，企业需要提升服务质量，比如提供优质的客户服务，让客户与企业形成良性沟通和稳定联系，以此提升客户忠诚度。

四、客户行为分析

（一）客户行为分析的含义

客户行为是客户为满足自己的某种需求，选择、购买、使用、评价、处理产品或服务过程中产生的心理活动和外在行为表现。客户行为分析是对这一过程中（各模块/环节）产生的数据进行分析，发现客户行为特点和规律的过程。

客户行为分析的主要目的是根据分析结果预测客户需求、监测客户流向等，进而有针对性地提供满足客户需求的产品或服务，有针对性地引领客户转化到最优环节或企业期望客户抵达的环节，最终达到提升企业盈利能力的目的。

客户选购产品行为是一个复杂的过程，比如客户提交订单后，可能会重新返回企业产品页浏览其他产品或返回首页搜索其他产品，最终可能会支付或取消之前的订单。整体来看，电子商务企业客户的行为路径是浏览首页、搜索产品/浏览分类、了解产品、加购/收藏产品、提交订单、支付订单等。

（二）客户行为分析维度

客户行为分析可以提取出客户黏性指标、客户活跃指标、客户产出指标这三个维度的指标。其中，客户黏性指标关注的是客户持续访问的情况，主要指标有访问频率、访问间隔时间；客户活跃指标关注的是客户参与程度，主要指标有平均停留时长、平均访问深度；客户产出指标是衡量客户价值产出的指标，主要有订单数、客单价。在进行客户行为分析时，企业需要在以上三个维度指标的基础上进行删减或延伸，确保得出具体、准确、有针对性的分析结果。

（三）客户行为分析方法

客户行为分析可以使用 5W2H 分析法，即：What, Why, Who, Where, When, How much, How to do。

（1）What 即分析客户希望购买到的产品是什么，研究企业需要匹配的产品类型或具体产品。

（2）Why 即分析客户购买产品的原因，比如是产品外观还是产品质量等。通过分析客户购买原因，企业可以优化其经营策略，包括选品策略、市场策略等。

（3）Who 即分析发生购买行为的客户，包括分析客户是谁？是男性还是女性？年龄和地域分布是什么等。企业可以根据分析结果，调整和优化产品运营策略。

（4）Where 即对客户购买产品的地点进行分析，比如有些客户喜欢在家里通过手机端购买产品，有些客户喜欢在公司通过 PC 端购买产品；有些客户喜欢在离家近的商场线下购买产品，有些客户喜欢在离家远的网店线上购买产品等。通过分析，企业可以优化其产品分配。

（5）When 即分析客户对产品购买时间，尤其是对特定产品购买时间的要求，比如客户对水果购买时间的要求，一般为应季水果。通过分析，企业可以在特定时间推出符合客户偏好的产品。

（6）How much 即客户花费了多少钱购买产品，包括分析哪个价位段的产品更能够吸引客户购买，什么活动下的价格合理，客单价是多少等。

（7）How to do 即分析客户的购买形式，能够帮助企业了解客户抵达购物网站的形式。比如企业通过分析已成交客户的流量来源渠道，能够明确客户是通过哪种渠道进入企业网站并形成支付的，在后续运营中可以多使用该渠道进行引流。

（四）客户行为轨迹分析

（1）客户入口页面分析。客户进入首页，意味着流量的介入，流量需要通过不同的入口页面介入，流量入口页面即客户通过哪些页面进入企业网站 App。常见的流量入口页面有导购页面、内容页面、首页、产品详情页、其他页面等。

（2）客户店内路径分析。一般来说，店内路径涵盖店铺导购页面、店铺内容页面、首页、商品详情页、店铺其他页等。不同的页面相互关联，通过数据发现其中存在的问题，从而有针对性地进行优化。

（3）客户去向分析。客户去向是客户从哪个页面离开，又去了哪个页面。除了分析客户是从哪个页面离开的，还需要分客户离开后去了哪里，比如是去了企业网店所在平台的首页，还是其他企业的网站等，通过分析，企业能够从整体上把握客户的行为去向。

任务实践

一、任务要求

描绘客户画像需要分析的维度主要有：客户年龄、客户性别、客户地域、客户职业、客户消费层级、客户产品偏好、客户来源终端等。洞察企业客户群画像，能够帮助企业实现"千人千面"，使企业可以针对不同人群制定差异化的运营策略。某企业打算在近期举办一场营销活动，以推广其上架的新产品，为了顺利推出新产品并取得优质的营销效果，需要对企业客户特征进行整体分析并绘制客户画像，为企业提出合理的客户营销策略指导新产品推广。

二、任务实施

步骤 1，获取客户数据。

获取企业活动期间的客户相关数据，将数据添加至 Excel 工具中，添加后的效果如图 4-1 所示。

图 4-1　数据添加至 Excel 后的效果

步骤 2，客户地域、性别分析。

选中数据表中性别单元列数据中的任意数据，选择"插入"选项卡，单击"数据透视表"，将数据透视图字段"轴（类别）"设置为"性别"，"值"设置为"性别"，对汇总列按降序排序，"值显示方式"选择"列汇总的百分比"，如图 4-2 所示。插入"饼图"，删除标题，然后单击鼠标右键"添加数据标签"，添加完成后，单击鼠标右键"设置数据标签格式"，选中"单元格中的值"，在"单元格中的值"选中类目区域，删除图例并且隐藏图表上所有字段按钮，美化结果如图 4-3 所示。同理，分析得出客户常驻地区分布的饼图，如图 4-4 所示。

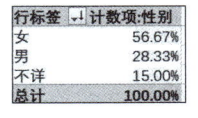

图 4-2　客户性别比例数据透视表

步骤 3，客户年龄结构分析。

在 J 列，添加"年龄分组标签"，将"年龄"一列复制到 K 列并排序，根据全局设置分组表，分别为 1~18 岁，19~24 岁，25~30 岁，31~35 岁，36~40 岁，41~45 岁，46~50 岁，50 岁以上。利用 VLOOKUP 函数，得出分组数据，如图 4-5 所示。

选中"年龄分组"任意数据，单击"插入"选择"数据透视表"，将"列"和"值"均设置成"年龄分组"，插入"簇状柱形图"，美化后如图 4-6 所示。

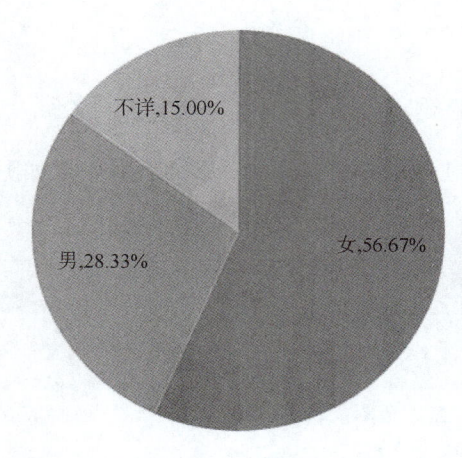

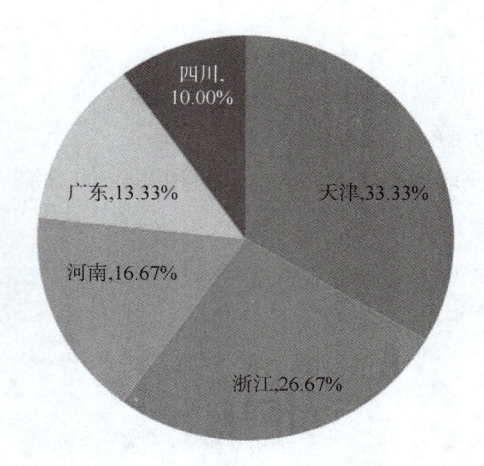

图 4-3　客户性别分析图　　　　　图 4-4　客户常驻地区分析图

图 4-5　年龄分组

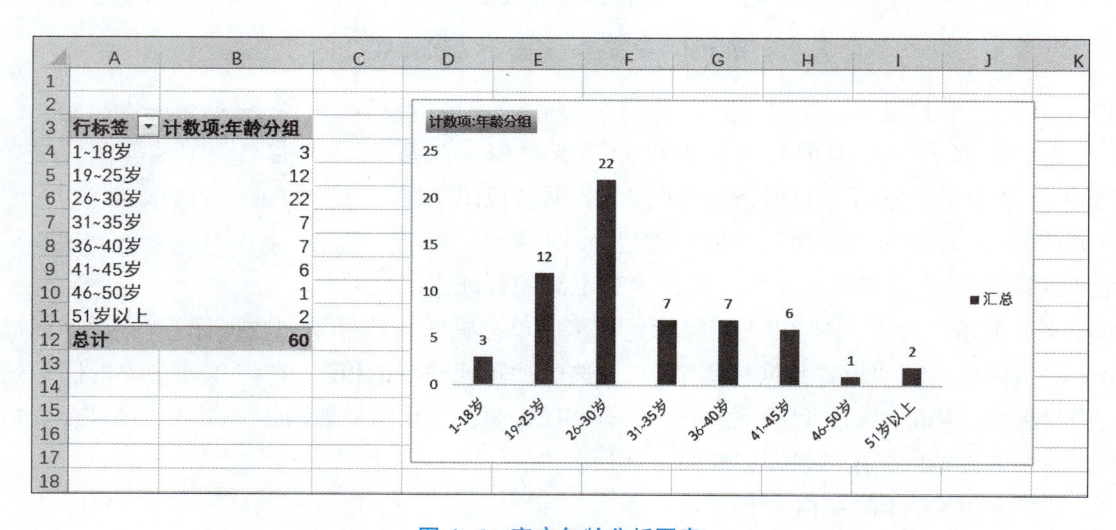

图 4-6　客户年龄分析图表

步骤4，客户职业分析。

选中数据表中客户职业单元列内容，插入数据透视表（"行"与"值"均设置为"客户职业"），得到客户职业数据透视图表，完善数据，然后插入"饼图"，美化操作后的效果如图 4-7 所示。

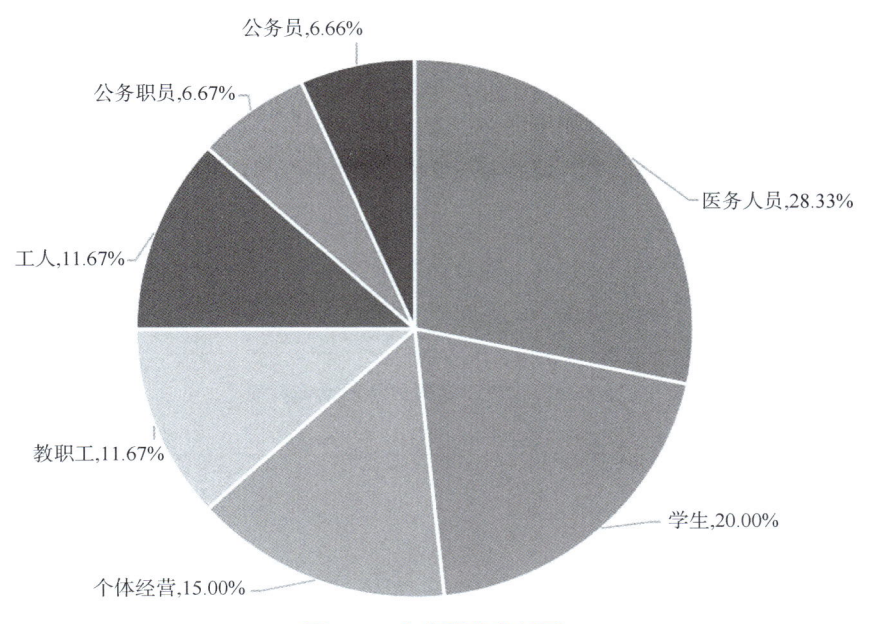

图 4-7 客户职业分析图

步骤 5，客户端分析。

选中数据表中"访客来源"单元列数据，插入数据透视表（"行"与"值"均设置为"访客来源"），得到客户端占比数据并制作客户端占比饼图，操作后的效果图如图 4-8 所示。

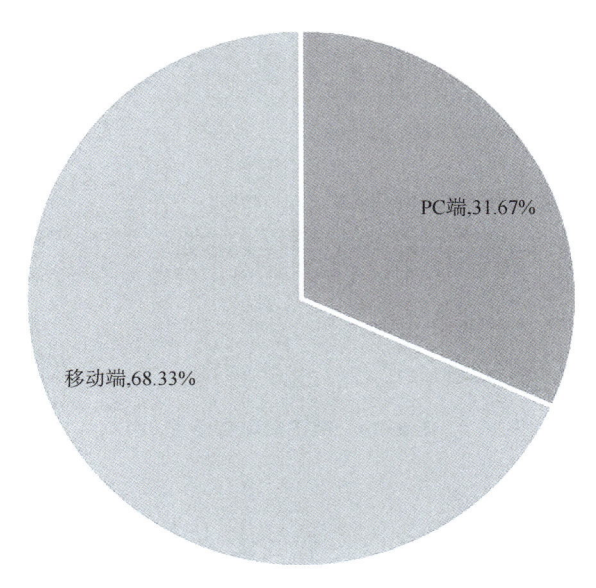

图 4-8 客户端分析图

步骤 6，客户产品偏好、价格偏好分析。

选中任一数据，插入数据透视表。将"行"设置为"产品名称"，"值"设置为"产品价格"两次，并将"产品价格"的"值汇总依据"一个设置为"平均值"，一个设置为"计数"得到数据透视表，如图4-9所示。选中数据透视表中任一数据，插入"组合图形"，将"产品价格"设置为折线图，"产品价格2"设置为柱形图，同时勾选"次坐标轴"，如图4-10所示，整理完并美化图表，结果如4-11所示。

行标签	平均值项:产品价格（元）	计数项:产品价格（元）2
产品A	299	26
产品B	189	12
产品C	89	8
产品D	569	3
产品E	99	7
产品F	159	4
总计	229.8333333	60

图4-9　客户产品偏好和价格偏好表

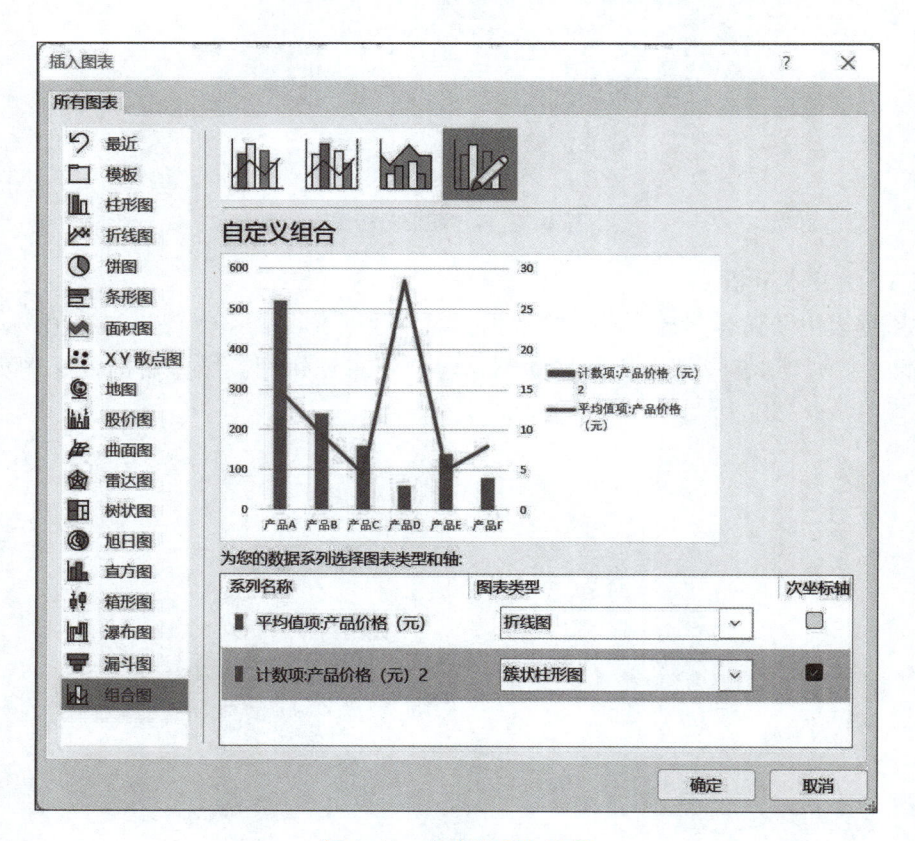

图4-10　自定义组合设置

步骤7：绘制客户画像。

结合以上分析结果绘制客户画像，包括客户地域、性别、年龄、职业、客户端、价格偏好和产品偏好。

步骤8：归纳分析。

结合以上分析过程和客户画像，总结企业整体客户特征并分析该企业客户购买趋势和需求趋势，同时提出合理的企业后续客户营销策略。

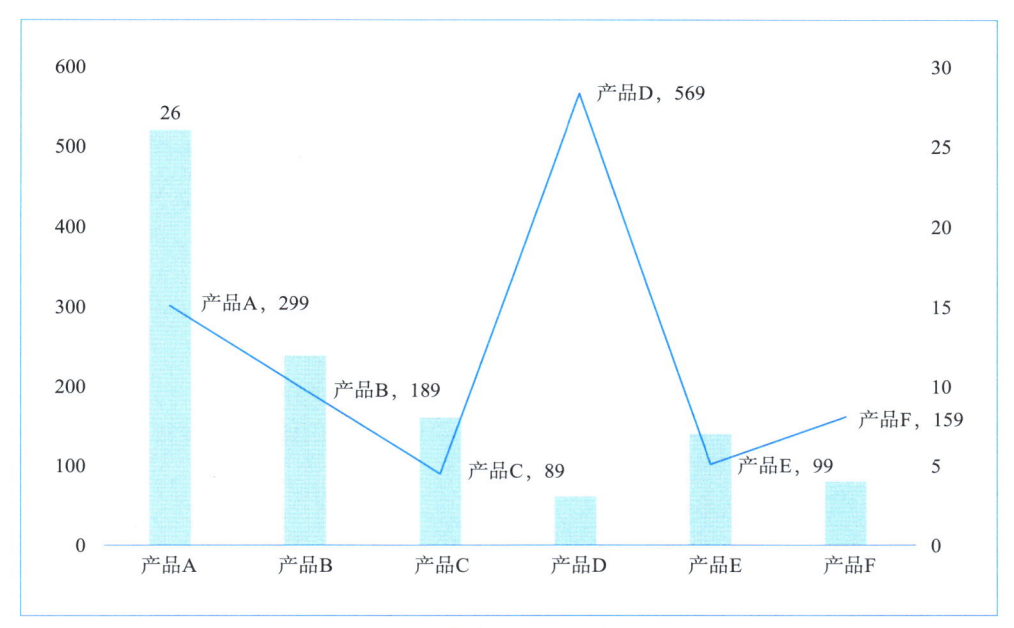

图 4-11 客户产品偏好和价格偏好图

三、任务思考

除了以上维度，客户特征分析还可以分析哪些维度？如果分析客户的忠诚度和客户行为，应该怎么做？

任务二 关键词推广分析

头脑风暴

关键词推广分析，不仅能优化标题并积累直通车推广关键词，还能挖掘最新的用户需求，布局店铺产品。在企业的经营活动中，往往都会通过站内付费推广工具如直通车、钻展、淘宝客，免费推广工具微淘、网店活动等渠道进行营销，那么如何更好地使用这些工具、渠道提升网店流量和人气，为网店带动更多的成交呢？

知识储备

一、流量来源分析

企业在引入站外流量前，需要先调整好企业平台形象，优化好产品页面描述等，以达到刺激客户购物的目的，否则即使引入再多的站外流量，产品转化率也不会有很大的提升。在进行免费流量结构分析时，需要着重分析的指标有浏览量、访客数、单击量、成交订单数等。流量来源可以分为付费流量、免费流量两个类型。

（一）付费流量

流量来源特点是流量大、效果好，相较于免费流量，更容易获取大批的流量，缺点是需要较高成本的投入。对付费流量结构进行分析，核心是分析各付费推广渠道的流量占比。需要注意的是，投资回报率往往需要计算，其计算公式是：投资回报率＝（成交额÷投入成本）×100%。

（二）免费流量

免费流量包括站内免费流量和站外免费流量。站内免费流量指通过企业平台获取的流量，比如平台购物车、产品推荐等。站外免费流量主要是各大知名网站带来的流量，如论坛、微博等。免费流量结构分析，需要对免费流量各来源渠道引流情况进行分析。

二、免费关键词获取

卖家在撰写商品标题之前，需要了解商品标题是如何构成的，标题是关键词的组合，而每一个关键词都是流量入口，做一个好标题可以提高产品的流量，做标题的前提是找到关键词，否则若连关键词都不知道标题是无从下手的。在平台搜索不同类目的商品关键词，可以发现商品标题均是由核心词、属性词、长尾词和促销词构成的。

（一）确认核心词

要选一个好的核心词，这样才能将商品的流量集中。核心词一般包含产品词、类目词、品牌词和二级词。卖家在撰写标题时，应该从买家的角度考虑，比如选择类目词时，卖家可以参考各电商平台首页的类目划分。

（二）确认属性词

属性词是与商品属性相对的词语，能够说明商品的尺寸、色彩、质地等相关的商品信息，让用户在搜索商品时，尽可能准确定位到商品的关键词。卖家在确定属性词时，一方面可以参考商品本身的信息，另一方面可以参考发布商品时官方需要填写的宝贝属性信息。

（三）确认长尾词

长尾关键词指非目标关键词但也可以带来用户搜索流量的关键词，这类词精准度比较高。长尾关键词需要根据竞争对手和客户群体分析，分析这个产品的用户群搜索习惯、会搜什么样的词、会怎么搜等。长尾关键词一般可以通过搜索下拉框、相关搜索、关键词推荐、参考同行Top商品、直通车系统推荐词、生意参谋、直通车词表等。

三、关键词推广效果分析

（一）关键词推广效果内涵

客户通过关键词查找所需的商品，而产生的流量往往在店铺整体流量中占据很大的比重，因为搜索即入口，通过优化关键词、投放关键词广告，就能提升产品的曝光机会。在推广某个单品宝贝时，通过精准的搜索匹配给店铺带来优质的买家，当买家进入店铺时，会产生一次或者是多次的流量跳转，促成了其他商品的成交。这种以点带面的精准推广可以最大程度地降低店铺的推广成本，提升店铺的整体营销效果。在企业电子商务经营活动中，最常见的关键词推广方式即淘宝/天猫直通车（以下简称直通车）。

直通车的推广原理是卖家设置想要推广宝贝的关键词及推广标题，当用户输入关键词或者商品类目进行搜索时，在直通车展示位置上就会展现卖家所推广的宝贝，用户通过直通车推广位单击卖家的宝贝，系统会根据卖家设定的关键词出价进行扣费。

关键词推广分析，核心需要分析的指标有展现量、点击量、点击率、点击转化率、平均点击花费、投入产出比等。在进行关键词推广效果分析过程中，其分析的流程通常是展现量、点击（率）、订单、花费、投入产出比（表4-1）。

表4-1 关键词推广评价指标

名称	简称	含义	影响因素
展现量	PV	被展现次数	关键词数量、关键词市场情况、关键词推广创意匹配模式
点击量	CLICK	被点击次数	创意图片、关键词精确度、产品推广位、产品定价等
点击率	CTR	点击量/展现量	
点击转化率	REV	转化次数/点击量	投放计划的平台、地域、关键词、人群定位等和产品匹配度、创意表达的卖点的匹配程度、产品款式、价格、销量、评价、页面图片质量
平均点击花费	PPC	点击费用/点击量	关键词出价、质量得分、产品推广位、产品定价等
投入产出比	ROI	总成交金额/花费	转化率、客单价、平均点击花费

（二）关键词优化推广效果的方法

通常情况下，直通车推广展现量、点击率、转化率越高，能够为企业带来的订单也就越多，所以企业可以通过以下几种方法提升关键词推广效果。

1. 展现量优化

展现量是商品被展示的次数。大部分卖家在加入直通车前期，都是为了获得流量，也就是点击量，而展现量是点击量的前提，没有展现量的商品，自然没办法获得点击量。

（1）影响商品展现量的因素。

商品能否获得展现，与关键词的选择和优化关系密切，如关键词的排名和关键词的搜索量是影响宝贝展现量的重要因素。首先，如果商品的平均展现排名太低，关键词就没有展示机会，商品就无法被买家看到。所以如果是关键词排名问题引起的缺乏展现量，就必须提高关键词的排名，如提高关键词出价。其次，如果关键词平均排名很高，却依然没有展现量，这个时候卖家就需要考虑关键词的搜索量问题。如果关键词没人搜索，或者搜索热度低，宝贝自然就无法获得展现。这类关键词的意义和效果都不大，可以删除。

（2）优化商品展现量的方法。

关键词推广效果优化，首先是要尽可能地扩充关键词的覆盖范围，即提升关键词数量。关键词包含核心关键词和长尾关键词，每个关键词的背后代表了不同的用户群体，对于关键词推广而言，关键词数量越多，商品获得展现的机会也就越大。其次，关键词展现量较少时，需要了解该关键词搜索量本身较少，还是由于关键词的质量分、出价较低。如果是前者，则无须在展现量层面对其进行进一步处理，若属于后者，则需要对标题、创意主图、出价等内容进行调整，获取更多的展现量。

2. 点击率优化

点击率是很多卖家加入直通车的主要目的，有点击就等于有流量，有了流量，才会有后续的转化成交。说到点击率，首先需要明确影响点击率的主要因素是排名和宝贝图片。

（1）质量分排名。

拥有靠前的排名，商品才会有更多的展现，以及随之而来的流量。排名越高，点击率越高。关键词排名主要受质量分和出价两个方面的综合影响，出价越高，可能排名会越靠前，但相应的，推广费用越高。实际上，很多热词、大词虽然流量很大，但是精准度不高，中小卖家更适合去竞争展示指数合理、精准度更高的关键词，这种关键词带来的转化率更高，同时价格更低。那么，既然不能完全依靠关键词的出价来提高排名，就只能提高关键词质量分。

质量得分是用于衡量关键词、商品推广信息和淘宝用户搜索意向三者相关性的一项数据，相关性好的商品，其推广信息往往能够吸引更多的点击，获得更好的排名。当关键词质量分高时，卖家就可以使用更少的推广费用将商品信息展现在更合适的位置。质量得分主要由相关性、创意质量和买家体验3个要素组成。

相关性即关键词与商品类目、商品属性和商品本身信息的相关程度，符合程度越高，相关性就越高。商品类目的相关性是指商品类目和关键词的优先类目要保持一致，如大码女装的商品关键词中使用了男装的优先关键词，那么该关键词的相关性就比较低。商品属性和商品本身信息的相关性同理，商品属性的关键词最好能够隐性对应购买的关键词，商品标题信息能够对应直通车推广内容信息。

创意得分高低主要取决于近期客户的点击反馈，通俗地说，就是点击率。如果关键词所在的商品的创意效果好，可以很大程度上提高点击率。

买家体验是指买家在店铺的购买体验反馈，买家体验受很多因素影响，如店铺基础分、直通车转化率、购物车、收藏、好评、差评、关联营销、详情页加载速度、旺旺响应速度等。所以，如果要对质量分进行优化，相关性、点击率、点击转化率、账户历史记录等都是重要优化对象。此外，竞争情况也会对质量分产生客观影响，竞争环境越激烈，质量分提升难度越大。

（2）质量分优化。

了解影响质量分的因素后，如果要提高质量分，就可以围绕这些主要影响因素进行优化，如属性优化、推广标题优化、关键词、推广计划初始质量分等。

①属性优化。

商品属性要全部填写或者尽量填写，同时保证属性的正确性。属性不完整或属性错误，不仅会影响直通车质量得分，还会对自然搜索流量产生影响。

②推广标题优化。

选择热门关键词进行组合，可以选择流量排名、销量排名靠前的商品中的热门词语进行组合，或者将淘宝搜索页、淘宝排行榜中的热门词语进行组合。也就是说，保持直通车推广标题与商品标题的相关性，同时删除商品标题中不重要的关键词。

③关键词。

关键词并非一成不变，卖家需要定期对关键词进行调整优化，删除无用关键词，推广有效关键词。如没有点击率或点击率低的关键词，因为没有流量，所以可以直接删除。展现量很高但点击率很低的关键词会影响商品的整体得分，也可以删除。如果关键词质量得分很高，但是展现量和点击量低，这样的关键词同样是无效的。通常来说，关键词的优化以流量为基础，也就是说可以保留有效引入流量的关键词，删除无法引入流量的关键词。

④推广计划初始质量分。

直通车推广计划都有一个初始质量分，如果某款商品推广计划的整体点击率比较低，引流能力比较弱，卖家就需要考虑这样的商品是否适合推广。

3. 图片优化

如果商品的展现量很高，但是点击率低，这可能是由于商品排名靠前，但是关键词精准度不够，也可能是关键词精准，但是图片优化不好。网店营销包含视觉营销，好的图片不仅影响点击量，还直接影响最终转化率。图片优化需要依靠测试，来选择效果好的多张图片，依次测试每一张图片。在一定的数据基础上，展现量高、点击量高、点击率高的图片就是适合作为推广的图片。

4. 转化率优化

各种的推广方式主要是为商品或店铺带来流量，获取流量的最终目的是获得转化。造成没有转化或转化比较低的因素有很多，可能是因为流量少，可能是关键词不精准，也可能是受商品详情页、商品质量、商品评价、商品销量等因素的影响。所以说，要想获得转化率，首先必须做好店铺优化。商品主图、详情页通常需要全面地展现商品的特性及用户所关注的信息内容，需要做到与创意主图所表现的商品特性相一致。商品的评价信息，是客户购买商品时的重要参考依据。如果商品评价信息中存在用户对商品的负面评价，也将严重影响转化率。运营人员需要根据实际情况对相应问题进行正面积极回复，打消其他客户的疑虑。

任务实践

一、任务要求

在淘宝网店经营活动中，企业往往都会通过站内付费推广工具如直通车、钻展、淘宝客，免费推广工具微淘、网店活动等渠道进行营销，如何更好地使用这些工具、渠道提升网店流量和人气，为网店带动更多的成交，便要从推广数据分析开始。直通车能帮助网店实现精准化推广，给网店带来非常大的流量，同时成交量也会比较可观。用户搜索关键词之后，推广的宝贝将展示在搜索页面某个位置，因此衡量直通车投放效果指标包含创意图片、创意标题与投放的关键词。某食品网店主营鸡腿、鸡翅、鸡胸肉、草原牛羊肉等鲜肉制品，统计网店历史的经营数据，发现访客大多数来源于免费流量，付费流量占比很少，为了进一步提升网店的流量，决定使用直通车推广了网店的几款产品。

二、任务实施

步骤1，整理数据。

打开如图4-12所示的表格，能用于关键词分析的指标一般有展现量、点击量、点击率、点击转化率、投入产出比、总成交笔数等。对表格"点击转换率"列进行降序排列，删除为"0"的词。对"点击率"列进行降序排列，删除为"0"的值；对"展现量"列进行降序排列；标黄展现率大于 200 的行，如图 4-13 所示。

图 4-12　原始数据

图 4-13　整理后数据

步骤 2，对投入产出比进行降序排列，找出推广最好的关键词。通过展现量、点击量、点击率、投入产出比组合排序，"鸡腿、鸡胸肉、肥牛"，如图 4-14 所示。

图 4-14　店铺关键词

步骤3，找出标题为"原牧纯品绿鸟鸡小胸500g生鲜冷冻鸡胸肉烤肉食材鸡脯肉正品"的商品直通车推广数据表中，筛选展现量、点击量、点击率、投入产出比、总成交笔数、点击转化率。总结出关键词推广效果最好的为鸡脯肉冷冻、鸡胸肉，如图4-15所示。

日期	推广计划名称	宝贝名称	关键词	流量来源	搜索类	展现	点击	花费	点击	平均展现排	平均点击花	千次展现花
17	2023/6/21 1007-09:29鸡小胸	原牧纯品绿鸟鸡小胸500g生鲜冷冻鸡胸肉烤肉食材鸡脯肉正品	鸡脯肉冷冻	移动站内	搜索	27	5	1.11	18.52	4	0.22	41.
34	2023/6/26 1007-09:29鸡小胸	原牧纯品绿鸟鸡小胸500g生鲜冷冻鸡胸肉烤肉食材鸡脯肉正品	鸡胸肉	移动站内	搜索	236	11	3.27	4.66	6	0.3	13.

图4-15　某一宝贝关键词推广效果

步骤4，通过分析，删除带有"冷冻"的关键词，进行展现指数降序排序，如图4-16所示。本店可借鉴的关键词为原牧纯品鸡、鸡腿、肥牛、鸡腿肉。

	日期	推广计划名称	宝贝名称	关键词	流量来源	搜索类	展现	点击	花费	点击	平均展现排	平均点击花	千次展现花
2	2023/6/21 0917童子鸡+牛羊肉	原牧纯品绿鸟鸡童子鸡600g生鲜冷冻农家散养鸡整只（赠美味骨汤包）	原牧纯品鸡	移动站内	搜索	737	23	10.29	3.12	6	0.45	13.
3	2023/6/20 0917童子鸡+牛羊肉	原牧纯品绿鸟鸡童子鸡600g生鲜冷冻农家散养鸡整只（赠美味骨汤包）	原牧纯品鸡	移动站内	搜索	716	22	11.18	3.07	5	0.51	15.
4	2023/6/25 1007-10:31-琵琶腿	原牧纯品绿鸟鸡冷冻鸡腿琵琶腿500g清真大腿烤肉炸鸡脯正品	鸡腿	移动站内	搜索	532	44	8.63	8.27	3	0.2	16.
5	2023/6/20 1007-10:31-琵琶腿	原牧纯品绿鸟鸡冷冻鸡腿琵琶腿500g清真大腿烤肉炸鸡脯正品	鸡腿	移动站内	搜索	516	48	8.65	9.3	3	0.18	16.
6	2023/6/24 0917童子鸡+牛羊肉	原牧纯品绿鸟鸡童子鸡600g生鲜冷冻农家散养鸡整只（赠美味骨汤包）	原牧纯品鸡	移动站内	搜索	425	10	4.01	2.35	7	0.4	9.
7	2023/6/27 1007-10:31-琵琶腿	原牧纯品绿鸟鸡冷冻鸡腿琵琶腿500g清真大腿烤肉炸鸡脯正品	鸡腿	移动站内	搜索	356	16	2.07	4.49	3	0.13	5.
8	2023/6/28 牛肉卷	原牧纯品牛肉片220g/袋牛肉卷 肥牛卷 内蒙古涮牛肉火锅食材清真	肥牛	移动站内	搜索	302	27	7.3	8.94	3	0.27	24.
9	2023/7/6 1007-10:31-琵琶腿	原牧纯品绿鸟鸡冷冻鸡腿琵琶腿500g清真大腿烤肉炸鸡脯正品	鸡腿	移动站内	搜索	269	20	4.27	7.43	3	0.21	15.
10	2023/6/26 1007-09:29鸡小胸	原牧纯品绿鸟鸡小胸500g生鲜冷冻鸡胸肉烤肉食材鸡脯肉正品	鸡胸肉	移动站内	搜索	236	11	3.27	4.66	6	0.3	13.

图4-16　推广效果好的关键词

三、任务思考

对于展现量小且无点击的词该如何处理？对于展现量大、点击率高、花费高，同时有加购、加入收藏但无转化或转化过低的关键词该如何处理？对于高展现、高花费、低点击、无加购、无收藏的关键词，需对创意计划如何处理？对高展现、高收藏、高点击但无转化的关键词，需要对店铺如何优化？

任务三　活动推广分析

头脑风暴

丰富的促销活动的确能非常有效地吸引买家的目光，但是促销活动绝不是随便打个折、送个赠品就能成功的。要想成功开展一次促销活动，卖家必须制订周详的计划，把握活动成功的要点、避开活动误区，才能做到万无一失。那么如何分析活动推广效果呢？

知识储备

一、活动推广效果分析内涵

随着网店平台推广费用和流量的成本增加，不少卖家把目光都聚集在举办各种店铺、平台活动上，利用低门槛的活动报名方式参加各种活动，进而为店铺带来巨大的流量。平台活动为店铺带来的持续性购买是相当可观的，能直接在最短的时间内为店铺带来大量的流量，通过成交数据的累计不断为店铺带来更多的流量。在活动期间效果越好，未来的店铺流量提升越快。同时，也在一定程度上提升了店铺的买家回头率，让卖家获取最大化的收益。而如今，卖家不定期地开展促销活动已经成为一种常态，丰富的促销活动的确能非常有效地吸引买家的目光，但是促销活动绝不是随便打个折、送个赠品就能成功的。要想成功开展一次促销活动，卖家必须制订周详的计划，分阶段开展活动，把握活动成功的要点、避开活动误区，才能做到万无一失。

二、活动推广效果分析维度

活动推广效果分析的目的是通过对活动数据进行分析，发现活动中存在的问题和可参考的经验，总结活动流程、推广渠道、客户兴趣等内容，方便后续活动推广策略的优化。常见的活动推广分析维度有四个：活动推广流量分析、活动推广转化分析、活动推广拉新分析、活动推广留存分析。

（一）活动推广流量分析

活动推广流量分析是判断推广效果的核心要素，是对推广活动为企业带来的流量情况进行分析，主要的分析指标有访客数、成交订单数、成交占比、成交额、投入成本、成交额、投资回报率等。

（二）活动推广转化分析

活动推广转化分析是对获取到的流量转化为收藏、加购、订单等状态的数据进行分析，是衡量活动推广效果的关键要素。活动推广转化分析主要的分析指标有访客数、收藏数、加购数、成交订单数、收藏转化率、加购转化率、支付转化率等。

（三）活动推广拉新分析

活动推广拉新分析是对因活动带来的新客户数据进行分析，其分析的前提是需要先完成企业活动推广流量和转化分析，在此基础上将活动中的新客户单独拉出并对其相关数据进行分析。活动拉新推广分析主要的分析指标有访客数、新访客数、新访客占比等。

（四）活动推广留存分析

活动推广留存分析是在活动结束一段时间后，对因活动成为企业粉丝客户的相关数据进行分析，这部分粉丝客户的共同表现是：在活动结束后仍在企业发生重复购买行为。活动推广留存分析的主要指标有访客数、留存访客数、留存访客占比等。

任务实践

一、任务要求

某电子商务企业部门经理制定了平台活动方案，于 2022 年 9 月 12 日 0:00:00 至 2022 年 9 月 22 日 23:59:59，通过试用活动，通过提供试用商品吸引向买家进店并关注宝贝，为品牌快速入市提供帮助，旨在打造秋冬款爆品，为双 11 大促引流。现活动已结束，为了评估活动效果，需要对活动期间的店铺数据进行分析，评估活动效果，为其后期营销策略的制定提供参考。

二、任务实施

步骤1，数据获取。

获取活动推广相应数据，如图4-17所示。

日期	浏览量	访客数	跳失率	人均浏览量	平均停留时长	店铺加收藏人数	加购点击次数	下单转化率	浏览-支付转化率	客单价	新访客占比	新买家占比
2019-09-12	432	209	0.569 378	2.066 99	30.148 33	17	37	0.014 706	0.014 706	14.27	0.799 043	1
2019-09-13	426	215	0.562 791	1.981 4	34.990 7	19	29	0.038 835	0.029 126	7.43	0.772 093	1
2019-09-14	683	354	0.635 593	1.929 38	32.231 64	21	40	0.011 494	0.014 368	9.55	0.875 706	1
2019-09-15	1 168	570	0.603 509	2.049 12	33.580 7	37	66	0.033 688	0.023 05	6.27	0.912 281	1
2019-09-16	6 118	3 208	0.562 656	1.907 11	22.169 26	273	252	0.005 054	0.004 738	12.28	0.809 85	1
2019-09-17	2 539	1 410	0.620 567	1.800 71	24.378 72	116	92	0.005 04	0.005 04	12.05	0.797 163	0.857 14
2019-09-18	1 899	1 020	0.581 373	1.861 77	26.325 49	81	88	0.002 991	0.002 991	16.69	0.787 255	0.666 67
2019-09-19	2 290	1 268	0.619 874	1.805 99	23.826 5	85	108	0.004 003	0.004 003	15.13	0.780 757	1
2019-09-20	1 509	755	0.569 536	1.998 68	26.047 68	45	91	0.016 151	0.016 151	12.79	0.810 596	0.916 67
2019-09-21	2 331	1 301	0.588 778	1.791 7	23.264 41	64	92	0.004 736	0.004 736	13.74	0.790 161	1
2019-09-22	1 753	996	0.609 438	1.760 04	19.093 37	53	63	0.008 282	0.007 246	16.52	0.767 068	1

图4-17 活动期间流量数据

步骤2，活动流量分析。

对活动期间访客数、加购人数、收藏次数进行分析，明确活动期间流量变化。根据图形可视化需要，更改系列图表类型，如图4-18、图4-19所示。

图4-18 更改图标类型和轴

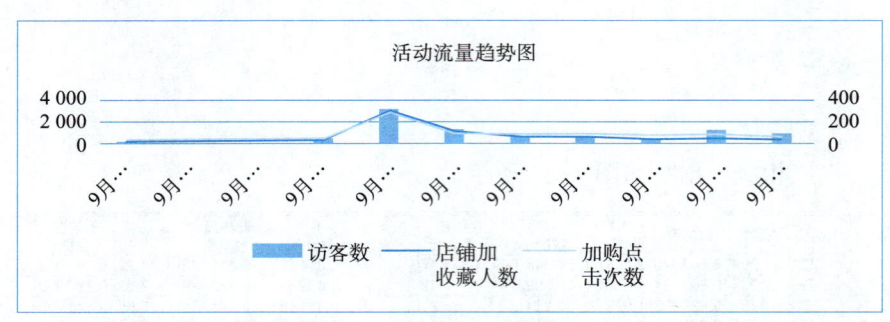

图 4-19　活动推广效果图

步骤 3，活动流量分析。

获取流量数据，按照流量来源对数据进行分类，明确各渠道数据占比，如图 4-20、图 4-21 所示。

	访客数	下单买家数	支付买家数	下单转化率	支付转化率	支付金额	客单价
频道	6 407	6	5	0.09%	0.08%	67.62	13.52
其他	4 439	45	42	1.01%	0.95%	566.67	13.49
平台首页	1 454	3	3	0.21%	0.21%	46.15	15.38
搜索	1 226	10	10	0.82%	0.82%	123.36	12.33
买家后台	623	33	32	5.30%	5.14%	416.25	13
购物车	198	21	21	10.61%	10.61%	302.91	14.42
收藏夹	1	0	0				

图 4-20　各渠道推广数据

渠道	访客数	老访客数	新访客数	新访客下单买家	新访客支付买家
频道	6 407	1 355	5 052	5	4
其他	4 439	810	3 629	36	34
平台首页	1 454	269	1 185	1	1
搜索	1 226	54	1 172	7	7
买家后台	623	105	518	25	25
购物车	198	54	144	18	18
收藏夹	1		1	0	0

图 4-21　各渠道新老访客数据

对各渠道访客数、新访客数进行对比分析，如图 4-22 所示。对访客、新访客的下单数进行分析，如图 4-23 所示。

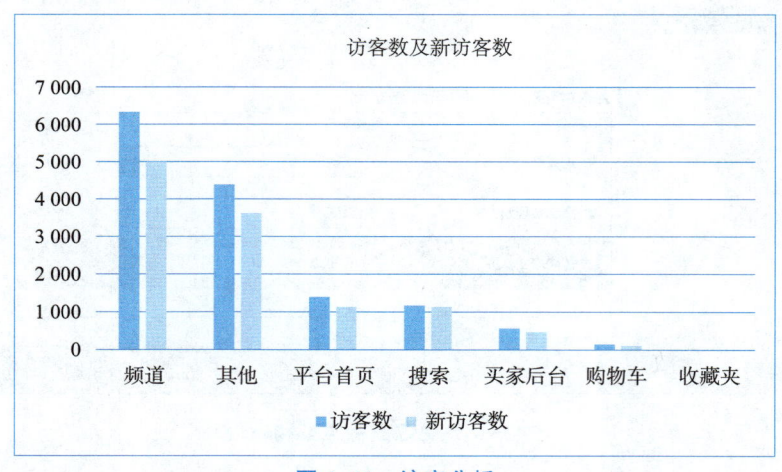

图 4-22　访客分析

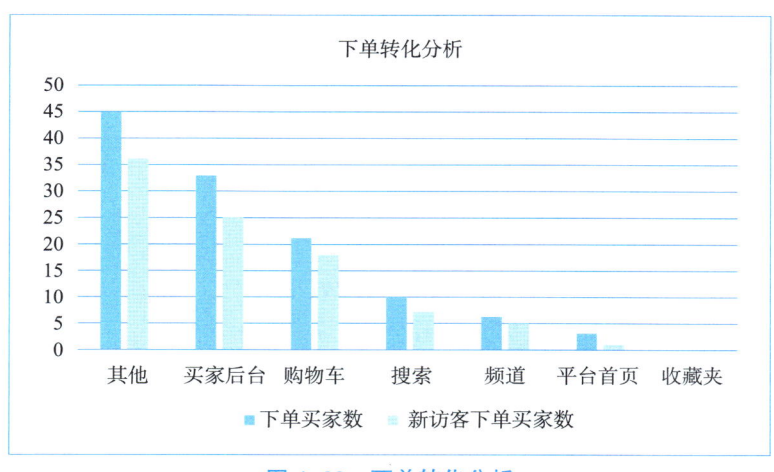

图 4-23　下单转化分析

任务四　内容运营推广分析

头脑风暴

随着互联网的发展，网络内容也逐步成为人们日常生活中不可或缺的一部分。然而如何把企业的文章、视频、音频等内容推广出去，让更多人看到和喜欢，成为一件十分有挑战性的事情。这时，内容运营推广便应运而生。那么，什么是内容运营推广呢？

知识储备

一、内容运营分析含义

内容运营指的是运营者利用新媒体渠道，用文字图片或视频等形式将企业信息友好地呈现在用户面前，并激发用户参与、分享、传播的完整运营过程。内容营销已进入全面繁荣时代，越来越多的消费者习惯通过内容发现新鲜事物、优质商品，商家也越来越意识到内容营销的重要性。与此同时，通过内容运营分析追踪不同阶段营销效果，分配营销预算，在营销前后有根据地查缺补漏也不容忽视。内容运营分析，即对电子商务平台内及平台外其他内容渠道的发布情况统计并分析，包括内容的展示、转化、传播、推广等维度，内容浏览人数、内容互动次数、引导进店人数、引导付款金额及增粉人数等核心指标。借助内容分析，可以有效地对内容形式及推广方式等进行评估并优化。

二、内容运营分析作用

（1）比较多渠道投放、多种内容的推送效果，将相同的内容投放到不同渠道，可以通过数据分析出各平台的推荐量和阅读量，以此判断目标群体集中地。将不同的内容投放于相同的渠道，可以了解目标用户的内容偏好，以便更集中地输出和优化内容，提高用户黏性。

（2）找到问题所在，及时调整优化内容。通过数据对比，可以发现内容的问题所在，比如：标题没取好，封面没有吸引力，内容不够优质，目标用户不在此平台活跃等。根据数据反馈的问题，及时做调整，避免粉丝流失。

（3）能反馈内容运营效果，提供决策参考数据能直观反映当前内容的运营效果和问题所在，从而为决策层提供可参考的决策、战略依据。

三、内容运营监控指标

（1）展示数据：属于基础数据，是一个直观的效果反馈，用来展示内容被点击、查阅的情况。包括覆盖人群、推荐量、阅读量、阅读次数等。

（2）转化数据：属于投入与回报数据，用于判断内容是否能够促进用户的转化，包括页面广告的点击次数、支付人数、支付金额等。

（3）传播数据：属于分享数据，用来表明内容的质量、趣味性等特征，检测数据主动转发、传播的情况。

（4）渠道数据：用来衡量渠道投放质量、效果，它由产品的特性和受众人群定位所决定。内容可在多个平台进行推送，通过多平台的数据分析，确定目标用户集中地和喜欢的内容。

一般成熟的内容投放平台都具备数据统计功能，运营人员可以通过平台配套的数据分析工具进行分析，如淘宝平台可以借助生意参谋，微博可以借助后台的数据助手等，对长期关注和积累的数据进行分析，也可以借助第三方数据分析工具完成内容运营数据分析。

四、站内内容运营分析

（一）站内内容运营分析的关键指标

1. 内容能见度

代表内容覆盖消费者的广度，以及投放出去的内容实际可触达的消费者数量。关键指标如下：

（1）内容浏览人数，指统计时间内，带有本店商品的内容被浏览的人数，一个人浏览多次按一人计算。"浏览"包括图文阅读、直播观看、短视频播放。

（2）内容浏览次数，指统计时间内，带有本店商品的内容被浏览的次数，一个人浏览多次按多次计算。"浏览"包括图文阅读、直播观看、短视频播放。

2. 内容吸引度

代表内容吸引消费者关注、影响消费者情绪的能力，是品牌加强消费者记忆的重要抓手。关键指标如下：

（1）内容互动人数，指统计时间内，与本店商品相关内容进行互动的人数，一个人互动多次按一人计算。"互动"包括评论、点赞、分享三种行为。

（2）内容互动次数，指统计时间内，与本店商品相关内容进行互动的次数，一个人互动多次按多次计算。"互动"包括评论、点赞、分享三种行为。需要注意的是，关注内容互动时，我们不能只停留在加强受众品牌认知上。实际上，通过互动率和互动反馈，企业还可以从中了解潜在消费者对商品的认可程度和潜在槽点。

3. 内容引导力

代表内容激发消费者"主动了解商品"的能力，说明内容已对消费者行为产生明显影响。内容引导力关键指标如下：

（1）引导进店人数，指统计时间内，消费者浏览内容后通过内容详情页进入店铺访问的人数。

（2）引导进店次数，指统计时间内，消费者浏览内容后通过内容详情页进入店铺访问的次数，一个人进店多次按多次计算，进店后在店铺内访问多个页面亦计算为多次。

4. 内容获客力

代表内容对消费者购买行为产生引导转化的能力，可用于评估内容营销引导客户收藏、加购及购买的效用。关键指标如下：

（1）引导收藏/加购/支付人数，分别指统计时间内，消费者浏览内容后产生商品收藏、加购、支付行为的人数。

（2）引导支付金额，指统计时间内，消费者浏览内容后通过内容详情页进入店铺购买支付的金额。

5. 内容转粉力

代表内容为品牌沉淀消费者资产的能力，说明内容已引导消费者对品牌产生强烈兴趣（不限于购买）。关键指标如下：

（1）新增粉丝数，以淘宝平台为例，指统计时间内新增的关注微淘或店铺的人数。

（2）累计粉丝数，指历史累计粉丝人数，包含关注商家微淘、收藏店铺。

（二）内容运营优化策略

提升内容能见度的策略：全渠道投放，以最大程度覆盖潜在消费者；深耕明星/KOL（关键意见领袖）流量；精细化内容运营。

提升内容互动效果的策略：以直播答题、短视频互动、微淘盖楼等方式增加互动的趣味性。

提升内容引导力的策略：营销者要注重目标消费者人群画像和偏好习惯的研究，以最大程度确保产出的内容风格符合目标消费者"胃口"。

提升内容获客力的策略：优化内容详情页，鼓励消费者分享问大家、买家秀，与KOL合作推荐，直播、短视频引导。

提升内容转粉力的策略：在粉丝转化方面，可以把非粉丝人群划分为内容读者、店铺访客、搜索人群、买家等人群，通过对不同人群特征进行交叉分析，得出新的人群偏好。通过粉丝内容偏好分析，设置粉丝特权、会员特权，并建立群聊。

任务实践

一、任务要求

将相同的内容投放到不同渠道，可以通过对各平台的阅读量、转发评论量、店铺引流人数、成交人数及其占比进行分析，更加直观地比较各渠道的内容运营效果，包括内容的展示、传播、引流与转化，从而根据分析结果调整运营策略。某企业为了扩大平台活动的影响力，在活动前期策划了宣传短视频，不仅将短视频投放到了平台内部渠道，还与微信、微博、抖音平台的达人合作，将内容在站外进行了多平台、多渠道投放。通过统计内容运营数据，分别分析站内和站外内容的运营效果，从而为决策层提供可参考的决策、战略依据。

二、任务实施

步骤1，获取数据并整理。

对数据进行分类整理，按照不同平台、不同渠道区分，选择阅读量、转发评论量、店铺引流人数及成交人数为重点分析指标，整理如表4-2所示。

表4-2 各平台渠道内容运营数据

平台	渠道	阅读量/次	转发评论量/条	店铺引流人数/人	成交人数/人
淘宝站内	爱逛街	1 235	256	98	23
	必买清单	2 056	569	235	56
	每日好店	2 302	685	369	125
	淘宝头条	6 599	1 200	899	243
	猜你喜欢	13 589	3 500	1 685	266
微信	森林小巷	2 500	786	265	63
	微光倾城	7 986	1 100	125	36
	为你精选	69 826	2 800	1 300	355
	午后阳光	789	89	20	6
	半夏微澜	1 201	100	35	12
微博	种草菌	91 586	3 324	109	86
	干货达人	8 660	1 326	75	32
	幸运面包圈	1 231	56	12	3
	猫猫旅行	5 020	1 120	65	16
	一缕笑靥	9 621	2 312	96	59
抖音	骆栖淮	35 689	1 232	1 561	567
	爱吃鱼	102 345	2 103	1 821	1 021
	冬子	5 986	466	89	28
	西瓜宝宝	58 729	1 033	1 125	658
	小旭	3 210	201	56	16

步骤2，数据可视化与结果分析。

（1）站内各渠道内容运营效果分析

分别对站内各渠道的阅读量、转发评论量、引流占比、引流成交人数占比进行比较分析，并完成数据分析图表的制作，结果如图4-24至图4-27所示。

（2）站外各渠道内容运营效果分析

学员分别对站外各渠道的阅读量、转发评论量、引流占比、引流成交人数占比进行比较分析，并完成数据分析图表的制作，结果如图4-28至图4-31所示。

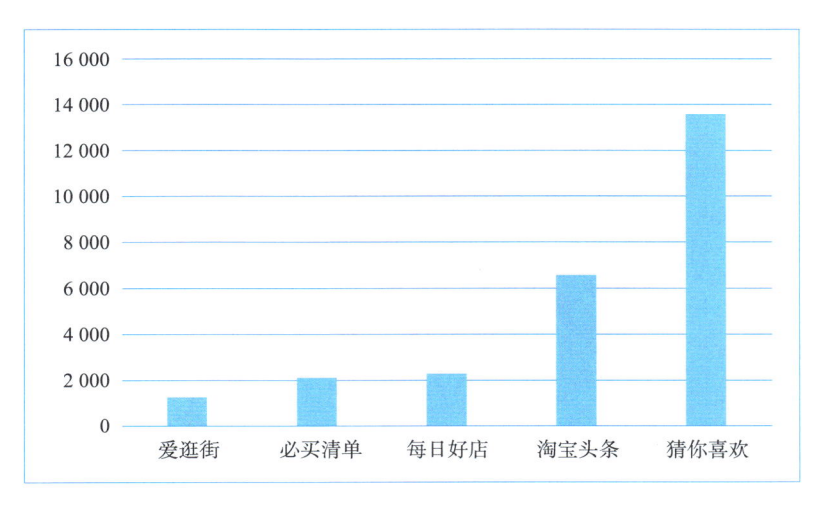

图 4-24　站内各渠道阅读量分析

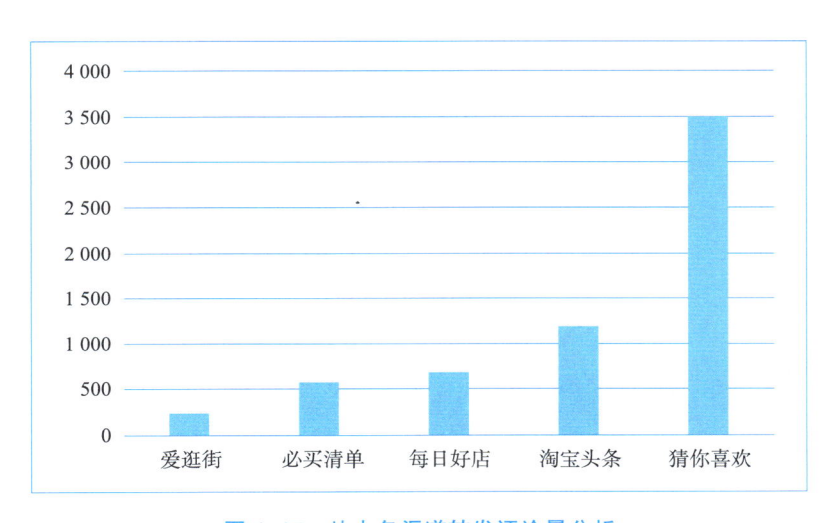

图 4-25　站内各渠道转发评论量分析

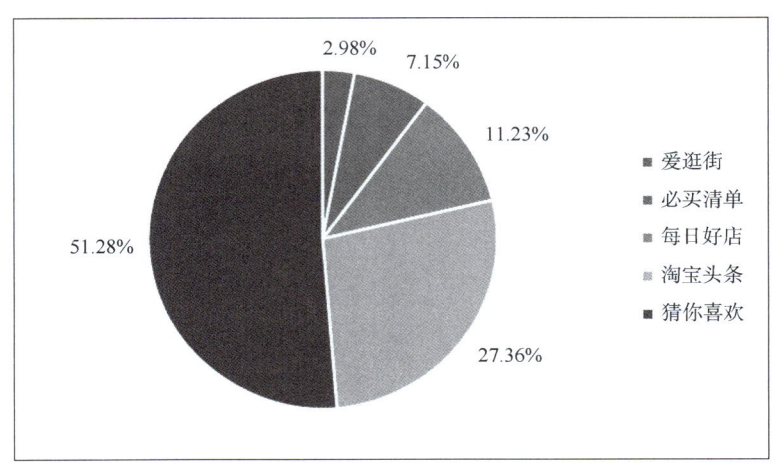

图 4-26　站内各渠道引流量占比分析

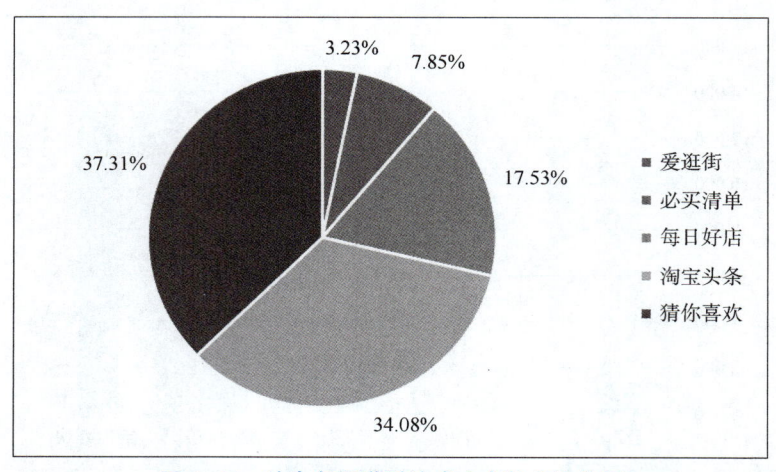

图 4-27　站内各渠道引流成交人数占比分析

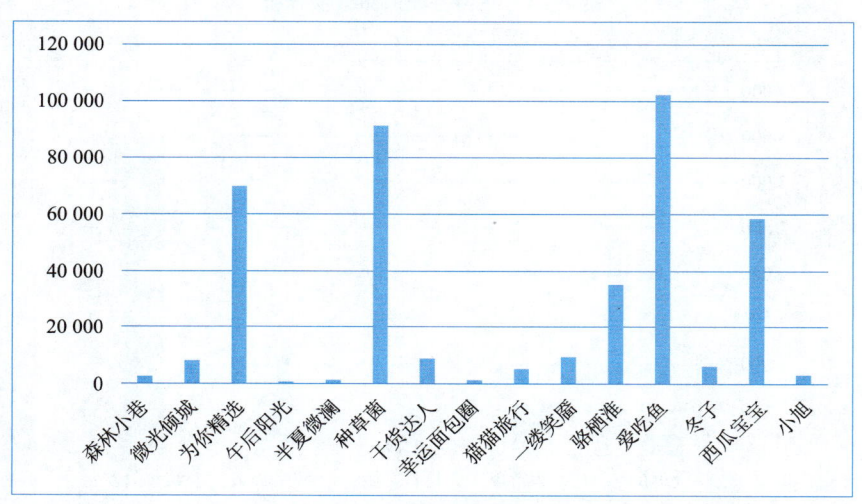

图 4-28　站外各渠道阅读量分析

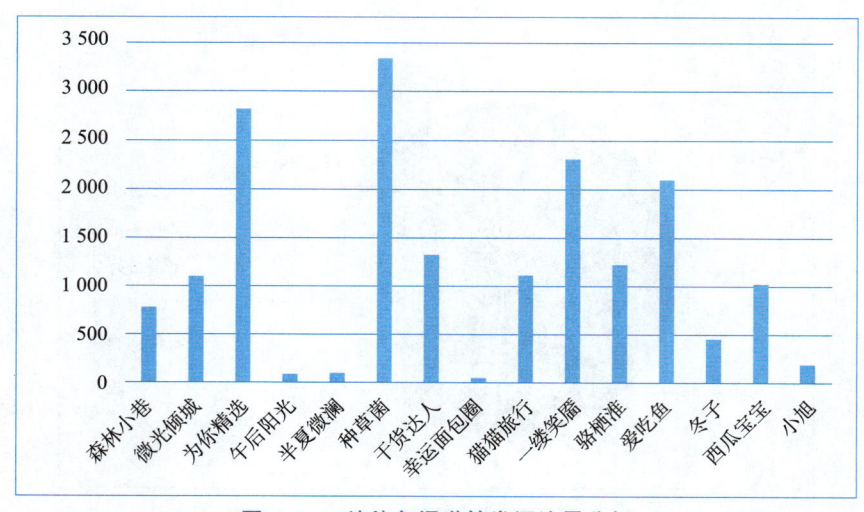

图 4-29　站外各渠道转发评论量分析

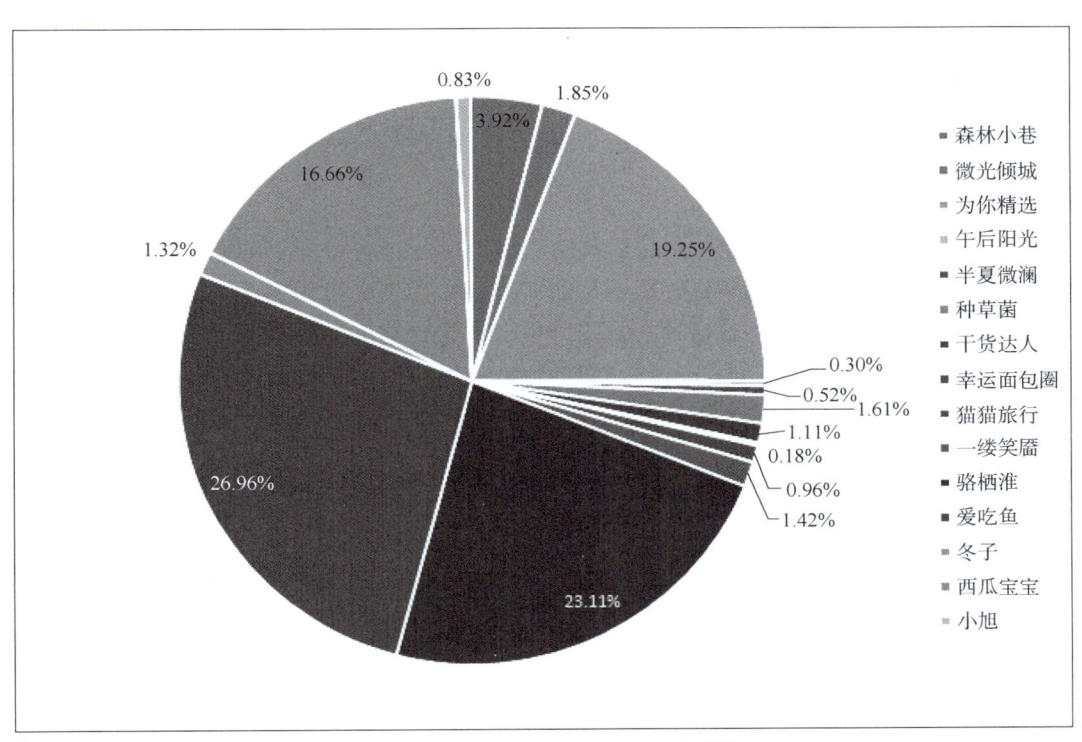

图 4-30　站外各渠道引流量占比分析

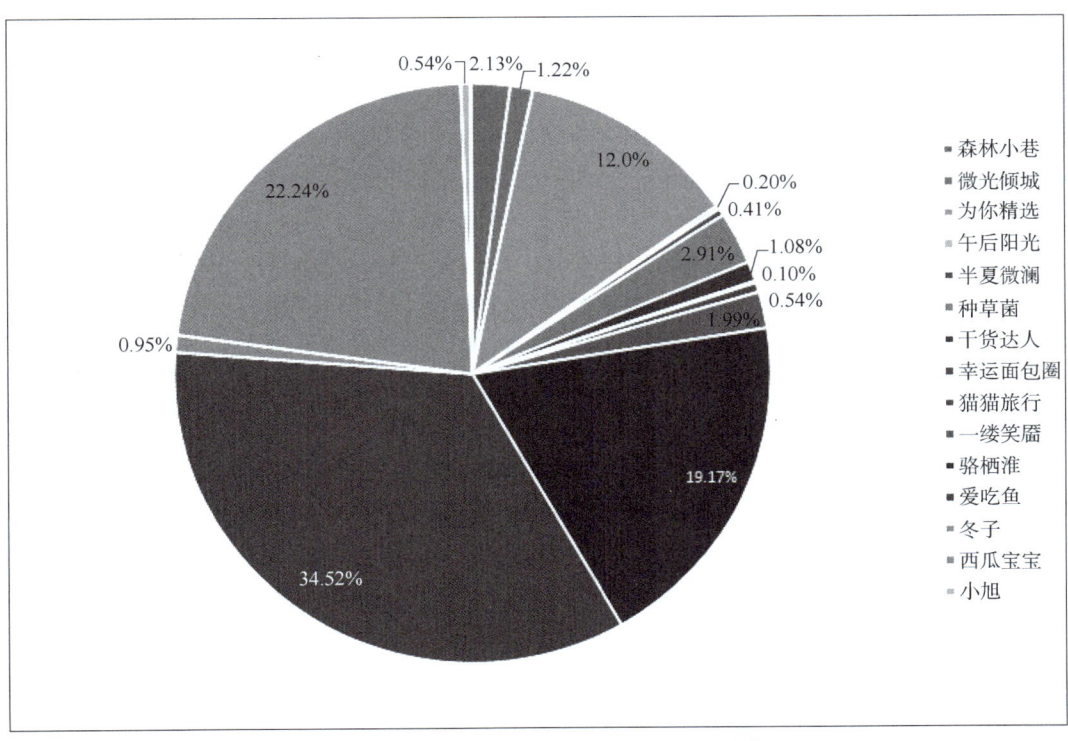

图 4-31　站外各渠道引流成交人数占比分析

任务五　客单价分析

头脑风暴

在网店经营销售过程中会产生大量的销售数据，这些销售数据对网店的经营策略会有很大影响。通常，网店的销售策略是需要根据前期的销售数据和市场变化情况及时调整的，以帮助销售部门实现销售目标。进行销售数据分析，首先要明确此次数据分析的目标，然后围绕该目标收集相关的数据，整理并分析相应的数据，找到数据变动的原因，最后调整相关的内容，改善销售情况。销售额=购买人数×客单价，那么，如何提高客单价呢？

知识储备

一、客单价及其相关概念

在企业日常销售过程中会有大量的销售数据，企业需要根据前期的销售数据和市场情况及时调整销售策略，帮助销售部门实现销售目标。

$$销售额=展现量×点击率×转化率×客单价=访客数×转化率×客单价$$

网店商品的展现量与商品的搜索排名有重大关系。网店商品的点击率与商品价格、主图设计等有重大关系。展现量与点击率相乘得到点击量，在实际网店经营中，用数据去重的访客数替代数据存在重复计算的点击量，将会使数据更具有参考价值。

转化率与商品主图、店铺首页、商品详情页设计、促销活动、客户评价等有重大关系，反映网店商品对每个访客的吸引力。在访客数稳定的情况下，提高转化率就能提高网店的销售额；反之，销售额下降。

客单价是每个用户在一定周期内，平均购买商品的金额，即平均交易金额。与商品定价、促销活动等有重大关系，反映平均每个客户（订单）的购买金额。在订单数量基本稳定的情况下，提高客单价就可以提高网店的销售额；反之，销售额下降。在日常店铺运营过程中，在转化率平稳的前提下，客单价的提升可以提高店铺整体的销售额。例如，某店铺在下午6点到7点之间与10位买家完成交易，销售额为2 000元，其中的7位买家分别成交1笔订单，2位买家各成交2笔订单，1位买家成交了1笔订单。客单价就是这个时间段的总金额2 000元平均到10位买家上，即在这个时段内店铺的客单价为200元。从销售额的计算公式中可以看到，客单价是影响店铺盈利的因素之一，在流量相同的情况下，客单价越高，销售额就越高。

在日常店铺运营过程中，在转化率平稳的前提下，高流量的获取和客单价的提升都可以提高店铺整体的销售额。爆款是指在商品销售中供不应求，销售量很高的商品。打造爆款是店铺的一种促销方式。现在，店铺的爆款已经成为其销售中的"催化剂"，它可以在最短的时间内给店铺带来大量的流量并提高成交转化率。爆款是流量的重要入口。爆款的具体表现形式是高流量、高曝光量、高成交转化率。爆款能够在特定时间内为店铺带来大量的流量。许多经营者通常会借助各种购物平台官方的促销活动打造爆款。

二、客单价影响因素

客单价影响因素主要有商品定价、促销优惠、关联营销、购买数量等。

（一）商品定价

商品定价的高低基本上决定了客单价的多少，在实际销售中客单价只会在商品定价的一定范围内上下浮动。

（二）促销优惠

在大型促销优惠的过程中，客单价的高低取决于优惠的力度。另外，基于优惠力度的多少，包邮的最低消费标准的设置，对客单价也有重要影响。例如，在双 11 活动中，某店铺设置的包邮最低消费标准为 199 元，那就是消费满 199 元才能免运费，这样的包邮规则，可以让买家选择凑单购买多件商品，这时的客单价与日常相比就会有所提升。

（三）关联销售

店铺一般会在商品详情页推荐相关的购买套餐，同时加入其他商品的链接。这是一种关联销售，起到了互相引流的作用。现在很多的电商平台通过大数据的算法，在首页、搜索页、详情页、购物车页、订单页等各种页面中都会有关联商品的推荐。

（四）购买数量

购买数量会因商品类目的属性不同而不同。定价不同的商品，买家花费的时间成本与操作成本是不同的。所以，要想提高客单价，可以提高单个买家购物的种类，以及单个订单内商品的数量。目前许多电商平台上推出的"凑单"销售方式，原理就是如此。

三、提升客单价方法

提升客单价最直接的方法就是要引导顾客购买多件商品，主要可以通过以下几种方式。

（一）提供附加服务

通过设置一定的消费金额或是一定消费数量满足后可以享受的服务，例如一些纪念用品，可以提供"免费刻字"活动；一些需要安装的商品，可以策划"满多少免费上门安装"的活动，或者"消费多少免费提供多少日的免费维修服务"等。这些运营方式主要是通过提供更多附加服务来引导顾客多买多享。

（二）促销活动

在店铺经常看到的"买 1 送 1""2 件 8 折，3 件 7 折""第 2 件半价""2 件包邮"就是常用的促销活动形式。运用适当的优惠活动，引起顾客的购买欲，提升客单价。不过这种运营方式是需要店铺的商品种类多、款式多，这样搭配起来才会产生不错的效果。例如，某店铺发布店庆优惠活动，全场女装任意组合"2 件 9 折，三件 7 折"，进行了产品活动组合数据预算，如表 4-3 所示。

表 4-3　产品活动组合数据预算

商品名称代码	客单价/元	成本/元	利润/元
A	99	29	70
B	129	39	80
C	199	59	140
A+B（9 折）	205.2	68	137.2
A+C（9 折）	268.2	88	180.2
B+C（9 折）	295.2	98	197.2
A+B+C（7 折）	298.9	127	171.9

通过预算数据可以看出，2 件套餐和 3 件套餐活动大大提升了单笔订单的客单价，在提升客单价的同时单笔的利润也得到了提升。促销活动有很多种，每种促销方式可以获得的效果也是各有千秋，所以网店经营者要想通过促销活动取得好的效果就要提前对促销活动进行选择。

例如，某淘宝店铺 A 产品的定价为 49 元，商品成本为 25 元，卖家为了提升店铺的客单价，预备设置满 x 件包邮和第 x 件 y 折两种促销方式，现在要对两种促销方式获利的情况进行对比，确定获利最优的促销活动。

1. x 件包邮

要想通过 x 件包邮提升客单价，首先需预算出店铺能承受的邮费成本和店铺能接受的最大的打折力度。在制定 x 件包邮之前需要核算出店铺的最大客单价与买家的接受度的一个平衡点。设置满 x 件包邮的促销活动，店铺能承受的邮费成本是 10 元/单。卖家统计了不同的促销方式与成交转化率，如表 4-4 所示。

表 4-4　包邮客单价与成交转化率

促销方式/包邮·件$^{-1}$	客单价/元	成交转化率/%	总成本/元	利润/元
1	49	92.33	35	14
2	98	59.77	60	38
3	147	15.68	85	62
>3	≥196	10.03	≥100	>96

从表 4-4 中可以分析出：包邮提升客单价法最重要的是考虑到店铺的最大客单价与成交转化率之间的关系。根据店铺的统计数据分析可知：2 件包邮为该店铺的最大客单价与买家接受度的平衡点。除此之外，还需要考虑邮费成本问题。从卖家能承受的邮费角度来分析，卖家能承担的平均邮费是 10 元/单，但是买家来自全国各地，部分偏远地区，如青海、新疆、西藏等地的邮费偏高。卖家在包邮之前需要考虑偏远地区的邮费问题，不能为了提升客单价而盲目包邮促销。

2. 第 x 件 y 折

即利用多种促销方式提升人均购买笔数。假设某商品原价 99 元，成本 49 元，可以通过

x件y折提升客单价,比如第1件原价、第2件8折、第3件7折、第4件6折,即两件衣服的9折,依此类推,分别求出第x件y折客单价与利润,如表4-5所示。

表4-5 包邮客单价与成交转化率

促销方式	客单价/元	成交转化率/%	总成本/元	利润/元
第1件原价	99	36.75	49	50
第2件8折	178.2	78.32	98	80.2
第3件7折	247.5	25.12	147	100.5
第4件6折	306.9	17.49	196	110.9

3. 提供SKU销售套餐

在提供优惠套餐时,要根据店铺人群属性提供不同的套餐,为买家提供多种不同的选择。图4-32为某食品销售店铺设计的多种套餐,通过SKU销售套餐,可以有效地提高每笔单价,从而提高客单价。

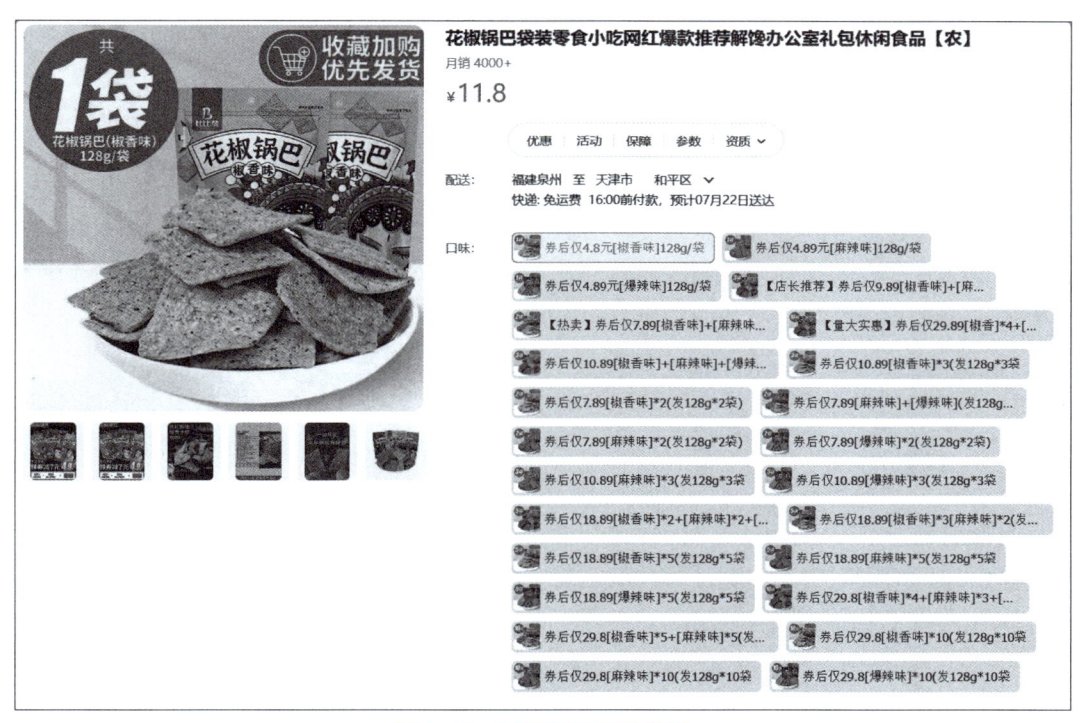

图4-32 网红锅巴多种套餐

(三)详情页关联营销

适当地将互补的商品搭配起来关联销售,如经营护肤品的店铺,在顾客浏览"欧莱雅小金管防晒霜清爽面部隔离霜保湿补水正品军训防晒乳SPF50+"防晒产品时,店铺将不同产品进行推荐(图4-33),就可能使顾客对相关商品产生兴趣。这种营销方式不仅减少了顾客自主搭配的烦恼,提高了顾客的购物体验,还可以提高客单价。

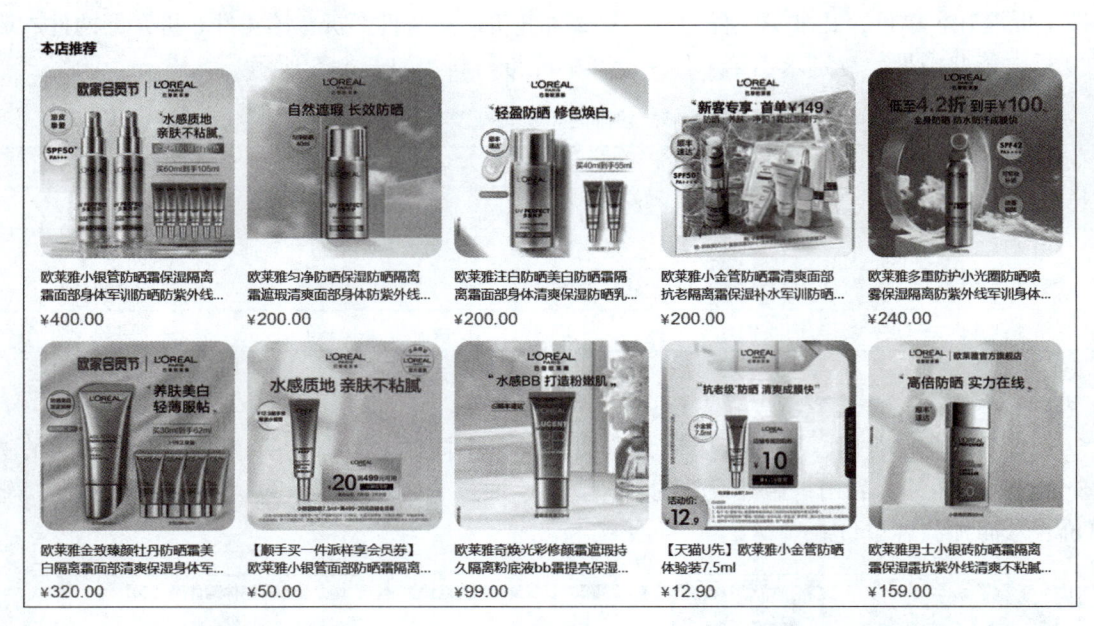

图 4-33 欧莱雅小金管防晒霜清爽面部隔离霜保湿补水正品军训防晒乳 SPF50+关联营销

（四）客服推荐

客服是提高客单价的一个非常重要的方式，客服是可以通过沟通来直接影响顾客的购买决策，通过优质合理的推荐，提高客单价。例如经营彩妆的店铺，初学化妆的购买者在第一次购买化妆品时会很愿意倾听客服的推荐，从而主动购买更多的相关商品。

任务实践

一、任务要求

某服饰店铺持续记录网店每日的销售金额，由于单日数据存在不确定的起伏，所以建议以周为单位观察销售额情况，统计每周的销售金额（表4-6）绘制成折线图，可发现网店的销售金额有了明显下降（图4-34）。

表 4-6 某服饰店铺销售额

日期	周数	销售额/万元	客单价/元	订单量/万元	转化率/%	访客量/万人次
2022年08月29日—2022年09月04日	第36周	25 000	82.7	302.297 5	3.00%	10 076.58
2022年09月05日—2022年09月11日	第37周	26 135	112	233.348 2	3.33%	7 007.454
2022年09月12日—2022年09月18日	第38周	18 790	116.3	161.564 9	2.84%	5 688.906
2022年09月19日—2022年09月25日	第39周	16 931	119.7	141.445 3	2.95%	4 794.755
2022年09月26日—2022年10月02日	第40周	15 790	110	143.545 5	3.58%	4 009.65
2022年10月03日—2022年10月9日	第41周	14 780	113.5	130.220 3	2.46%	5 293.507

续表

日期	周数	销售额/万元	客单价/元	订单量/万元	转化率/%	访客量/万人次
2022年10月10日—2022年10月16日	第42周	13 190	110.6	119.258 6	2.76%	4 320.963
2022年10月17日—2022年10月23日	第43周	12 178	109.4	111.316 3	3.39%	3 283.666
2022年10月24日—2022年11月30日	第44周	11 980	109.1	109.807 5	3.81%	2 882.087
2022年10月31日—2022年11月06日	第45周	10 414	111	93.819 82	2.67%	3 513.851
2022年11月07日—2022年11月13日	第46周	26 234	120.4	217.890 4	2.61%	8 348.29
2022年11月14日—2022年11月20日	第47周	24 130	116	208.017 2	2.37%	8 777.099
2022年11月21日—2022年11月27日	第48周	20 154	139.1	144.888 6	2.87%	5 048.382
2022年11月28日—2022年12月04日	第49周	21 708	119.8	181.202	3.43%	5 282.857

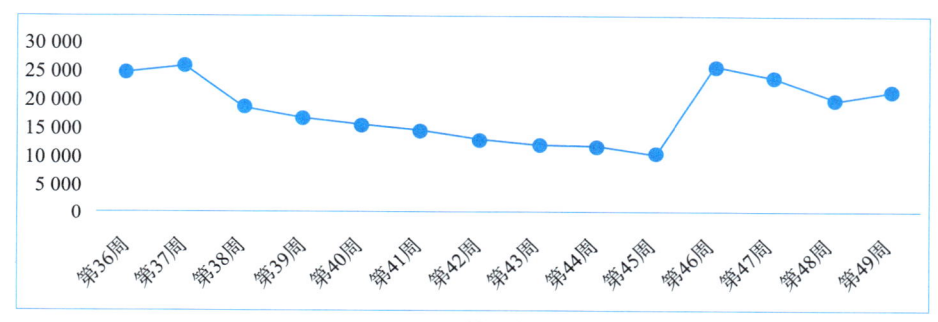

图 4-34 销售额趋势

除第45周与第46周受到双11活动的影响，数据存在波动外，从第37周开始到第44周，每周的成交金额逐渐下降。针对以上情况，需要及时分析销售金额下降的具体原因，得出结论，并做出相应的调整。

二、任务实施

步骤1：确定目标数据。

网店的销售额=展现量×点击率×转化率×客单价=访客数×转化率×客单价

商品展现量与其在搜索结果中的排名紧密相连。同时，一个商品的点击率通常受到其定价和主图设计等因素的影响。商品的展示次数与点击率相乘得出的结果即为点击量。在实际的网店操作中，为了得到更可靠的数据，我们倾向于使用去除重复的数据后的独立访客数量，而不是可能存在重复计数的点击量。

此外，转化率的高低通常与商品详情页面的设计和促销活动等因素有关，它体现了商品对所有访问者的购买吸引力。如果访问者的数量保持稳定，那么提升转化率将直接推动网店销售业绩的增长；反之，如果转化率降低，则销售业绩也会相应减少。

另外，客单价即每位顾客或每笔订单的平均消费额，主要受商品定价和促销策略的影响。在订单总量保持一定的条件下，客单价的增加可以直接提高网店的总销售额；反之，如果客单价减少，总销售额同样会受到影响。

在发现网店整体销售金额出现明显下降趋势后，就要从展现量、转化率、客单价这几个方面整理和观察数据变化原因，发现网店销售过程中存在问题，并进行及时调整。

步骤2：客单价数据分析。

从公式的最后端往前推，先将对应销售时间区间的客单价数据整理出来，绘制成折线图，如图4-35所示。

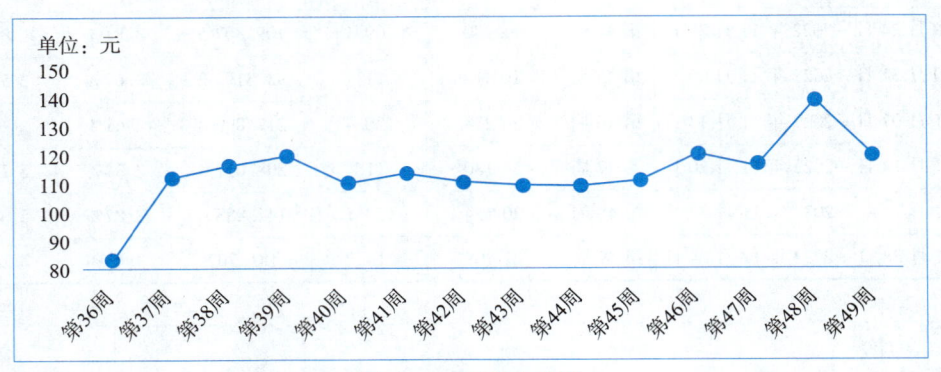

图 4-35　客单价趋势

从整理出来的客单价数据中可以得到，第36周为82.7元，第48周为139.1元，这两周客单价波动较大，其余几周客单价基本稳定在100~120元的范围内，对比销售额趋势图，第36周与第48周的数据异常并不是主因。同时，也可以看出，并不存在活动降价或促销导致客单价持续下降的情况。通过以上情况的分析，基本上可以排除掉因客单价下降导致销售金额下滑的可能性。

步骤3：订单量数据分析。

在销售额公式中，去除客单价后，展现量、点击率、转化率三个数据的乘积就是订单数量。在排除客单价影响销售金额的可能性后，整理大致的订单量数据如图4-36所示，基本能佐证前面的判断。

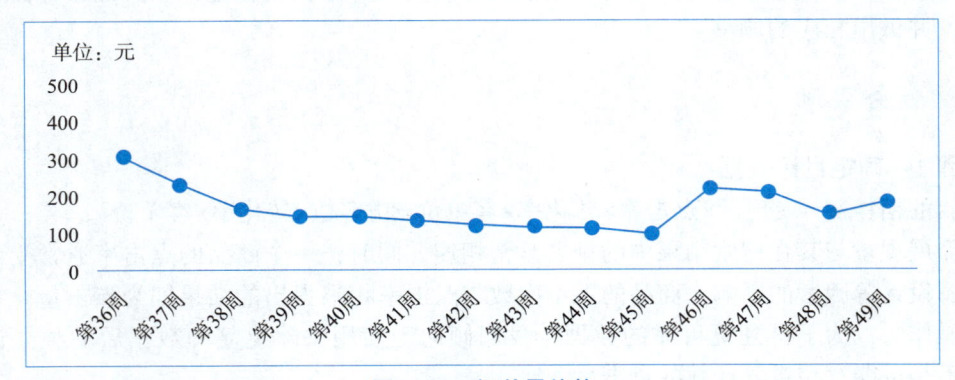

图 4-36　订单量趋势

对比销售额趋势图，在客单价基本稳定的情况下，订单量下降趋势与销售金额下降趋势基本吻合。因此，应在展现量、点击率、转化率三个数据中找到订单量下降的原因。

步骤4：转化率数据分析。

随后，整理店铺的转化率数据，绘制店铺转化率折线图，如图4-37所示。

观察店铺转化率的数据变化，转化率一直处于2%到4%之间，有一定程度的波动。而且对比销售额趋势，转化率的波动对销售金额有一定影响，比如第44周至第47周，但并非是

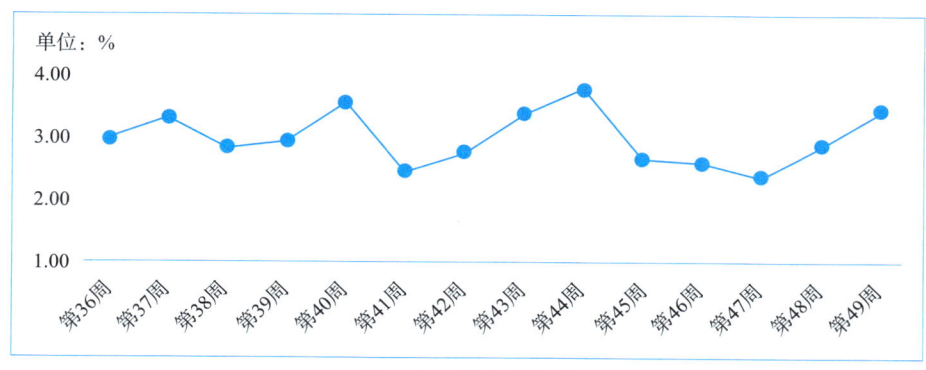

图 4-37 转化率趋势

销售金额下滑的主因。

步骤 5：访客数数据分析。

然后收集和整理第 36 周至第 49 周的店铺访客量数据，绘制访客量数据折线图，如图 4-38 所示。

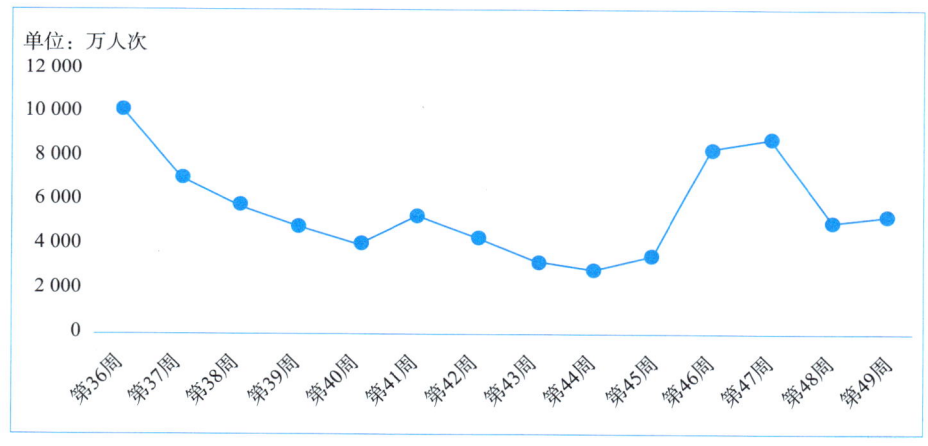

图 4-38 访客量趋势

根据销售额趋势图、成交订单量趋势图和访客量趋势图，可以明显发现，这三个数据的变化趋势非常相近。由此可以推断出，由于访客量下降，导致销售额下降。

步骤 6：分析数据变动原因。

在整理和分析了各目标数据后，可以大致得出导致销售金额下降的主要指标是访客量。影响访客量的指标有两个，一个展现量，一个是点击率，在网店运营过程中展现量都是比较稳定的，所以重点就是提升点击率。点击率高，访客量高；点击率低，访客量低。要提升点击率就要优化店铺的商品详情页、商品主图、购物路径等，有助于提升店铺的访客量。

三、任务思考

除了通过优化店铺详情页和商品主图来提升访客量之外，还可以通过哪些方法来提升访客量？

任务六　供应链数据分析

头脑风暴

供应链是指围绕核心企业，从配套零件开始，制成中间产品以及最终产品，最后由销售网络把产品送到消费者手中的生产、交易全链条。供应链管理的经营理念是从消费者的角度出发，通过企业间的协作，谋求供应链参与者利益最佳化。电商供应链是指将生产、采购、物流、仓储、销售等环节进行整合和管理，从而实现商品的全程管控和快速交付。那么供应链数据能提供什么启示呢？

知识储备

一、采购数据分析

（一）采购数据分析及其相关概念

采购是指一整套购买产品和服务的商业流程，是供应链管理必不可少的环节。从业务来说，采购要求在恰当的时间、以合理的价格、恰当的数量和良好的质量，从适合供应商处采购物料、服务和设备，即采购管理的 5R 原则——适时（Right Time）、适质（Right Quality）、适量（Right Quantity）、适价（Right Price）、适地（Right Place）。

网店商品采购人员作为消费者的采购代理，不仅要知道如何以最低价、最优惠条件采购到所需商品，还必须能够通过对以往销售数据分析和消费者分析中，洞悉目标客户的消费特性，才能提升采购效率、提升消费者满意度。

同时，采购人员也是网店经营者中的一员，采购到具有合理利润空间、损耗率低、断货风险低的产品才能够保证企业在经营过程中持续获利。

因此，在进行采购数据分析过程中，有几项关键数据必不可少，包括产品供应商、产品名称、产品规格、采购数量、采购单价、产品生产周期、产品周期内供货量等，同时还需要采集商品在运输配送期间的坏损率及销售过程中的退换货率等指标。

可接受的采购数量、供货量、供货周期等是网店与供货商合作的必要条件，较低的坏损率、退换货率及优秀的产品供应商是产品品质的保证。确定产品类型后，采购人员需要对能够生产该产品的企业进行综合对比，从而选择出符合自身网店需求的供货商进行合作。

采购数据分析是优化供应链和采购决策的核心，具有极其重要的战略意义。供应商选择是否存在变动，这涉及供应商的稳定和竞争力；采购价格是否合理，是否有异常变动，这涉及产品的采购成本；退货比例是否合适，这涉及产品的质量和结构；采购时间是否合适，这涉及资金的使用效益。

（二）采购数据分析步骤

（1）对过去的销量进行数据统计，得出以 SKU 为颗粒度的销量统计表。

（2）分别对日常销量和活动销量进行预判，得出需求预测。

(3) 基于时间维度进行需求预测汇总。

(4) 结合市场和销售策略，定期对所有需求进行符合事实的更新。

例如，某店铺在往期销量的基础上，初步进行了日常需求预测和活动需求预测，需求总预测应该为日常需求预测和活动需求预测之和。

（三）采购成本数据分析

想要获得更多的利润，就必须考虑前期的资金投入。其中，占比较大的是产品采购成本，通过对其进行相应的分析，可以得出科学的依据，以制定或采取措施对采购成本进行有效控制。在进行商品采购时，商品的价格会受到各种因素的影响，如交通、气候等，可以选择在商品价格走低时进行大量采购，以节省成本，赚取更大差价，从而获得更多利润。

另外，店铺产品的供货商，不一定完全来自同一家，有时甚至来自多家，这不仅是为了降低主要供货源的中断风险，同时也建立起竞争优势，达到降低采购成本的目的。如果多家供应商都可以提供商品，就可以根据已采购商品的价格数据来判定哪家供应商的进货成本更加低廉，从而进行相关取舍。对于这样的采购成本比较，无须对数据进行一对一的比价或计算，用对比折线图就可以轻松展示出来。

（四）采购策略分析

采购策略分析的目的是了解目前采购策略所处的状态，并根据状态调整优化，以更好地适应公司业务的需求，最终达到最佳供应链总利润的规模。

采购策略分析的内容包括以下几点：

（1）自制还是外包。企业最重要的采购决策是在企业内部完成任务还是外包给第三方执行供应链功能。在运输中，管理者必须决定全部外包，只外包需要快速反应的部分，还是只外包需要高效率的部分。这项决策部分受供应链总利润的驱动。如果供应链总利润大幅增长且没有额外风险，则最好选择外包。

（2）供应商的选择。在选择供应商之前，企业必须选择是采用单一供货源还是多方供货源。确定好供应商的数量后，再确定评价供应商和选择供应商的标准。供应商的选择机制有很多种，包括线下竞标、反向拍卖和直接谈判，无论采用哪种方法都要以选择供应商的总成本而不是单一价格作为评判标准。

（3）供货。供货是供应链获得物品和服务的过程。管理者必须根据不断增加供应链盈余的目标设计供货。举例来说，企业应该建立直接材料供货机制，确保供应商与买主之间的良好协调。相比之下，对MRO用品的供给则要确保交易成本最低。

（4）与采购相关的指标。采购决策直接影响产品销售成本和应付账款。采购绩效也影响着质量、库存及内向运输成本。管理者应该审核以下影响供应链绩效与采购的相关指标，如应付账款周转天数、平均购买价格、平均购买数量、供应质量和准时交货比例。

二、物流数据分析

（一）物流数据分析及其相关概念

物流是供应链活动的一部分，是指物品从供应地向接收地的实体流动的过程，是电子商务活动中不可或缺的环节。物流是由商品的运输、服务、配送、仓储、包装、搬运装卸、流通加工，以及相关的物流信息等环节构成。物流以仓储为中心，促进生产与市场保持同步。物流是为了满足客户的需要，以最低的成本，通过运输、保管、配送等方式，实现原材料、半成品、成品及相关信息由商品的产地到商品的消费地所进行的计划、实施和管理的全过程。

在电子商务环境下，物流活动伴随着物流数据的管理。通过物流数据分析，可以帮助电商企业完成实时物流订单追踪、订单时效监控以及异常物流诊断等，避免因为物流原因造成用户投诉和用户流失等。

店铺的物流评分对店铺的影响非常大。店铺的物流评分是买家评价店铺物流服务的重要指标之一，评分越高表示店铺的物流服务质量越好，买家也更愿意选择购买该店铺的商品。同时，物流评分也是影响店铺搜索排名、信誉评级、店铺等级和信用额度等因素之一。因此，淘宝店铺的物流评分直接影响店铺的生意和发展。

（二）物流运费分析

一般来说，考虑到成本的问题，商家都会选择已经确定的合作快递公司。在选择快递之前，首先要注意地区的概念，不同快递公司、不同区域之间的运费是不相同的。如果统一定价，不分地区，会给网店带来经济上的损失，所以网店物流配送应划分区域，并对每个区域的运费进行不同的定价，而定价范围可以与物流公司协商后决定。

确定好合作快递公司后，物流运费分析的核心问题就是产品是否包邮，也就是在包邮带来的产品竞争力与不包邮带来的产品利润之间找到一个平衡点。通常来说，对于店铺内某款产品是否采取包邮需要考虑多方面的因素。

1. 产品定位因素

产品定位不同，运费策略不同。例如，引流款单价不高，利润不高，甚至没有利润或者完全亏本，但作为流量入口是可以考虑包邮的，因为相对于直通车或者点击付费的推广方式来说，投入还是比较低的。利润款、常规款等其他产品可视毛利情况而定。

2. 产品利润因素

计算产品的毛利润，预留一定的利润空间，然后确定包邮、不包邮或者设置包邮条件，如满两件包邮、满99元包邮等。

3. 运费结构因素

根据产品类型确定运费计价方式，如按件数、按重量或按体积，目前快递公司多按重量计算，以首重加续重的方式计价。

（1）按重量计费：根据货物的实际重量计算运费。这种计费方式通常适用于较轻的小件货物，如快递、邮政包裹等。

（2）按体积计费：根据货物的体积计算运费。这种计费方式通常适用于轻抛货、大型家电等体积较大但不太重的货物。

（3）按件数计费：根据货物的件数计算运费。这种计费方式通常适用于贵重物品、易碎物品等需要单独计件的货物。

（4）按距离计费：根据货物运输的距离计算运费。这种计费方式通常适用于长途运输，如货车运输、航空运输等。

4. 地域因素

偏远地区距离远、订单少，运费相对较高，经济发达地区距离近、订单多，运费较低。考虑地域因素，可以设置包邮梯度，完全包邮地区（如江、浙、沪、皖），满减包邮策略适用于中部次发达地区，完全不包邮地区（如新疆、西藏、青海、东北三省、海南等）。

（三）订单时效分析

订单时效是指用户从完成订单支付开始，到完成商品签收的时间跨度，即支付到签收时长。随着电商的发展，用户对物流时效的感知和要求越来越高，在追求用户体验极致的今天，订单时效是提升用户体验、增强用户满意度的基本要素之一。

订单时效分析的主要目的是通过数据分析找出影响订单时效的因素及不同物流公司之间的差距，从而有针对性地进行流程优化，以达到更优的效率。

通常情况下，订单时效分析的指标主要包括以下四个：

（1）平均发货到揽收时长，即商品发货到物流揽收的平均时间。

（2）平均揽收到签收时长，即物流揽收到用户签收的平均时间。

（3）揽收包裹数，即物流公司回传了揽收信息的物流包裹数。

（4）签收成功率，即签收成功的包裹数占总派送包裹数的比例。

签收成功率＝签收成功包裹数÷（签收成功包裹数+拒签包裹数）

三、仓储数据分析

在电子商务环境中，仓储是指为有形商品提供存放场所并对存放物进行保管、存取与控制的过程，一般指的是库存。供应链中库存的存在是为解决供给与需求之间的不匹配，库存影响供应链持有的资产、所发生的成本以及提供的响应性。高水平的库存会降低常量和运输成本，但增加了库存成本；低水平的库存会提高库存周转率，但供不应求会降低响应性。分析库存数据可以帮助网店在经营过程中合理地制定营销销售策略，也有利于提升仓库的使用率。比如某款商品持续一段时间销量持续下降，而库存量又较高，通过对该商品仓储数据的分析就可以建议决策者针对该商品做出合理决策。通常进行库存数据采集需要采集产品库存数、发货量、库存周转率、残次库存比等数据。

仓储数据分析主要包括库存结构分析、库存数量分析和库存健康度分析。

库存结构分析主要是通过分析库存产品的占比情况，以了解产品结构是否符合市场需求，从而及时调整销售策略。

库存数量分析是在电商运营过程中，产品库存数量要保持适中，既要保证产品供应充足，满足日常销售所需，又不能有太多积压，产生较多仓储成本，因此需要对库存数量进行分析，为下次入库数量提供数据支持。

库存健康度分析是针对库存的实际情况，以一定的指标进行测验，以判断库存是否处于健康水平，是否存在经济损失的风险。

库存健康度分析主要通过以下四个方面进行衡量：

（1）库存周转（通过周转判断缓流或紧缺）：库存周转一般在目标库存的80%以上，同时在目标库存的1.5倍以下，可以称为健康的周转水平。

(2) 近效期库存（存在失效报废风险）：通常将效期在一半以下的产品控制为 0。
(3) 残次品库存：及时处理，控制为 0。
(4) 其他不良库存：控制为 0。

任务实践

一、任务要求

某店铺刚创业不久，就目前经营状况，近期公司调整运营策略。需要检查需求计划是否有效？供应商是否稳定可靠？采购价格是否合理？这需要对采购数据进行分析，从而可以及时调整采购策略，优化网店的客户服务满意度、增加网店利润空间、降低运营成本及供货风险。现需要对上一年度采购计划进行详细分析，为下一年度的采购计划做准备。

二、任务实施

步骤 1，指定采购数据分析计划。
(1) 对过去的销量进行数据统计，得出以 SKU 为颗粒度的销量统计表。
(2) 分别对日常销量和活动销量进行预判，得出需求预测。
(3) 基于时间维度进行需求预测汇总。
(4) 结合市场和销售策略，定期对所有需求进行符合事实的更新。

步骤 2，销量数据统计预测。

获取源数据，可知网店 2023 年前六个月连衣裙的日常需求预测和活动需求预测，如表 4-7、表 4-8 所示。

表 4-7　日常需求预测

月份	汇总数量/件	S 码/件	M 码/件	L 码/件
1	200	68	72	60
2	253	78	95	80
3	263	82	96	85
4	356	110	130	116
5	8 640	2 960	3 000	2 680
6	11 020	3 940	3 720	3 360

表 4-8　活动需求预测

月份	汇总数量/件	S 码/件	M 码/件	L 码/件
1	—	—	—	—
2	—	—	—	—
3	950	320	360	270
4	1 826	586	638	602
5	4 615	1 627	1 560	1 428
6	7 184	2 907	2 493	1 784

根据计算公式：

$$需求总预测 = 日常需求预测 + 活动需求预测$$

对表 4-7、表 4-8 进行汇总，得到表 4-9 中的数据。

表 4-9 需求预测汇总

月份	汇总数量/件	S 码/件	M 码/件	L 码/件
1	200	68	72	60
2	253	78	95	80
3	1 213	402	456	355
4	2 183	696	768	718
5	13 255	4 587	4 560	4 108
6	18 204	6 847	6 213	5 144

步骤 3，图表可视化操作。

在此基础之上，为了显示出需求变化规律以规划其他运营资源，可以将表 4-9 中的数据结果转化为如图 4-39 所示的折线图和如图 4-40 所示的柱形图。

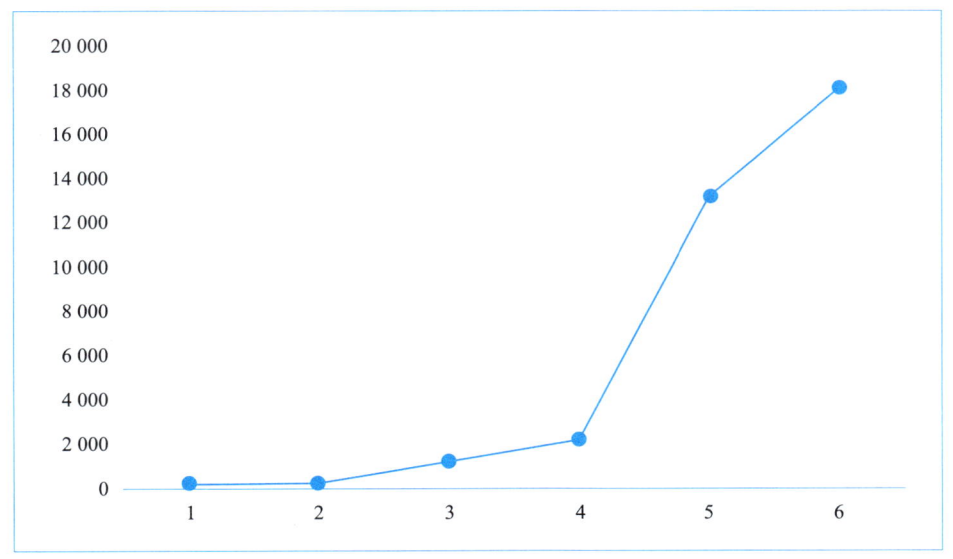

图 4-39 需求汇总

步骤 4，图表可视化分析。

通过图 4-39 可以看出，连衣裙在 1—4 月因为季节原因需求量是非常小的，虽然可以进行反季节的促销活动，但需求量仍然乏力，所以采购量不宜过大，要根据当年的气温情况及时调整；5—6 月数据直线上升，说明要在这两个月增加备货量并做好促销活动的备货。

通过图 4-40 的连衣裙 SKU 需求分析柱状图，可以清楚地看到，S、M、L 三个码数需求在 1—4 月较为平均，但在 5 月、6 月中 S、M 码需求更为旺盛，6 月 S 码需求更多，所以在销售旺季 S、M 码要有充足备货。

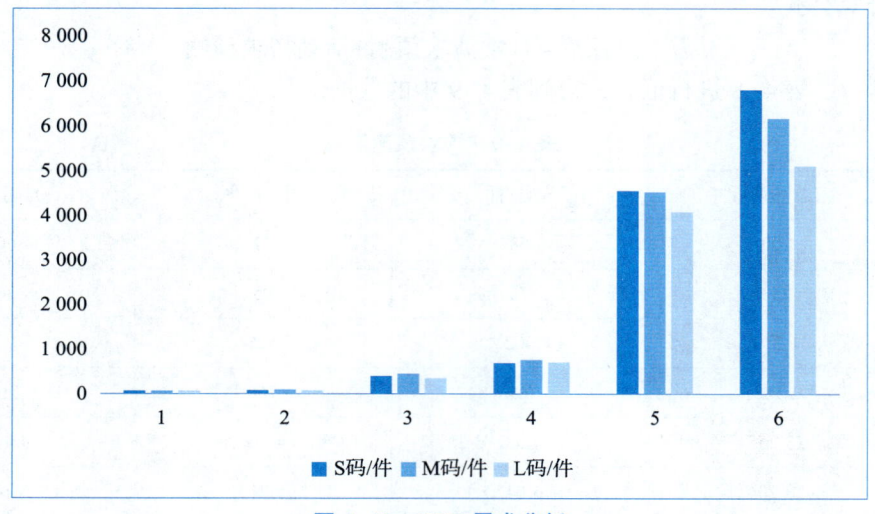

图 4-40　SKU 需求分析

可预测的需求波动应及时修改采购需求计划，避免产品需求的变化给供应链带来一系列的连锁问题，如需求旺季大量缺货供不应求，需求淡季库存过多造成产品积压及库存成本上升。

三、任务要求

确定性的订单时效可以降低用户的心理期许，减少物流差评率，能有效助力商家提升订单转化，目前已有多个电商平台及商家进行了时效承诺。为了能准确表达本店铺的订单时效，摘录了店铺近 30 天的物流数据，包括不同快递公司不同地区的相关指标。然后利用 Excel 工具，一方面通过数据计算对物流时效进行均值计算，另一方面通过数据可视化处理，对比分析不同快递公司在不同地区的时效。

四、任务实施

步骤 1，数据获取（图 4-41）。

步骤 2，数据清洗。

"揽收包裹数（占比）"列中的数据需要清除占比，只留包裹数。以 G 列为辅助列，在 G1 单元格输入标题"包裹数"，在 G2 单元格输入公式"=LEFT(C2,SEARCH(""("",C2)-1)"，完成 C2 单元格中数据占比的清除，然后使用填充柄向下拖动，完成其他行的数据清除，如图 4-42 所示。同理，使用 LEFT 函数清除 D 列数据中的"小时"字符，在 G1 单元格输入标题"签收时长"，在 G2 单元格输入公式"=LEFT(D2,SEARCH(""小时"",D2)-1)"，结果如图 4-43 所示。

"包裹数"指标过小，数据分析则没有意义，因此这里需要将"包裹数"值小于 5 的字段删掉（图 4-44）。

步骤 3，创建数据透视表。

插入数据透视表，选择要分析的数据及放置数据透视表的位置，在数据透视表区域，单

	A	B	C	D	E	F
1	物流公司	收货地	揽收包裹数(占比)	平均支付-签收时长（小时）	物流差评率	签收成功率
2	圆通速递	广东省	7(1.69%)	76.25小时	0.00%	100.00%
3	圆通速递	福建省	6(1.45%)	81.34小时	16.67%	100.00%
4	圆通速递	辽宁省	6(1.45%)	96.65小时	0.00%	100.00%
5	圆通速递	四川省	2(0.48%)	118.20小时	0.00%	100.00%
6	圆通速递	山东省	2(0.48%)	83.26小时	50.00%	100.00%
7	圆通速递	黑龙江省	2(0.48%)	146.03小时	0.00%	100.00%
8	圆通速递	天津	2(0.48%)	65.85小时	0.00%	100.00%
9	圆通速递	北京	2(0.48%)	102.58小时	50.00%	100.00%
10	圆通速递	甘肃省	1(0.24%)	0.00小时	0.00%	0.00%
11	圆通速递	陕西省	1(0.24%)	82.21小时	0.00%	100.00%
12	圆通速递	湖南省	1(0.24%)	101.25小时	0.00%	100.00%
13	圆通速递	江西省	1(0.24%)	116.21小时	100.00%	100.00%
14	圆通速递	江苏省	1(0.24%)	74.80小时	0.00%	100.00%
15	圆通速递	吉林省	1(0.24%)	115.44小时	0.00%	100.00%
16	圆通速递	山西省	1(0.24%)	98.39小时	0.00%	100.00%
17	圆通速递	河北省	1(0.24%)	97.68小时	0.00%	100.00%
18	圆通速递	湖北省	0(0.00%)	0.00小时	0.00%	0.00%
19	圆通速递	安徽省	0(0.00%)	0.00小时	0.00%	0.00%
20	圆通速递	浙江省	0(0.00%)	146.15小时	0.00%	100.00%
21	圆通速递	上海	0(0.00%)	170.57小时	0.00%	100.00%
22	韵达快递	河南省	22(5.33%)	60.85小时	0.00%	100.00%
23	韵达快递	浙江省	18(4.36%)	62.60小时	0.00%	100.00%
24	韵达快递	福建省	17(4.12%)	59.57小时	0.00%	100.00%
25	韵达快递	江苏省	17(4.12%)	66.92小时	0.00%	100.00%
26	韵达快递	山东省	13(3.15%)	73.35小时	7.69%	100.00%
27	韵达快递	北京	11(2.66%)	75.50小时	0.00%	100.00%
28	韵达快递	广东省	10(2.42%)	50.13小时	0.00%	100.00%
29	韵达快递	河北省	10(2.42%)	72.73小时	0.00%	100.00%
30	韵达快递	江西省	7(1.69%)	52.99小时	0.00%	100.00%
31	韵达快递	黑龙江省	7(1.69%)	101.28小时	0.00%	100.00%
32	韵达快递	辽宁省	7(1.69%)	124.07小时	0.00%	100.00%

图 4-41　原始数据

	A	B	C	D	E	F	G
1	物流公司	收货地	揽收包裹数(占比)	平均支付-签收时长（小时）	物流差评率	签收成功率	包裹数
2	圆通速递	广东省	7(1.69%)	76.25小时	0.00%	100.00%	7
3	圆通速递	福建省	6(1.45%)	81.34小时	16.67%	100.00%	6
4	圆通速递	辽宁省	6(1.45%)	96.65小时	0.00%	100.00%	6
5	圆通速递	四川省	2(0.48%)	118.20小时	0.00%	100.00%	2
6	圆通速递	山东省	2(0.48%)	83.26小时	50.00%	100.00%	2
7	圆通速递	黑龙江省	2(0.48%)	146.03小时	0.00%	100.00%	2
8	圆通速递	天津	2(0.48%)	65.85小时	0.00%	100.00%	2
9	圆通速递	北京	2(0.48%)	102.58小时	50.00%	100.00%	2
10	圆通速递	甘肃省	1(0.24%)	0.00小时	0.00%	0.00%	1
11	圆通速递	陕西省	1(0.24%)	82.21小时	0.00%	100.00%	1
12	圆通速递	湖南省	1(0.24%)	101.25小时	0.00%	100.00%	1
13	圆通速递	江西省	1(0.24%)	116.21小时	100.00%	100.00%	1
14	圆通速递	江苏省	1(0.24%)	74.80小时	0.00%	100.00%	1
15	圆通速递	吉林省	1(0.24%)	115.44小时	0.00%	100.00%	1
16	圆通速递	山西省	1(0.24%)	98.39小时	0.00%	100.00%	1
17	圆通速递	河北省	1(0.24%)	97.68小时	0.00%	100.00%	1
18	圆通速递	湖北省	0(0.00%)	0.00小时	0.00%	0.00%	0
19	圆通速递	安徽省	0(0.00%)	0.00小时	0.00%	0.00%	0
20	圆通速递	浙江省	0(0.00%)	146.15小时	0.00%	100.00%	0
21	圆通速递	上海	0(0.00%)	170.57小时	0.00%	100.00%	0
22	韵达快递	河南省	22(5.33%)	60.85小时	0.00%	100.00%	22
23	韵达快递	浙江省	18(4.36%)	62.60小时	0.00%	100.00%	18
24	韵达快递	福建省	17(4.12%)	59.57小时	0.00%	100.00%	17
25	韵达快递	江苏省	17(4.12%)	66.92小时	0.00%	100.00%	17
26	韵达快递	山东省	13(3.15%)	73.35小时	7.69%	100.00%	13
27	韵达快递	北京	11(2.66%)	75.50小时	0.00%	100.00%	11
28	韵达快递	广东省	10(2.42%)	50.13小时	0.00%	100.00%	10
29	韵达快递	河北省	10(2.42%)	72.73小时	0.00%	100.00%	10
30	韵达快递	江西省	7(1.69%)	52.99小时	0.00%	100.00%	7
31	韵达快递	黑龙江省	7(1.69%)	101.28小时	0.00%	100.00%	7
32	韵达快递	辽宁省	7(1.69%)	124.07小时	0.00%	100.00%	7

图 4-42　清洗包裹数

	A	B	C	D	E	F	G	H
1	物流公司	收货地	揽收包裹数(占比)	平均支付-签收时长（小时）	物流差评率	签收成功率	包裹数	签收时长
2	圆通速递	广东省	7(1.69%)	76.25小时	0.00%	100.00%	7	76.25
3	圆通速递	福建省	6(1.45%)	81.34小时	16.67%	100.00%	6	81.34
4	圆通速递	辽宁省	6(1.45%)	96.65小时	0.00%	100.00%	6	96.65
5	圆通速递	四川省	2(0.48%)	118.20小时	0.00%	100.00%	2	118.20
6	圆通速递	山东省	2(0.48%)	83.26小时	50.00%	100.00%	2	83.26
7	圆通速递	黑龙江省	2(0.48%)	146.03小时	0.00%	100.00%	2	146.03
8	圆通速递	天津	2(0.48%)	65.85小时	0.00%	100.00%	2	65.85
9	圆通速递	北京	2(0.48%)	102.58小时	50.00%	100.00%	2	102.58
10	圆通速递	甘肃省	1(0.24%)	0.00小时	0.00%	0.00%	1	0.00
11	圆通速递	陕西省	1(0.24%)	82.21小时	0.00%	100.00%	1	82.21
12	圆通速递	湖南省	1(0.24%)	101.25小时	0.00%	100.00%	1	101.25
13	圆通速递	江西省	1(0.24%)	116.21小时	100.00%	100.00%	1	116.21
14	圆通速递	江苏省	1(0.24%)	74.80小时	0.00%	100.00%	1	74.80
15	圆通速递	吉林省	1(0.24%)	115.44小时	0.00%	100.00%	1	115.44
16	圆通速递	山西省	1(0.24%)	98.39小时	0.00%	100.00%	1	98.39
17	圆通速递	河北省	1(0.24%)	97.68小时	0.00%	100.00%	1	97.68
18	圆通速递	湖北省	0(0.00%)	0.00小时	0.00%	0.00%	0	0.00
19	圆通速递	安徽省	0(0.00%)	0.00小时	0.00%	0.00%	0	0.00
20	圆通速递	浙江省	0(0.00%)	146.15小时	0.00%	100.00%	0	146.15
21	圆通速递	上海	0(0.00%)	170.57小时	0.00%	100.00%	0	170.57
22	韵达快递	河南省	22(5.33%)	60.85小时	0.00%	100.00%	22	60.85
23	韵达快递	浙江省	18(4.36%)	62.60小时	0.00%	100.00%	18	62.60
24	韵达快递	福建省	17(4.12%)	59.57小时	0.00%	100.00%	17	59.57
25	韵达快递	江苏省	17(4.12%)	66.92小时	0.00%	100.00%	17	66.92
26	韵达快递	山东省	13(3.15%)	73.35小时	7.69%	100.00%	13	73.35
27	韵达快递	北京	11(2.66%)	75.50小时	0.00%	100.00%	11	75.50
28	韵达快递	广东省	10(2.42%)	50.13小时	0.00%	100.00%	10	50.13
29	韵达快递	河北省	10(2.42%)	72.73小时	0.00%	100.00%	10	72.73
30	韵达快递	江西省	7(1.69%)	52.99小时	0.00%	100.00%	7	52.99
31	韵达快递	黑龙江省	7(1.69%)	101.28小时	0.00%	100.00%	7	101.28
32	韵达快递	辽宁省	7(1.69%)	124.07小时	0.00%	100.00%	7	124.07

图 4-43　清洗签收时长

	A	B	C	D	E	F	G	H
1	物流公司	收货地	揽收包裹数(占比)	平均支付-签收时长（小时）	物流差评率	签收成功率	包裹数	签收时长
2	圆通速递	广东省	7(1.69%)	76.25小时	0.00%	100.00%	7	76.25
3	圆通速递	福建省	6(1.45%)	81.34小时	16.67%	100.00%	6	81.34
4	圆通速递	辽宁省	6(1.45%)	96.65小时	0.00%	100.00%	6	96.65
5	韵达快递	河南省	22(5.33%)	60.85小时	0.00%	100.00%	22	60.85
6	韵达快递	浙江省	18(4.36%)	62.60小时	0.00%	100.00%	18	62.60
7	韵达快递	福建省	17(4.12%)	59.57小时	0.00%	100.00%	17	59.57
8	韵达快递	江苏省	17(4.12%)	66.92小时	0.00%	100.00%	17	66.92
9	韵达快递	山东省	13(3.15%)	73.35小时	7.69%	100.00%	13	73.35
10	韵达快递	北京	11(2.66%)	75.50小时	0.00%	100.00%	11	75.50
11	韵达快递	广东省	10(2.42%)	50.13小时	0.00%	100.00%	10	50.13
12	韵达快递	河北省	10(2.42%)	72.73小时	0.00%	100.00%	10	72.73
13	韵达快递	江西省	7(1.69%)	52.99小时	0.00%	100.00%	7	52.99
14	韵达快递	黑龙江省	7(1.69%)	101.28小时	0.00%	100.00%	7	101.28
15	韵达快递	辽宁省	7(1.69%)	124.07小时	0.00%	100.00%	7	124.07
16	韵达快递	安徽省	6(1.45%)	49.20小时	0.00%	100.00%	6	49.20
17	韵达快递	重庆	5(1.21%)	72.41小时	0.00%	100.00%	5	72.41
18	韵达快递	云南省	4(0.97%)	53.49小时	0.00%	100.00%	4	53.49
19	韵达快递	四川省	4(0.97%)	75.45小时	0.00%	100.00%	4	75.45
20	韵达快递	上海	4(0.97%)	49.36小时	0.00%	100.00%	4	49.36
21	韵达快递	山西省	4(0.97%)	52.12小时	0.00%	100.00%	4	52.12
22	韵达快递	天津	4(0.97%)	87.57小时	0.00%	100.00%	4	87.57
23	邮政小包	广东省	37(8.96%)	40.33小时	0.00%	100.00%	37	40.33
24	邮政小包	江西省	5(1.21%)	84.96小时	0.00%	100.00%	5	84.96
25	邮政小包	福建省	4(0.97%)	100.46小时	25.00%	100.00%	4	100.46
26	中通快递	内蒙古自治区	13(3.15%)	81.56小时	0.00%	100.00%	13	81.56
27	中通快递	黑龙江省	6(1.45%)	87.95小时	0.00%	100.00%	6	87.95
28	中通快递	吉林省	5(1.21%)	108.79小时	0.00%	100.00%	5	108.79
29	中通快递	上海	4(0.97%)	59.73小时	0.00%	100.00%	4	59.73
30	百世快递	广东省	22(5.33%)	42.28小时	0.00%	100.00%	22	42.28
31	百世快递	山东省	10(2.42%)	75.86小时	0.00%	100.00%	10	75.86
32	百世快递	湖北省	9(2.18%)	84.50小时	0.00%	100.00%	9	84.50

图 4-44　删除包裹数过小指标结果

击"签收时长",选取"值字段设置",单击"平均值",结果如图 4-45 所示。

图 4-45 创建数据透视表

步骤 4,数据计算。

将图 4-45 数据透视表中内容复制出来,利用函数 CONVERT 将小时转化成天数,空值单元格计算结果为 0,直接删除,计算结果保留 1 位小数,结果如图 4-46 所示。当顾客询问时效的时候,可以准确地提供给询问客户。

图 4-46 数据计算

五、任务思考

有些区域没有数据,为什么?如该地区有顾客下单,应该如何做?

巩固练习

一、单项选择题

1. 影响点击转化率的因素主要是(　　　)。

A. 关键词数量、关键词市场情况

B. 产品推广位、平均点击花费

C. 流量精准度度和产品承接转化能力

D. 客单价、平均点击花费

2. 现假设某行业市场共有 7 家企业，每家企业的市场份额分别为 0.09、0.11、0.13、0.07、0.16、0.23、0.21。则该行业的集中度为（　　）

A. 0.030 1　　　　　　　　　　B. 0.142 9

C. 0.163 8　　　　　　　　　　D. 0.164 6

3. 采购管理的 5R 原则包括适时、适质、适量、适价和（　　）。

A. 适地　　　　　　　　　　　B. 适销

C. 适变　　　　　　　　　　　D. 适用

4. 下列数据指标中不属于客户行为的是（　　）。

A. 购买时间　　　　　　　　　B. 浏览路径

C. 商品详情页停留时间　　　　D. 收货地址

5. （　　）通常价低质高，曝光率、点击率和销售量都极高，用于获取更多自然流量。

A. 形象产品　　　　　　　　　B. 人气产品

C. 利润产品　　　　　　　　　D. 常规产品

二、多项选择题

1. 电子商务数据化运营的价值不包括（　　）。

A. 完全了解用户　　　　　　　B. 科学的数据预测

C. 控制未来　　　　　　　　　D. 完善数据化管理

2. 淘宝网平台网店中商品详情页为主要的流量入口，因此，关于商品详情页的下列说法中（　　）是正确的。

A. 商品详情页的流量低说明需要优化商品排名和主图。

B. 流量不低而跳失率高，说明商品详情页中的图片描述、价格、评价、销量等有问题，需要优化。

C. 收藏率高，说明商品比较受买家欢迎。

D. 收藏高但支付转化率低，说明买家不感兴趣，所以支付转化率低。

3. 数据采集的方法有（　　）。

A. 数据库采集　　　　　　　　B. 调查问卷采集

C. 报表采集　　　　　　　　　D. 网页数据采集

4. 下列（　　）做法的目的是为了增加复购率。

A. 会员等级折扣　　　　　　　B. 首单免费

C. 新客立减　　　　　　　　　D. 积分换购

5. 对搜索词进行分词后，取分词中的品牌名称，作为品牌词，它具有（　　）的特点。

A. 点击率高　　　　　　　　　B. 转化率高

C. 文化成本高　　　　　　　　D. 配度低

三、案例分析

2023年年初，某淘宝店铺打算为客户送福利，活动的对象为企业的忠诚客户，所送的福利为近期最受客户喜爱的3款产品，希望通过这场送福利的活动稳定与忠诚客户之间的关系。为此需要采集2023年2月8日到2023年3月8日的客户订单数据（图4-47）并展开分析。

提示：以购买频数大于或等于8的客户作为活动对象。

创建时间	商品名称	买家	交易状态
2023/2/8 16:44	原牧纯品绿鸟乌骨鸡700g 冷冻生鲜黑乌鸡炖汤滋补（赠美味汤包）	hds	交易关闭
2023/2/8 16:44	原牧纯品绿鸟童子鸡600g生鲜冷冻农家散养鸡整只（赠美味骨汤包）	hds	交易关闭
2023/2/8 16:44	原牧纯品绿鸟牧鸡900g生鲜冷冻鸡肉整只红烧煲汤（赠美味骨汤包）	hds	交易关闭
2023/2/8 16:44	原牧纯品绿鸟冷冻鸡腿琵琶腿500g 清真鸡大腿烧烤炸鸡腿正品	hds	交易关闭
2023/2/8 16:44	原牧纯品绿鸟鸡小胸500g 生鲜冷冻鸡胸肉烤肉食材鸡脯肉正品	hds	交易关闭
2023/2/8 16:44	原牧纯品绿鸟鸡翅根500g/袋 生鲜冷冻生鸡肉清真烧烤食材正品	hds	交易关闭
2023/2/9 14:14	原牧纯品绿鸟牧鸡900g生鲜冷冻鸡肉整只红烧煲汤（赠美味骨汤包）	hu1	交易成功
2023/2/9 14:14	原牧纯品绿鸟鸡翅根500g/袋 生鲜冷冻生鸡肉清真烧烤食材正品	hu1	交易成功
2023/2/10 11:22	原牧纯品牛肉片220g/袋牛肉卷 肥牛卷 内蒙古涮牛肉火锅食材清真	霍洛洛	交易成功
2023/2/10 11:22	原牧纯品绿鸟鸡小胸500g 生鲜冷冻鸡胸肉烤肉食材鸡脯肉正品	霍洛洛	交易成功
2023/2/10 11:22	原牧纯品绿鸟鸡翅根500g/袋 生鲜冷冻生鸡肉清真烧烤食材正品	霍洛洛	交易成功
2023/2/10 11:22	原牧纯品羔羊肉片220g/袋 羊肉卷 原切内蒙古涮羊肉火锅食材清真	霍洛洛	交易成功
2023/2/10 21:55	原牧纯品绿鸟童子鸡600g生鲜冷冻农家散养鸡整只（赠美味骨汤包）	蔷薇科	交易成功
2023/2/10 21:55	原牧纯品绿鸟牧鸡900g生鲜冷冻鸡肉整只红烧煲汤（赠美味骨汤包）	蔷薇科	交易成功
2023/2/10 21:55	原牧纯品绿鸟冷冻鸡腿琵琶腿500g 清真鸡大腿烧烤炸鸡腿正品	蔷薇科	交易成功
2023/2/10 21:55	原牧纯品绿鸟鸡小胸500g 生鲜冷冻鸡胸肉烤肉食材鸡脯肉正品	蔷薇科	交易成功
2023/2/10 21:55	原牧纯品绿鸟鸡翅根500g/袋 生鲜冷冻生鸡肉清真烧烤食材正品	蔷薇科	交易成功
2023/2/12 0:12	原牧纯品绿鸟鸡翅根500g/袋 生鲜冷冻生鸡肉清真烧烤食材正品	ida	交易成功
2023/2/12 0:12	原牧纯品180羔羊肉串新鲜冷冻清真烧烤食材240g 10串/袋 孜然味	ida	交易成功
2023/2/13 0:10	原牧纯品绿鸟乌骨鸡700g 冷冻生鲜黑乌鸡炖汤滋补（赠美味汤包）	嘀嗒r	交易成功
2023/2/13 0:10	原牧纯品绿鸟童子鸡600g生鲜冷冻农家散养鸡整只（赠美味骨汤包）	嘀嗒r	交易成功
2023/2/13 0:10	原牧纯品绿鸟牧鸡900g生鲜冷冻鸡肉整只红烧煲汤（赠美味骨汤包）	嘀嗒r	交易成功
2023/2/13 0:10	原牧纯品绿鸟冷冻鸡腿琵琶腿500g 清真鸡大腿烧烤炸鸡腿正品	嘀嗒r	交易成功
2023/2/13 0:10	原牧纯品绿鸟鸡小胸500g 生鲜冷冻鸡胸肉烤肉食材鸡脯肉正品	嘀嗒r	交易成功
2023/2/13 0:10	原牧纯品绿鸟鸡翅根500g/袋 生鲜冷冻生鸡肉清真烧烤食材正品	嘀嗒r	交易成功
2023/2/13 23:41	原牧纯品牛肉片220g/袋牛肉卷 肥牛卷 内蒙古涮牛肉火锅食材清真	for	交易成功
2023/2/13 23:41	原牧纯品绿鸟牧鸡900g生鲜冷冻鸡肉整只红烧煲汤（赠美味骨汤包）	for	交易成功
2023/2/13 23:41	原牧纯品草原鸡1000g 冷冻鸡肉草原农家散养土鸡绿色健康正品	for	交易成功

图4-47 客户订单数据

补充阅读

网络安全保障和数字经济治理水平持续提升

在全国人大的指导推动下，加快健全法律法规体系，强化网络安全机制、手段、能力建设，完善数字经济治理体系，提升网络风险防范能力，推动数字经济健康发展。一是法律和政策制度体系逐步健全。相继颁布实施《网络安全法》《电子商务法》《数据安全法》《个人信息保护法》，修改《反垄断法》，制定新就业形态劳动者权益保障政策。中央全面深化改革委员会第二十六次会议审议通过了《关于构建数据基础制度更好发挥数据要素作用的意见》，初步构建了数据基础制度体系的"四梁八柱"。二是网络安全防护能力持续增强。建立网络安全监测预警和信息通报工作机制，持续加强网络安全态势感知、监测预警和应急处置能力。完善关键信息基础设施安全保护、数据安全保护和网络安全审查等制度，健全国家网络安全标准体系，完善数据安全和个人信息保护认证体系，确保国家网络安全、数据和个人隐私安全。基本建成国家、省、企业三级联动的工业互联网安全技术监测服务体系。三是数字经济治理能力持续提升。建立数字经济部际联席会议等跨部门协调机制，强化部门间协同监管。提升税收征管、银行保险业监管、通关监管、国资监管、数字经济监测和知识产权保护、反垄断、反不正当竞争、网络交易监管等领域的信息化水平，推动"智慧监管"。有序推进金融科技创新监管工具试点、资本市场金融科技创新试点、网络市场监管与服务示范区等工作，探索新型监管机制。

来自：中国人大网

模块五

产品数据分析

【学习目标】

【知识目标】
（1）熟悉产品结构分析的概念和内容
（2）掌握产品SKU分析的方法

【能力目标】
（1）能够完成产品结构分析，确定产品定位
（2）能够完成产品SKU分析，确定产品销量

【素质目标】
（1）在进行产品数据分析过程中坚持正确的道德观
（2）具备法律意识，注意保护消费者个人隐私
（3）具有民族自豪感

【思维导图】

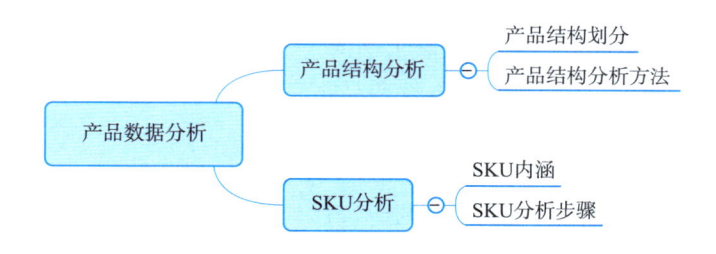

产品数据分析
- 产品结构分析
  - 产品结构划分
  - 产品结构分析方法
- SKU分析
  - SKU内涵
  - SKU分析步骤

任务一　产品结构分析

头脑风暴

选品一般为按照粉丝需求选品、选择热度高的产品、借助数据分析工具来选品、选择性价比高的商品等。借助一些直播数据分析工具选品尤为重要。店铺销售或者直播带货中，商品的分类有哪些呢？引流款、利润款、形象款等是什么商品呢？

知识储备

一、产品结构划分

产品结构指一个企业或一个店铺的产品中各类产品的比例关系，合理的产品结构必然定位明确、比例适当，各类产品相互关联并相互促进。它是店铺运营到一定阶段的产物，是店铺进入良性发展的基础。分析产品结构，可以帮助企业及时厘清经营思路、监控市场风向、合理安排库存、打造产品竞争优势、制定有针对性的推广策略，从而有效提升产品销量。

根据产品定位，可以将产品结构划分为形象款、利润款、活动款、人气款和引流款，不同定位的产品在产品结构中的作用和特点如表 5-1 所示。

表 5-1 产品结构划分表

产品定位	作用	特点
形象款	展示企业实力，树立品牌形象，提升消费者信心	价位通常处于店内最高层次水平； 辨识度高，由精心策划包装出独特卖点； 综合展现店内最高水平
利润款	丰富销售搭配，提升利润	利润空间大，主要以提升销售利润为主； 以人气和常规产品为准进行搭配销售
活动款	用于日常销售，提供丰富选择	店内主要陈列产品； 稳定投入一定的资源，与人气产品组合推广
人气款	获取更多自然流量，也称爆款产品	聚焦资源投入，提升单品的人气，用于在搜索中获得更多的展现机会，从而获取更多的自然流量；通常价低质高，目标人群定位精准，曝光率、点击率和销售量都极高
引流款	用于特定活动，吸引潜在新顾客，也称活动产品	拉低新顾客的初次购买门槛； 为特定活动准备限时限量限价的产品

产品结构比例侧面上反映了产品的销售比例。通常情况下，形象产品占 10%，利润产品占 20%，常规产品占 50%，人气产品占 15%，体验产品占 5%，如图 5-1 所示。产品结构及其比例也不是固定不变的，需要在运营过程中根据第三方市场变化、季节变化，或是引进新产品、现阶段的运营目标难以实现时不断调整定位。

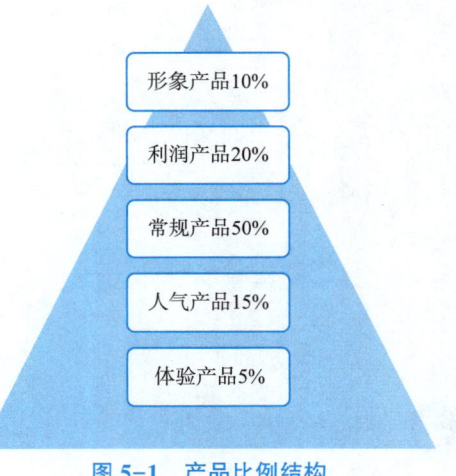

图 5-1 产品比例结构

二、产品结构分析步骤

对产品结构进行分析，通常从两个角度切入：一种是将所有目标产品按常规产品上线销售，一段时间后采集其运营数据，然后通过分析进行结构划分；另一种是产品结构已预先定位完成并已投入运营，一段时间后采集其运营数据，然后通过分析发现异常，调整优化。不论是选择哪种分析方法，产品结构分析都应基于真实的运营数据，根据不同定位产品的特点，确定合适的分析指标。例如，人气产品流量大、关注度高、对访客的吸引力高，要挑选人气产品或是对其进行效果检测，通常可以从浏览量、人均停留时长、跳出率、支付转化率和收藏量这五个指标进行综合考量。

某店铺以月为统计周期，对店内产品的浏览量、人均停留时长、跳出率、支付转化率和收藏量进行了采集，如图 5-2 所示。对相关指标进行分析，最终根据分析结果指导挑选一款最有潜质的产品作为人气产品进行主推，分析步骤如下。

商品名称	商品浏览量	平均停留时长	详情页跳出率	支付转化率	商品收藏人数
家用迷你蒸蛋器 小型早餐鸡蛋羹自动断电	17 747	273.30	23.51%	1.49%	1 164
婴儿料理机多功能家用搅拌小型迷你绞肉榨汁研磨器	12 188	226.19	20.40%	3.11%	587
迷你小风扇静音办公室宿舍床上便携式USB充电电扇	11 467	114.79	30.46%	2.70%	1 083
家用玻璃电热水壶烧水壶自动断电大容量	11 299	132.33	29.35%	2.51%	591
小型迷你宝宝婴儿辅食机升级双头两档可调	11 206	247.80	58.20%	1.44%	1 067
可爱迷你加湿器车载创意大雾量床头便携喷雾器	10 805	248.29	39.47%	1.61%	332
迷你静音加湿器卧室办公室小容量	8 879	146.62	25.33%	2.45%	475
烫衣服神器两档可调小型便携式手持电熨	6 143	54.97	47.37%	3.79%	165
小型迷你电饼铛家用双面加热煎饼机烙饼锅	4 797	70.93	58.29%	2.29%	442
多色不锈钢蒸煮电饭盒便携热饭神器	3 713	214.60	30.20%	3.24%	272
电风扇循环扇家用涡轮空气对流扇立体摇头	2 693	47.94	27.39%	2.65%	138
电炖锅宝宝煮粥熬粥迷你婴儿辅食机	2 617	184.71	47.62%	3.35%	213
除螨虫神器家用床上吸尘紫外线杀菌机	2 592	94.79	43.46%	1.21%	244
手持挂烫机家用小型电熨斗便携式	2 092	163.29	28.46%	1.55%	186
三层可插电蒸煮保温加热饭盒不锈钢电饭盒	1 751	237.48	42.23%	1.12%	149
养生壶全自动加厚玻璃多功能保温电热烧水壶	1 280	47.34	63.27%	1.80%	59

图 5-2 店铺产品的五个指标数据

步骤 1，人均停留时长筛选。

人均停留时长越长，说明页面对用户的吸引力越强，输出的有用信息越多，访客的转化概率也就越大。选取人均停留时长大于 60 秒的数据，选择"数据"标签页中的"筛选"命令将符合条件的商品筛选出来（图 5-3、图 5-4），结果如图 5-5 所示。

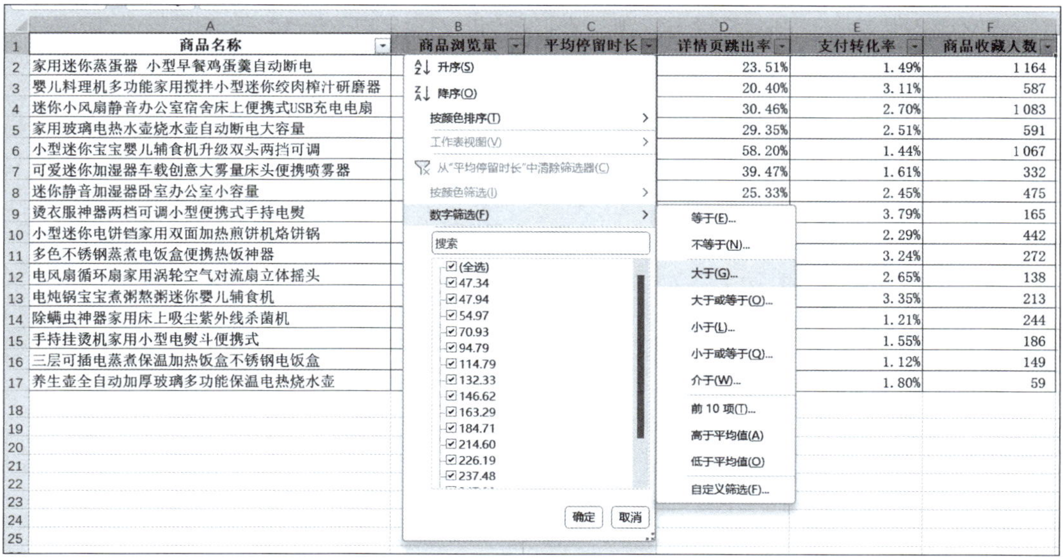

图 5-3 平均停留时长筛选

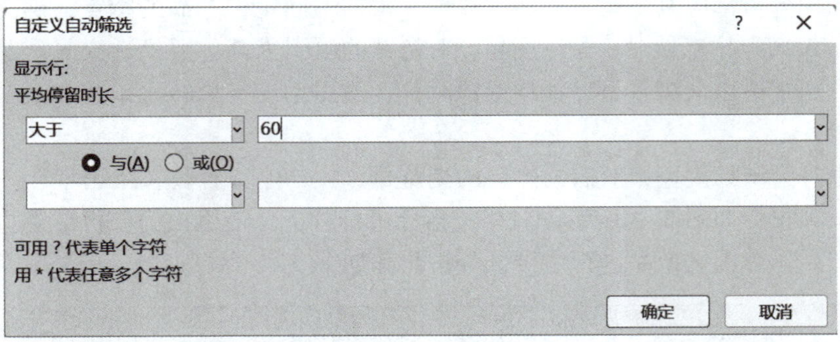

图 5-4　筛选条件

	A	B	C	D	E	F
1	商品名称	商品浏览量	平均停留时长	详情页跳出率	支付转化率	商品收藏人数
2	家用迷你蒸蛋器 小型早餐鸡蛋羹自动断电	17 747	273.30	23.51%	1.49%	1 164
3	婴儿料理机多功能家用搅拌小型迷你绞肉榨汁研磨器	12 188	226.19	20.40%	3.11%	587
4	迷你小风扇静音办公室宿舍床上便携式USB充电电扇	11 467	114.79	30.46%	2.70%	1 083
5	家用玻璃电热水壶烧水壶自动断电大容量	11 299	132.33	29.35%	2.51%	591
6	小型迷你宝宝婴儿辅食机升级双头两挡可调	11 206	247.80	58.20%	1.44%	1 067
7	可爱迷你加湿器车载创意大雾量床头便携喷雾器	10 805	248.29	39.47%	1.61%	332
8	迷你静音加湿器卧室办公室小容量	8 879	146.62	25.33%	2.45%	475
10	小型迷你电饼铛家用双面加热煎饼机烙饼锅	4 797	70.93	58.29%	2.29%	442
11	多色不锈钢蒸煮电饭盒便携热饭神器	3 713	214.60	30.20%	3.24%	272
13	电炖锅宝宝煮粥熬粥迷你婴儿辅食机	2 617	184.71	47.62%	3.35%	213
14	除螨虫神器家用床上吸尘紫外线杀菌机	2 592	94.79	43.46%	1.21%	244
15	手持挂烫机家用小型电熨斗便携式	2 092	163.29	28.46%	1.55%	186
16	三层可插电蒸煮保温加热饭盒不锈钢电饭盒	1 751	237.48	42.23%	1.12%	149

图 5-5　筛选结果

步骤 2，详情页跳出率筛选。

详情页跳出率越小越好。选取详情页跳出率小于 50% 的数据，利用"筛选"功能将符合条件的商品筛选出来（图 5-6、图 5-7），结果如图 5-8 所示。

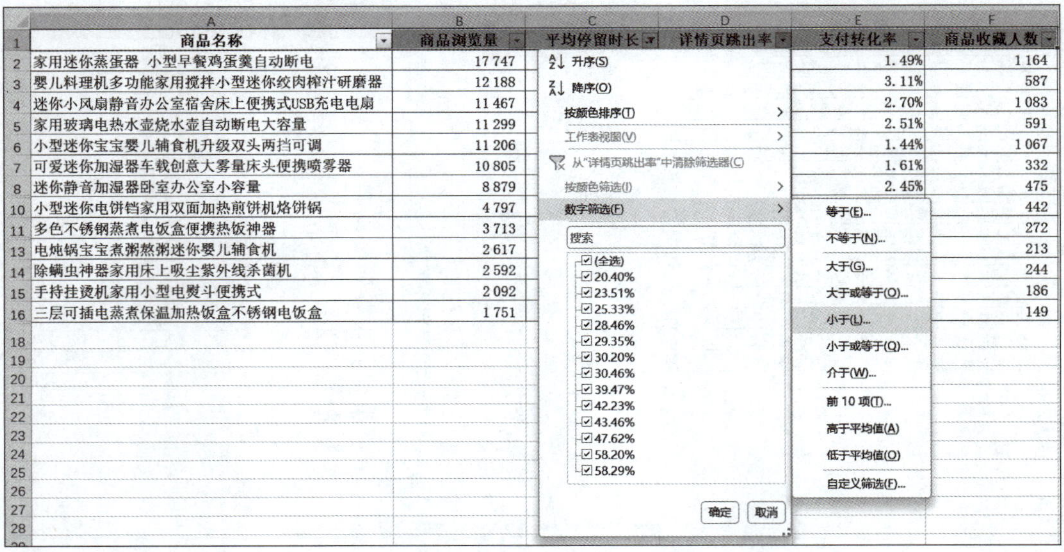

图 5-6　详情页跳出率筛选

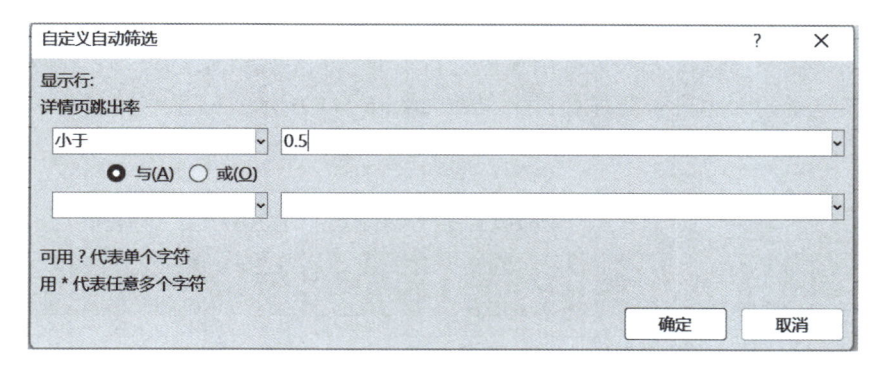

图 5-7　筛选条件

图 5-8　筛选结果

步骤 3，支付转化率筛选。

支付转化率越高越好。选取支付转化率大于 1.5% 的数据，将符合条件的商品筛选出来，结果如图 5-9 所示。

图 5-9　支付转化率筛选结果

步骤 4，收藏人数筛选。

收藏人数越多越好，根据全店平均水平选择数据范围，选取收藏人数大于平均水平的数据，将符合条件的商品筛选出来，结果如图 5-10 所示。

图 5-10　收藏人数筛选结果

步骤 5，浏览量排序。

对上述四个步骤筛选出来的数据用黄色进行填充，然后清除筛选以显示全部数据，再将所有商品按浏览量的大小进行降序排序，结果如图 5-11 所示。除了浏览量排名，还需要做综合判断。

商品名称	商品浏览量	平均停留时长	详情页跳出率	支付转化率	商品收藏人数
家用迷你蒸蛋器 小型早餐鸡蛋羹自动断电	17 747	273.30	23.51%	1.49%	1 164
婴儿料理机多功能家用搅拌小型迷你绞肉榨汁研磨器	12 188	226.19	20.40%	3.11%	587
迷你小风扇静音办公室宿舍床上便携式USB充电电扇	11 467	114.79	30.46%	2.70%	1 083
家用玻璃电热水壶烧水壶自动断电大容量	11 299	132.33	29.35%	2.51%	591
小型迷你宝宝婴儿辅食机升级双头两挡可调	11 206	247.80	58.20%	1.44%	1 067
可爱迷你加湿器车载创意大雾量床头便携喷雾器	10 805	248.29	39.47%	1.61%	332
迷你静音加湿器卧室办公室小容量	8 879	146.62	25.33%	2.45%	475
烫衣服神器两挡可调小型便携式手持电熨	6 143	54.97	47.37%	3.79%	165
小型迷你电饼铛家用双面加热煎饼机烙饼锅	4 797	70.93	58.29%	2.29%	442
多色不锈钢蒸煮电饭盒便携热饭神器	3 713	214.60	30.20%	3.24%	272
电风扇循环扇家用涡轮空气对流扇立体摇头	2 693	47.94	27.39%	2.65%	138
电炖锅宝宝煮粥熬熬迷你婴儿辅食机	2 617	184.71	47.62%	3.35%	213
除螨虫神器家用床上吸尘紫外线杀菌机	2 592	94.79	43.46%	1.21%	244
手持挂烫机家用小型电熨斗便携式	2 092	163.29	28.46%	1.55%	186
三层可插电蒸煮保温加热饭盒不锈钢电饭盒	1 751	237.48	42.23%	1.12%	149
养生壶全自动加厚玻璃多功能保温电热烧水壶	1 280	47.34	63.27%	1.80%	59

图 5-11　显示全部数据

步骤 6，确定人气产品。

通过图 5-11 分析可得，"婴儿料理机多功能家用搅拌小型迷你绞肉榨汁研磨器""迷你小风扇静音办公室宿舍床上便携式 USB 充电电扇"和"家用玻璃电热水壶烧水壶自动断电大容量"三款产品在浏览量、人均停留时长、跳出率、支付转化率和收藏量这五个维度上都表现得比较好，适合打造成人气产品。但由于产品"迷你小风扇静音办公室宿舍床上便携式 USB 充电电扇"有很强的季节性，因此需要再考虑时机。至此，仍有两款产品备选，商家可根据自身实际情况，选取其他指标进一步筛选，如产品的生命周期、毛利率等。

任务实践

一、任务要求

重复购买率简称复购率，是针对某时期内产生两次及两次以上购买行为的客户进行的比例统计。任何企业都希望能挽留更多的老客户，以保持企业竞争力和降低获客成本。某店铺主要经营以鸡肉、羊肉为主导的生鲜类产品，为了了解用户对产品的使用黏性和忠诚度，部门经理安排数据分析岗位的小周对 2023 年 7 月份的订单数据进行整理分析，统计出该周期内各产品的复购率，并计算出复购率最高的产品。

二、任务实施

步骤 1，整理数据如图 5-12 所示。

步骤 2，添加筛选项，然后单击"交易状态"，选取交易成功的订单，如图 5-13 所示。

步骤 3，插入数据透视表。在数据透视表字段中，以"商品名称"为行字段，"买家"为列字段，对"买家"进行计数处理，选中"总计"，单击鼠标右键，选择排序，进行降序处理，如图 5-14、图 5-15 所示。

图 5-12 原始数据

图 5-13 交易成功订单

图 5-14 降序排序

计数项：数量 行标签	列标签 jun	sun	mon	fri	09z	182	199	21	299	393	620	6蓝冰	789	800	888	90	955	97	abc	acb	aer	agn	aid	ais	ala	ale
原牧纯品绿鸟鸡翅根500g/袋 生鲜冷冻生鸡肉清真烧烤食材正品			3					1	1			1	1	1	1	1			1		1	2				
原牧纯品绿鸟童子鸡600g生鲜冷冻农家散养鸡整只（赠美味骨汤包）		1	2	1	1			1		1		1		1					1							
原牧纯品绿鸟鸡小胸500g 生鲜冷冻鸡胸肉烤肉食材鸡脯肉正品								1	1							1	1	1	1			2				
原牧纯品绿鸟冷冻鸡腿琵琶腿500g 清真鸡大腿烧烤炸鸡腿正品								1	1									1	2			1	1	1		
原牧纯品绿鸟牧鸡900g生鲜冷冻鸡肉整只红烧煲汤（赠美味骨汤包）	1	1					1	1		1													1		1	1
原牧纯品180羔羊肉串新鲜冷冻清真烧烤食材240g 10串/袋 孜然味			1			1						1		1								2				
原牧纯品绿鸟乌骨鸡700g 冷冻生鲜黑乌鸡炖汤滋补（赠美味汤包）	1	1			1			1						1	1			1								
原牧纯品绿鸟汤鸡800g 冷冻鸡肉农家散养鸡炖汤（赠美味骨汤包）	1	2																	1							
原牧纯品牛肉片220g/袋牛肉卷 肥牛卷 内蒙古涮牛肉火锅食材清真		1	2			1				1		1	1			1				1						
原牧纯品草原鸡1000g 冷冻鸡肉草原农家散养土鸡绿色健康正品															1											
原牧纯品绿鸟三香鸡700g 新鲜冷冻整鸡草原农家散养土鸡正品		1							1																	
原牧纯品羔羊肉片220g/袋 羊肉卷 原切内蒙古涮羊肉火锅食材清真		1				1														1						1
原牧纯品老母鸡1300g 冷冻散养土鸡走地老母鸡 清真烤鸡正品			2		1						1	1													1	
NULL																										
总计	3	8	10	1	3	3	1	6	4	3	1	5	2	4	3	3	1	3	6	2	1	7	2	1	2	2

图 5-15　排序结果

步骤 4，利用 COUNT 函数对总购买人数进行计算。在 AAR4 单元格输入总购买人数，在 AAR5 单元格输入公式“=COUNT(C5：AAP5)”，得出结果后，拖拽下拉依次得出每个商品的总购买人数，如图 5-16 所示。

AAR5　=COUNT(C5:AAP5)

	AAE	AAF	AAG	AAH	AAI	AAJ	AAK	AAL	AAM	AAN	AAO	AAP	AAQ	AAR
1														
2														
3														
4	终生美	朱晓雅	猪爱猪	猪猪样	壮糖宝	追气球	紫百合	紫加云	紫殇年	自由人	邹阿邹	最爱兰	总计	总购买人数
5	1	1						1					372	308
6			1	1									285	241
7		1		1								1	230	190
8						1							209	181
9					1		1		1				177	154
10		1		1							1		156	140
11		1			1								144	132
12									1				126	110
13								1		1			120	109
14				1									102	94
15		1											80	75
16		1											76	68
17													72	65
18													8	8
19	1	6	1	4	2	1	1	2	2	1	1	1	2157	

图 5-16　总购买人数

步骤 5，利用 COUNTIF 函数对各商品进行重复购买计算。在 AAS4 单元格输入总购买人数，在 AAS5 单元格输入公式“=COUNTIF(C5：AAP5,">=2")”，得出结果后，拖拽下拉依次得出每个商品的重复购买人数，如图 5-17 所示。

AAS5　=COUNTIF(C5:AAP5,">=2")

	AAE	AAF	AAG	AAH	AAI	AAJ	AAK	AAL	AAM	AAN	AAO	AAP	AAQ	AAR	AAS
1															
2															
3															
4	终生美	朱晓雅	猪爱猪	猪猪样	壮糖宝	追气球	紫百合	紫加云	紫殇年	自由人	邹阿邹	最爱兰	总计	总购买人数	重复购买人数
5	1	1						1					372	308	43
6			1	1									285	241	28
7		1		1								1	230	190	32
8						1							209	181	20
9					1		1		1				177	154	11
10		1		1							1		156	140	13
11		1			1								144	132	10
12									1				126	110	11
13								1		1			120	109	11
14				1									102	94	8
15		1											80	75	3
16		1											76	68	8
17													72	65	7
18													8	8	0
19	1	6	1	4	2	1	1	2	2	1	1	1	2157		

图 5-17　重复购买人数

步骤6，计算复购率。在AAT4单元格输入总购买人数，在AAT5单元格输入公式"=AAR5/AAS5"，得出结果后，拖拽下拉依次得出每个商品的复购率；选中所有的复购率，按鼠标右键设置单元格格式，选择百分比，保留两位小数，最终找出复购率最多的产品，结果如图5-18、图5-19所示。

图5-18 复购率结果

图5-19 复购率最多产品

三、任务思考

如果需要选取复购率大于2次的客户喜欢的商品，应该如何操作？

任务二　SKU分析

头脑风暴

产品分析需要通过对产品在流通运作中各项指标的统计与分析，来指导产品的结构调整、价格升降，决定产品的库存系数以及引进和淘汰，它直接影响到店铺的经营效益，关系到采购、物流和运营等多个部门的有效运作。通过产品SKU分析，可以判断消费者更倾向于哪个颜色、款式、价格等，以帮助企业快速定位产品、了解目标消费人群，有利于挖掘产品的潜力爆款，提升整个店铺的单品转化率。那么如何进行SKU分析呢？

知识储备

一、SKU内涵

SKU英文全称为Stock Keeping Unit，为保存库存控制的最小可用单位，这是将商品放到仓库后给商品编号、归类的一种方法。SKU即库存进出计量的基本单元，可以以件、盒、托盘等为单位。SKU有时译为存货单元/库存单元/库存单位/货物存储单位/存货保存单位/单品等，基于业务还有将SKU译为最小零售单位/最小销售单位/最小管理单位/库存盘点单位等。

对一种商品而言，当其品牌、型号、配置、等级、花色、包装容量、单位、生产日期、保质期、用途、价格、产地等属性与其他商品存在不同时，可称为一个单品。在连锁零售门店中有时称单品为一个SKU（最小存货单位，例如纺织品中一个SKU通常表示规格、颜色、款式）。当然，单品与传统意义上的"品种"的概念是不同的，用单品这一概念可以区分不同商品的不同属性，从而为商品采购、销售、物流管理、财务管理以及POS系统与MIS系统的开发提供极大的便利。例如：单听销售的可口可乐是一个单品SKU，而整扎销售的可口可乐又是一个单品，这两个单品的库存管理和销售是不一样的。而在传统意义上，听装的可口可乐是一个品种，不管其销售模式是什么样的。

不难看出，无论是国外还是国内的定义和解释中，SKU基本上包含三个概念：品项、编码、单位。

（1）品项。可以结合上面关于单品、SKU和品种的解释来理解。只要属性不同，就是不同的品项（SKU）。可以说，这是从SKU是一种产品的角度来分析的。属性有很多种，大家容易理解的是品牌、型号、配置、等级、花色、生产日期、保质期、用途、价格、产地等，因为它们可以直观地区分开来；但是包装容量、单位、存放地等就不那么容易区分了——一支放到一箱，一箱放到一个托盘也还是这个产品，同样的产品放到亚洲和美洲是一样的。而同样的产品，只要在人们对其进行保存、管理、销售、服务上有不同的方式，那么它（SKU）就不再是相同的了。

（2）编码。这个概念是基于信息系统和货物管理来说的，不同的品项（SKU）就有不同的编码。这样，才可以依照不同的SKU数据来分析库存、销售状况。当使用物流或者ERP系统的时候，会发现"SKU#：12356"这样的文本框。时间一久很多朋友都认为，SKU就是产品的编码了。但是这里的产品如"品项"所说，并非是一个泛泛的产品概念，而是很精确的产品概念。

（3）单位。单位是数字化管理方式的产物。但是这里的单位和平时的"单位"有什么区别呢？产品的包装单位的不同，SKU就不同。也就是说，精确到SKU的管理方式才能适应当下的物流竞争，其实信息系统的使用对它产生了很大的影响。没有精确的编码来区分相同产品的不同SKU，就很难进行单位化到SKU的管理方式。

SKU现已被引申为产品统一编号的简称。针对电商而言，SKU指商品的销售属性集合，每款产品均对应唯一的SKU，一款产品多色，则有多个SKU。SKU分析是基于单品进行的，分析内容通常包括SKU定价是否合理、商品属性是否符合用户偏好、SKU结构是否合理、营销是否有效、访客行为偏好分析和销售趋势分析等。SKU分析的维度众多，分析方法也并不唯一。通常情况下，以收藏转化率、加购转化率、支付转化率、支付金额为研究对象。

二、SKU分析步骤

步骤1：数据获取。

学员根据路径"生意参谋"——"品类"——"商品360"进入商品360搜索平台，在搜索框中输入产品标题,如图 5-20 所示;进入"SKU 销售详情"页面查看,修改统计时间,以 30 天为时间维度,选定"加购件数""支付金额""支付件数"以及"支付买家数"四个指标,如图 5-21 所示;并将数据下载下来,Excel 工具打开效果如图 5-22 所示。

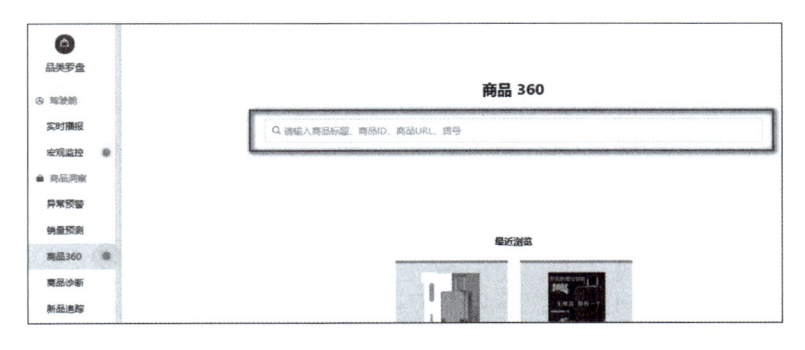

图 5-20　商品 360

图 5-21　SKU 销售详情

步骤 2,数据转化。

工作表中的数据格式不利于数据处理与分析,因此需要进行数据转化。

选中"加购件数""支付金额""支付件数"及"支付买家数"列的数据,单击左上角的错误提示按钮,选择"转换为数字"选项,将以文本形式存储的数字转化为数字格式,如图 5-23 所示。

在"支付金额"列前插入一列,然后选择"SKU 名称"列,单击"数据"选项卡中的"分列"工具,根据向导完成操作,其中第 1、3 步默认选项,第 2 步分隔符号选择"分号",如图 5-24 所示。修改 B、C 列的字段名,结果如图 5-25 所示。

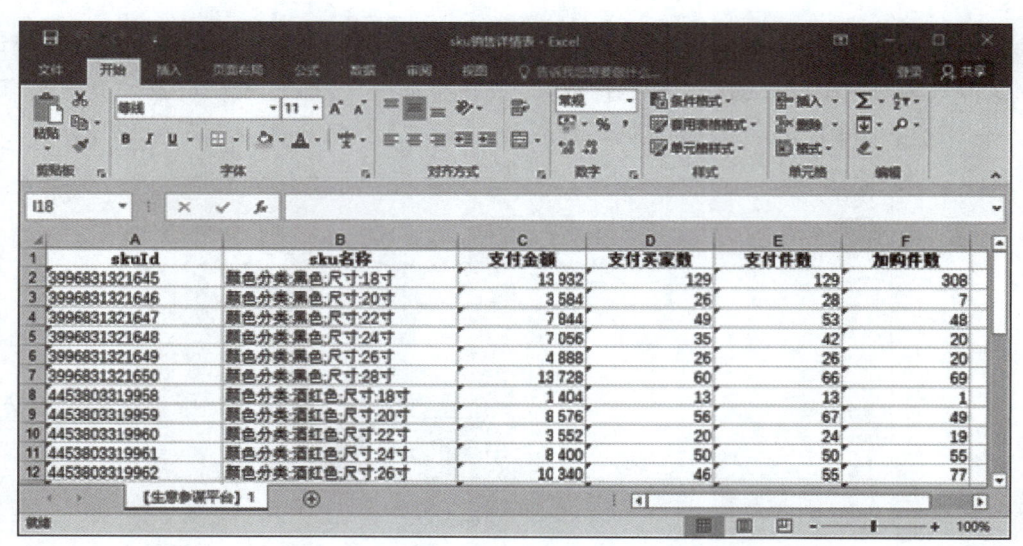

图 5-22　SKU 销售详情表

图 5-23　转换为数字

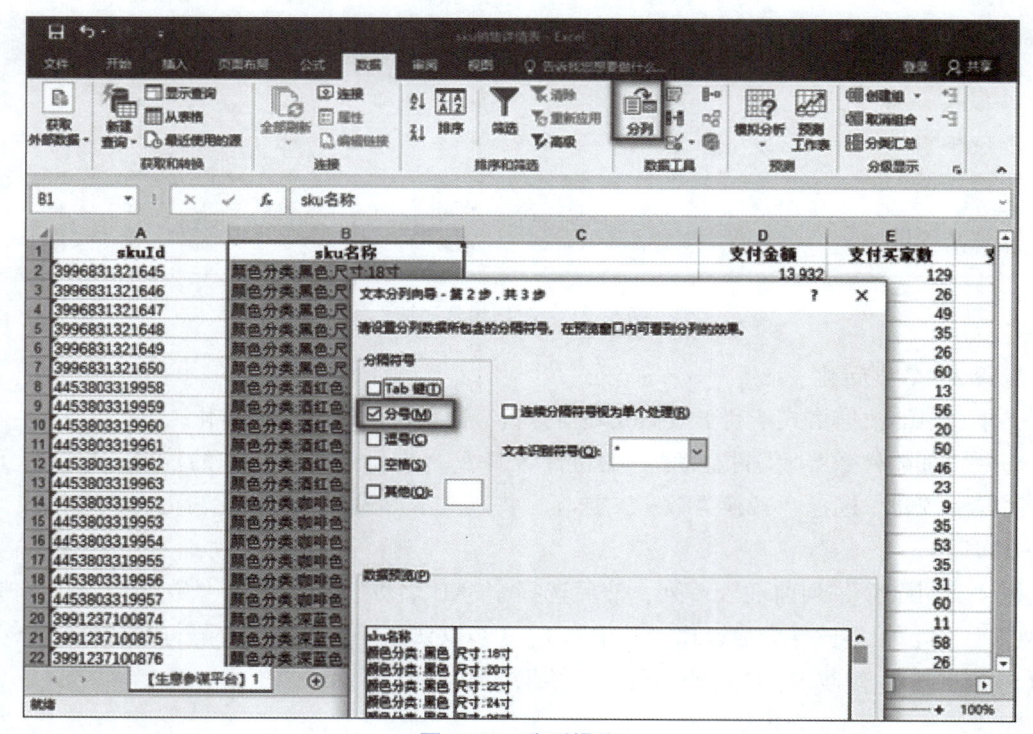

图 5-24　分列操作

图 5-25 字段名修改

步骤 3，创建数据透视图和数据透视表。

插入数据透视图和数据透视表，选择要分析的数据及放置数据透视表的位置，在数据透视图字段编辑区添加字段，结果如图 5-26 所示。然后针对数据透视图，单击"设计"选项卡下的"更改图标类型"工具，更改"求和项：支付金额"系列的图表类型为"折线图"，并使用次坐标轴，如图 5-27 所示；更改后的数据透视图如图 5-28 所示。

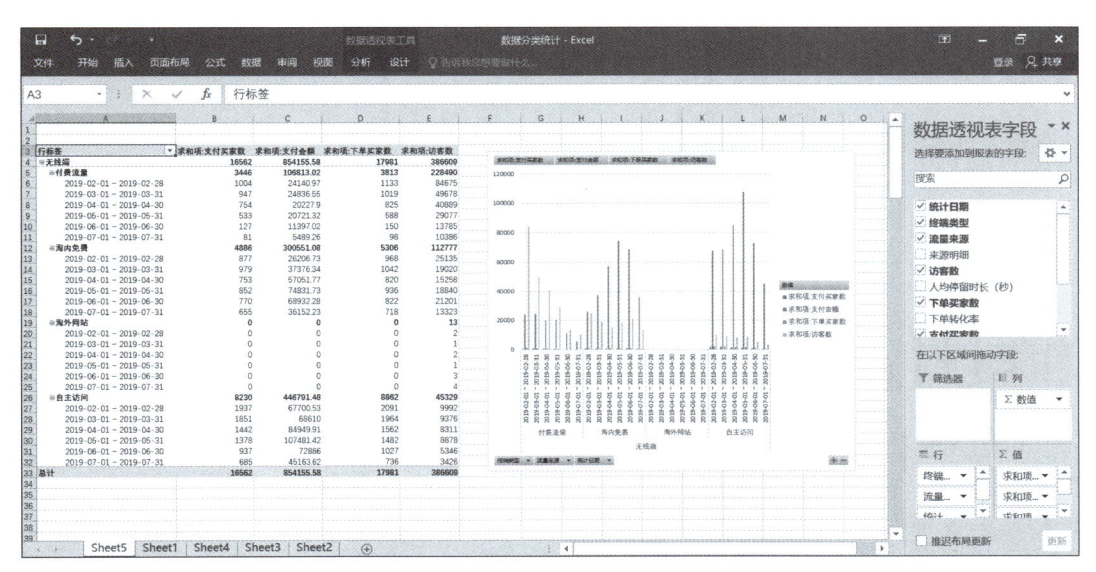

图 5-26 创建数据透视表

步骤 4，插入切片器。

单击"分析"选项卡下的"插入切片器"工具，在打开的对话框中勾选"颜色分类"和"尺寸"选项，创建两个切片器，如图 5-29 所示。

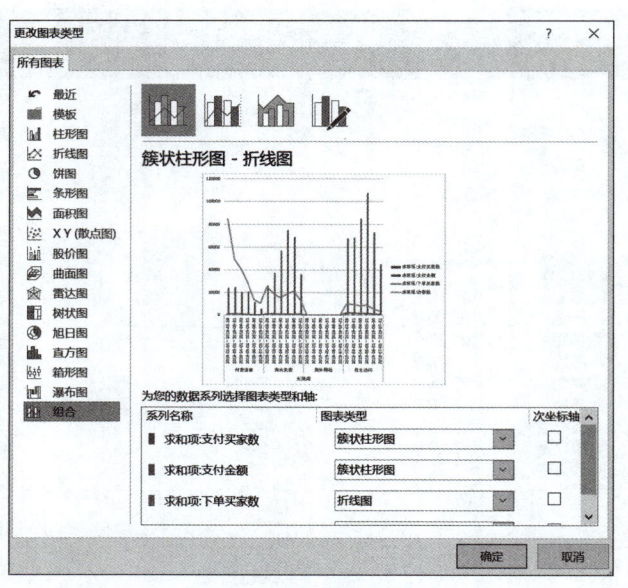

图 5-27 更改图表类型

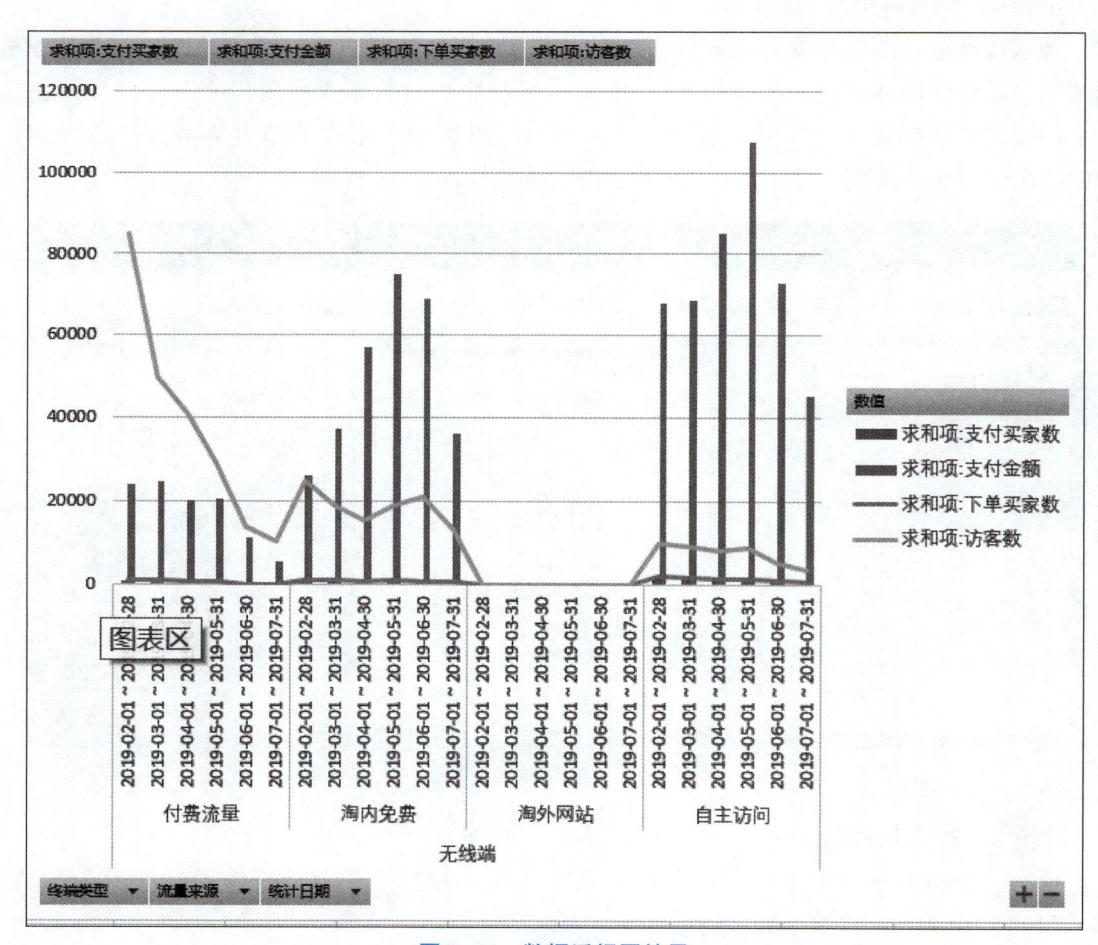

图 5-28 数据透视图结果

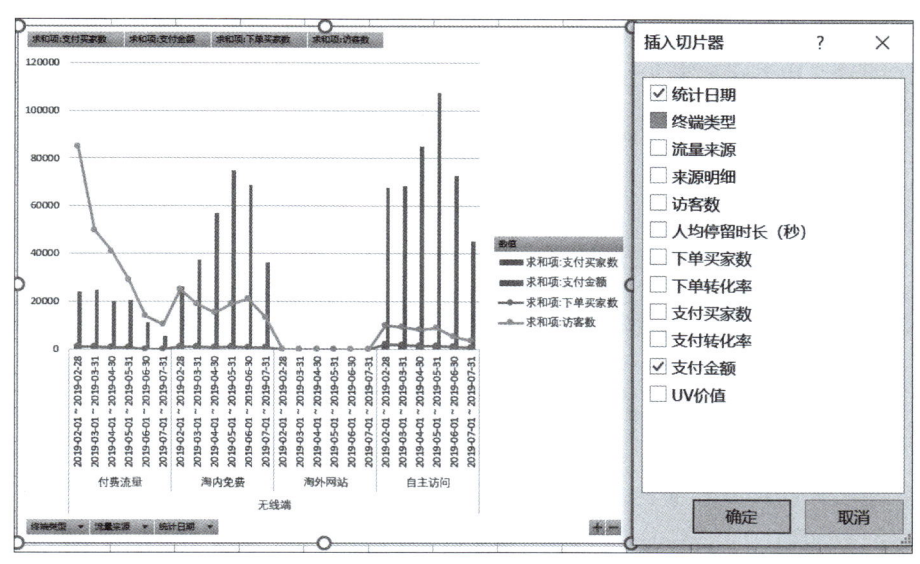

图 5-29　插入切片器

步骤 5，产品 SKU 分析。

单击切片器按钮，自动将该筛选器应用到数据透视表及数据透视图。如图 5-30 所示，在"颜色分类"切片器中单击"颜色分类：黑色"，即可筛选出黑色旅行箱不同尺寸的销售数据；如图 5-31 所示，在"尺寸"切片器中单击"尺寸：18 寸"，即可筛选出 18 寸旅行箱不同颜色的销售数据。

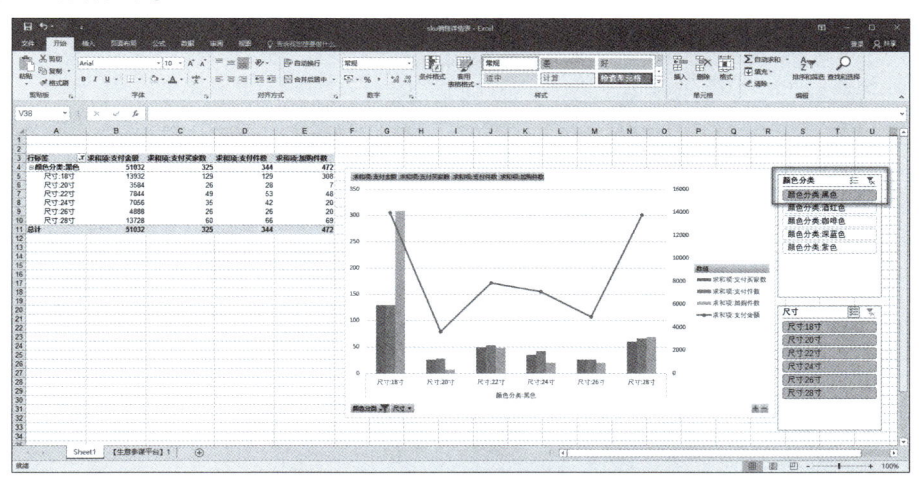

图 5-30　黑色旅行箱的销售数据

任务实践

一、任务要求

SKU 分析是基于单品进行的，可以理解为商品的属性，如果手机有多个颜色多个套餐，那么红色官方标配就是一个 SKU，白色套餐又是另一个 SKU。如果获取该产品的 SKU 销售详情相关数据，并利用 Excel 进行数据可视化处理，则可以分析出爆款 SKU。例如，某店铺上新一批电子产品，将其中一款大屏老人机作为本阶段的主打产品。运营一段时间后，以近 7 天的销售数据对该产品进行 SKU 分析，以进行进一步的运营计划调整。

二、任务实施

步骤 1，数据获取（图 5-31）。

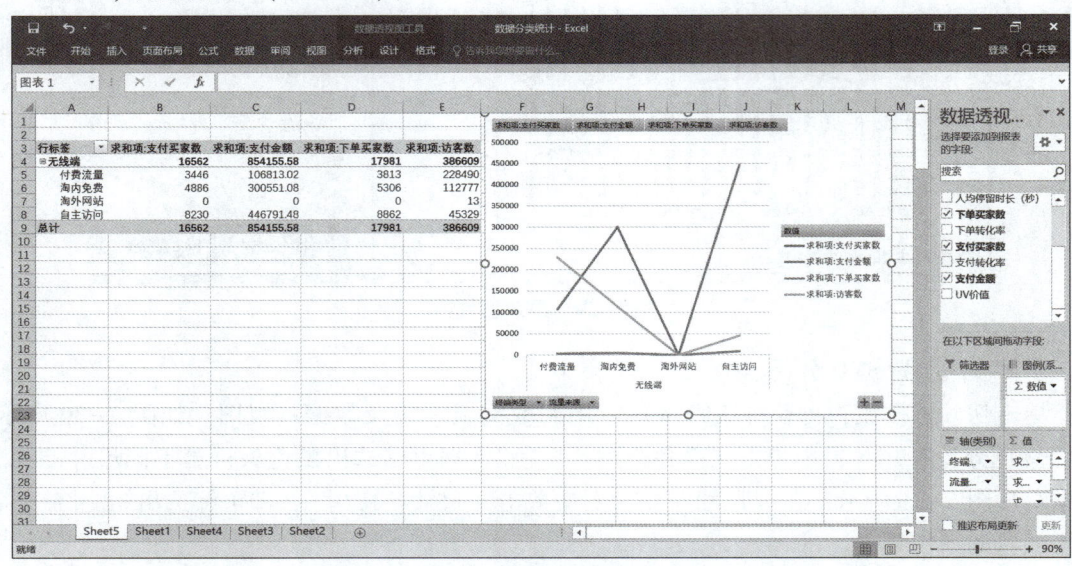

图 5-31　18 寸旅行箱的销售数据

获取图 5-31 所示的数据报表，使用 Excel 打开，如图 5-32 所示。

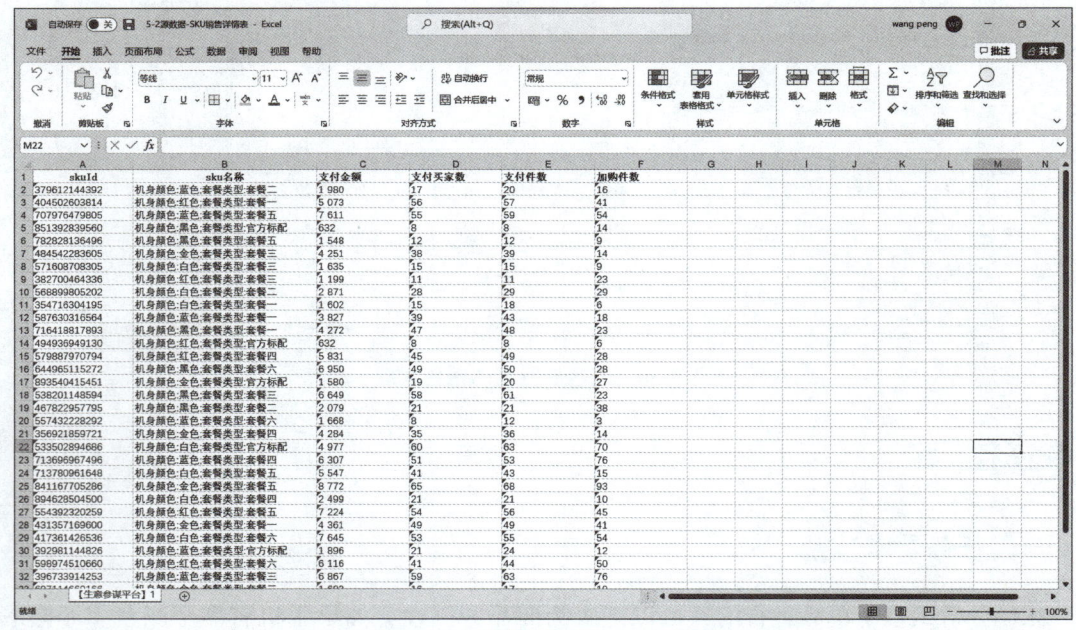

图 5-32　数据添加至 Excel 效果

步骤 2，数据清洗。

将"支付金额""支付买家数""支付件数"及"加购件数"列的数据转换为数字。选中 C2：F36，单击"错误提示"按钮，选取"转换为数字"选项，结果如图 5-33 所示。

图 5-33 数据清洗结果

步骤 3，数据排序。

以"支付件数"为主要关键字，"支付金额"为次要关键字，进行降序排序，如图 5-34 所示，得到爆款 SKU；计算出该产品排行前三的爆款 SKU 名称，如图 5-35 所示。排行前三的爆款 SKU 名称为金色套餐五、金色套餐六、蓝色套餐三。

图 5-34 降序排序

图 5-35 SKU 排名前三

步骤 4，分列。

对"SKU 名称"列进行分列，把机身颜色和套餐类型分成两列。在"SKU 名称"后面插入一列，选中"SKU 名称"一列，单击"数据"标签页中的"分列"按钮，弹出如图 5-36 所示的文本分列向导对话框；在第 2 步选择"分号"复选框，如图 5-37 所示；在第 3 步单击"完成"按钮，关闭向导对话框，如图 5-38 所示。分列完成后，分别更改两列的数据标签为"颜色"和"套餐"，结果如图 5-39 所示。

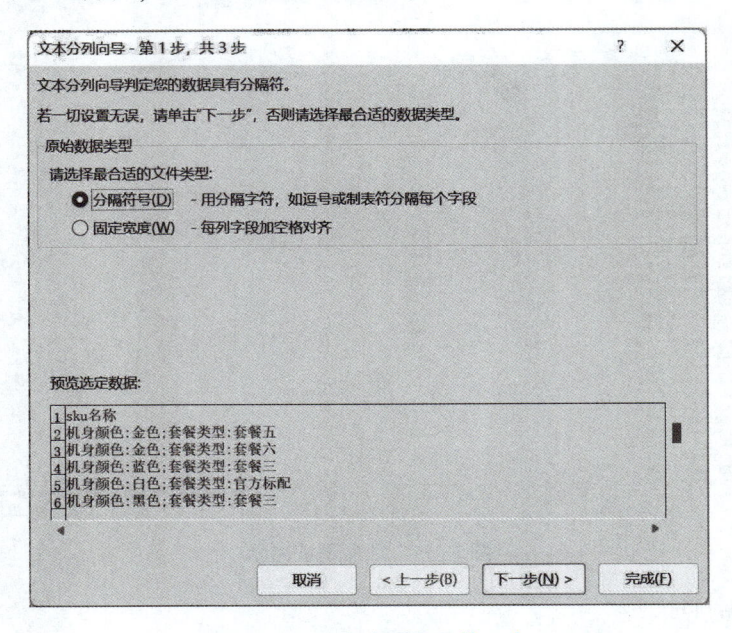

图 5-36　文本分列向导第 1 步

图 5-37　文本分列向导第 2 步

图 5-38　文本分列向导第 3 步

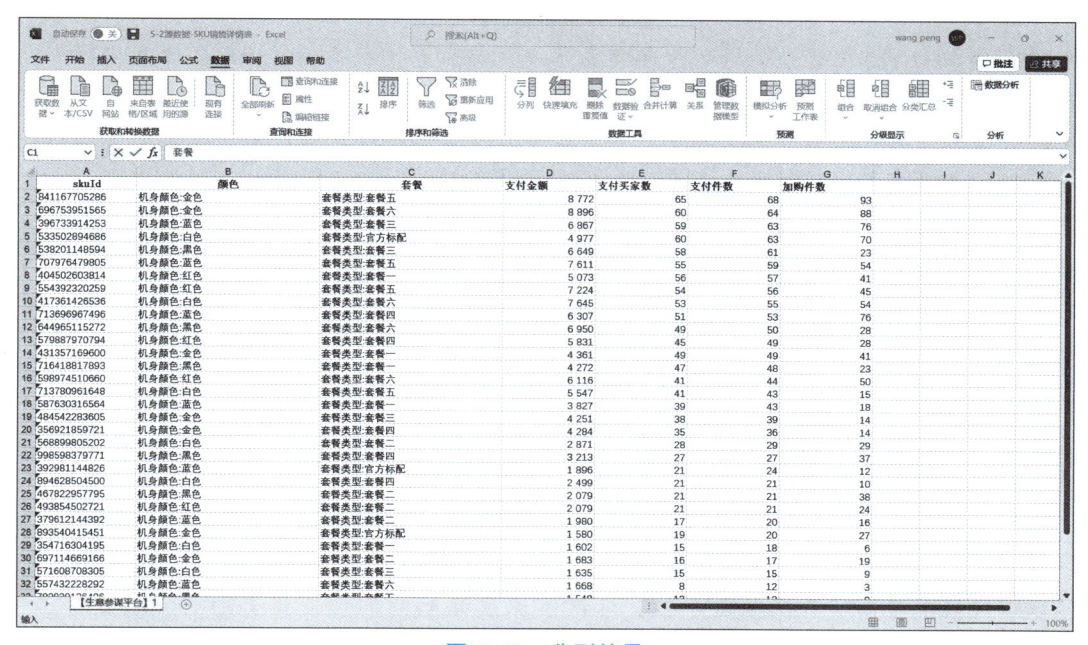

图 5-39　分列结果

步骤 5，创建数据透视表。

插入数据透视表，添加字段，设置"值汇总方式"为"求和"，"值显示方式"为"列汇总的百分比"，然后进行降序排列，结果如图 5-40 所示。从加购件数来看，用户偏爱的颜色是金色；从支付件数来看，用户选择最多的套餐是套餐五。

机身颜色	求和项:加购件数
机身颜色:金色	26.13%
机身颜色:蓝色	22.51%
机身颜色:红色	19.15%
机身颜色:白色	17.03%
机身颜色:黑色	15.18%
总计	100.00%

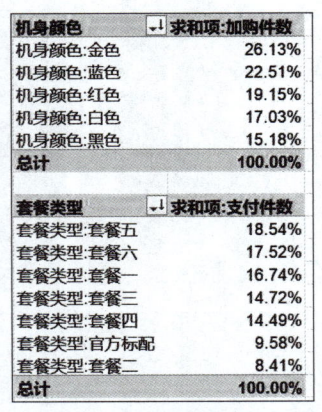

套餐类型	求和项:支付件数
套餐类型:套餐五	18.54%
套餐类型:套餐六	17.52%
套餐类型:套餐一	16.74%
套餐类型:套餐三	14.72%
套餐类型:套餐四	14.49%
套餐类型:官方标配	9.58%
套餐类型:套餐二	8.41%
总计	100.00%

图 5-40　加购件数和支付件数

三、任务思考

如何进行竞争对手的 SKU 销量分析呢？

素养拓展

反垄断局挂牌，数字经济反垄断监管将迎来新局面

2021 年 11 月 18 日上午，国家反垄断局正式挂牌成立，这是我国反垄断体制机制的一项重大改革和突破。

当前我国正在逐渐从传统经济向数字经济转型，以产业政策引导经济发展为主的模式已很难适应新经济需求。我国社会主义市场经济的发展高度重视民生和社会效益，党中央、国务院多次提出要强化反垄断、防止资本的无序扩张。近两年我国已经加强了对平台经济、公用事业、医疗健康等领域的反垄断执法力度，并已加快《反垄断法》的修订进程。当前《反垄断法（修正草案）》正在向社会公众征求意见，其对数字经济特别是平台经济发展带来的执法挑战作出了最新回应。

近年来，平台经济所带来的竞争隐忧逐步显现，国家市场监督管理总局对阿里巴巴、美团滥用市场支配地位行为案、斗鱼虎牙合并案的查处，也都体现了我国平台经济反垄断的决心。为应对数字经济，特别是平台经济领域"数据+算法"所引发的双轮垄断及不断强化的闭合型垄断生态，2021 年 2 月我国发布了《关于平台经济领域的反垄断指南》。该《指南》充分考虑到平台经济的特点，从多个方面为反垄断机构执法提供了规则指引。数字经济领域的反垄断案件极具复杂性，此次国家反垄断局的设立将有助于开展更加专业、更加公正的平台反垄断执法，促进我国数字产业依法规范健康持续发展，切实保护消费者合法权益。

随着市场经济的发展，公平竞争与反垄断执法工作的重要性越发凸显。党的十九届六中全会决议提出："强化市场监管和反垄断规制，防止资本无序扩张，维护市场秩序，激发各类市场主体特别是中小微企业活力，保护广大劳动者和消费者权益。"国家反垄断局的挂牌意味着中国的反垄断规制将得到进一步的强化，壮大后的执法力量为处理好各类复杂的垄断

案件奠定了坚实的基础，更能以此维护公平、自由竞争的市场经济秩序，促进创新驱动发展，保护消费者合法权益，让数字技术进步与经济全球化的成果真正惠及民生福祉。

巩固练习

一、单项选择题

1. 产品搜索指数是根据（　　）等因素综合计算得出的数值。
   A. 客单价　　　　　B. 搜索频次　　　　C. 交易数量　　　　D. 支付金额
2. 产品搜索指数是用户搜索相关产品关键词热度的数据化体现，从侧面反映了用户对产品的（　　）。
   A. 关注度和兴趣度　　　　　　　　B. 购买能力
   C. 购买频次　　　　　　　　　　　D. 忠诚度
3. 产品交易指数越高，代表（　　）越高。
   A. 支付人数　　　　B. 客单价　　　　　C. 支付件数　　　　D. 支付金额
4. 下列不能提升客单价的方式是（　　）。
   A. 更换物流公司　　　　　　　　　B. 提供附加服务
   C. 开展促销活动　　　　　　　　　D. 加强客服推荐
5. 作为电子商务经营活动的关键能力之一，（　　）的核心目标是如何付出最少的成本获取最多的客户。
   A. 产品交易能力　　　　　　　　　B. 产品盈利能力
   C. 产品竞争能力　　　　　　　　　D. 产品获客能力

二、多项选择题

1. 在产品运营过程中，产品搜索指数的作用有（　　）。
   A. 热点追踪　　　　B. 用户画像分析　　C. 趋势研究　　　　D. 竞品分析
2. 以下哪种情况属于指标异常？（　　）
   A. 流量下跌　　　　B. 零支付　　　　　C. 低库存　　　　　D. 低跳出率
3. 电商企业进行竞争数据分析的目的包括（　　）。
   A. 了解整个行业的竞争格局
   B. 把竞争对手进行分层，明确行业标杆和直接竞争对手
   C. 分析竞争对手的发展目标、拥有的资源、当前的战略，制定更有针对性的竞争战略
   D. 对整个行业的竞争激烈程度及未来走势进行分析和预判
4. 电商企业想要了解行业目标客户画像，可借助的分析工具包括（　　）。
   A. 店侦探　　　　　B. 百度指数　　　　C. 360趋势　　　　D. 生意参谋
5. 若要提升产品获客能力，下列方法可行的是（　　）。
   A. 通过升级个性化用户体验提升获客能力
   B. 优化并拓展营销渠道，确保产品接触到更多潜在用户
   C. 提升自身价值，打造产品亮点
   D. 通过打击竞争对手获得客户

三、案例分析

（1）选择任意一款数据采集工具，采集淘宝网"雪花梨"关键词下销量前三页的商品

销售价格。

  参考答案：可以采用店侦探进行采集，结果如图 5-41 所示。

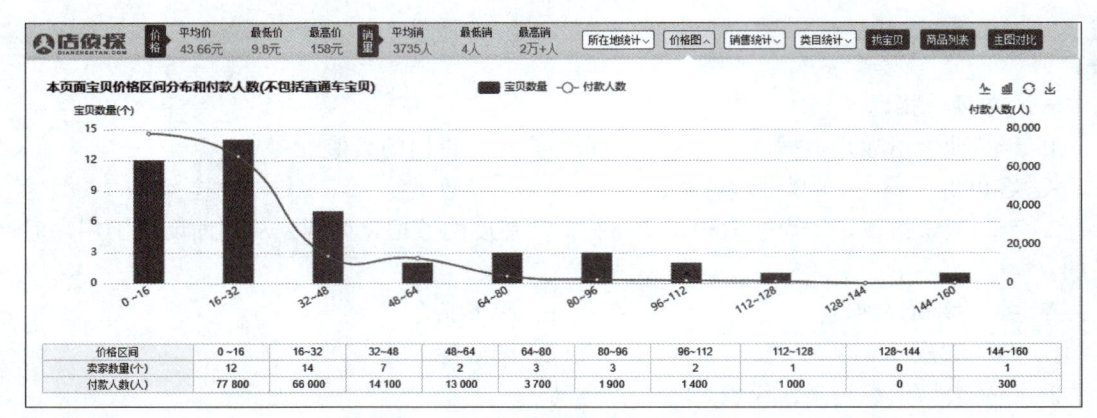

图 5-41　雪花梨销售价格采集结果

  (2) 赵某经营的网店主要销售各种水果，例如红富士苹果、赣南脐橙、新疆葡萄、菲律宾香蕉和泰国金枕榴莲等。今年他打算提升产品种类，选择了南美车厘子，但是该产品能够得到消费者认可吗？经济效益怎么样？赵某通过百度指数进行了查询，如图 5-42 所示。

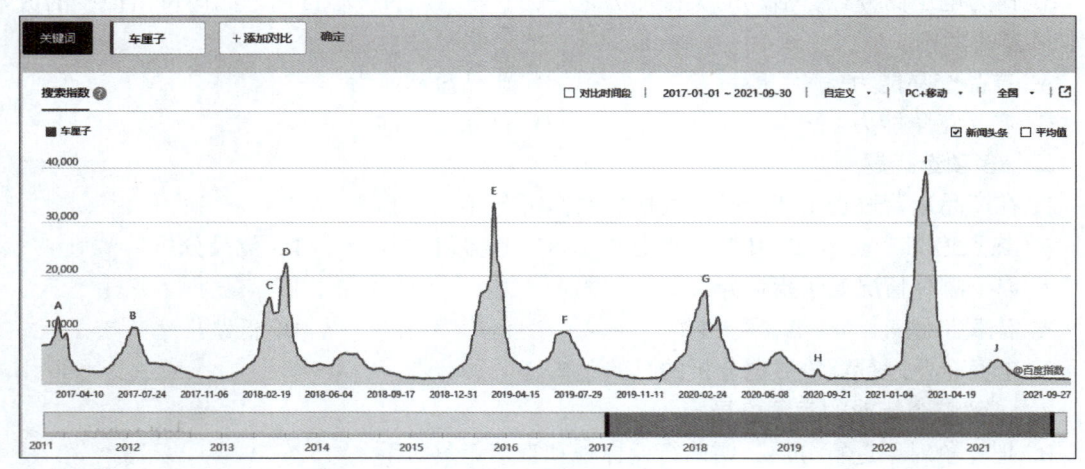

图 5-42　车厘子百度指数

  此外，赵某还查询到车厘子的受众人群分析，年龄以 20~29 岁、30~39 岁为主，如图 5-43 所示。

  随后赵某以淘宝平台为例，采集了车厘子的交易指数数据，衡量车厘子的受欢迎程度。结合案例，回答以下问题：

  (1) 通过百度指数采集的行业数据，可以反映出哪些问题？

  (2) 赵某目前采集的数据，是否足够，为了准确决策，还需要采集哪些产品数据？

  参考答案：

  (1) 通过百度指数采集的数据，反映出车厘子在每年的 12 月到次年的 5 月是销量的高峰，应该在此时间段进行销售；消费者年龄是中青年群体，应该把握中青年消费者的消费心理，抓住这部分客户就能多抢占市场份额。

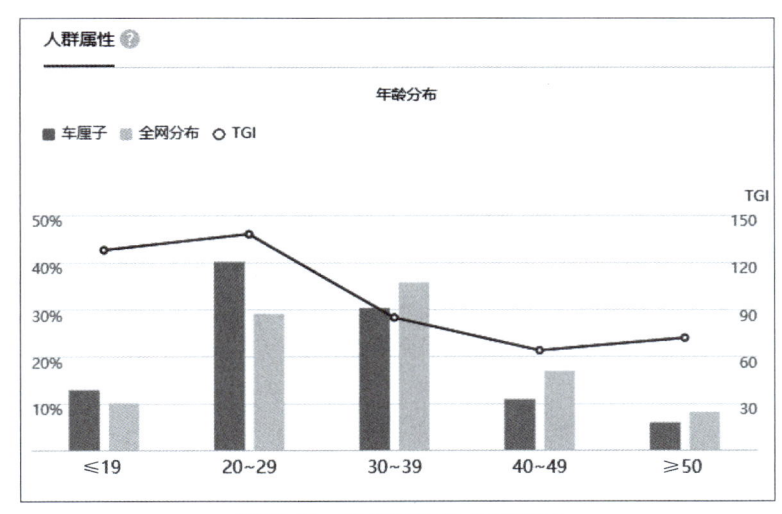

图 5-43　车厘子受众人群分析

（2）赵某根据目前的数据已经可以进行初步的判断，但是如果需要更精确的决策，还需要采集产品的获客能力数据、产品盈利能力数据，从而进行更加准确的决策。

补充阅读

网络直播账号超 1.5 亿个　带动就业机会超 1 亿个

2023 中国网络表演（直播与短视频）行业年会日前在京举行。会上发布的《中国网络表演（直播与短视频）行业发展报告（2022—2023）》（以下简称《报告》）披露行业最新数据：超 1.5 亿个网络直播账号、超 10 亿个内容创作者账号、近 2 000 亿元市场营收。

报告显示，当前，主播群体已逐渐呈现高学历化、年轻化、职业化趋势，短视频创作者向着年轻群体和中高龄群体两极发展。带动就业机会超 1 亿个，主要直播、短视频企业吸引求职者数量约 50 万人。2022 年，平台新增开播账号 1 032 万个。

2022 年以来，直播与短视频平台始终保持着高强度的业态创新与多元化模式的尝试探索，深度嵌入生活消费，融入"吃住行游购娱"；拉动以本地生活为主的"新型消费"；在本地招工、房产经纪等新领域帮助匹配行业供需关系；以短视频"种草"助力文旅推广、升级、拓新。

同时，直播与短视频行业不断创造新的经济、社会、文化价值，持续在数实融合、就业创业、乡村振兴、非遗焕新、国潮出海、公益普惠、价值引领等多领域释放动能，与各行各业共融共生。

数字技术深刻改变着文化产品的生产方式和传播格局，借助直播、短视频，不同的文化消费资源和要素得以流动、重组。

报告认为，2022 年以来，文娱行业借助直播与短视频开发具有创意性、体验性的文化产品，积极发展在线文娱、数字艺术、沉浸式体验等消费新业态，云演艺、云健身、泛知识等新型文化业态和文化消费模式快速发展。

存量竞争下，有平台不断迭代技术，为用户创造沉浸式的数字文化消费体验，也有部分平台海外逐鹿，寻求差异化增长空间。

　　一方面，虚拟技术服务"多点渗透"，虚拟主播成为现象级产物，在多个平台受到力捧。直播技术被应用于大型赛事、趣味互动、综艺竞演等场景，为用户提供"身临其境"的体验。

　　另一方面，海外市场成为直播与短视频领域的差异化竞争核心。从市场选择来看，拉美、东南亚、中东等新兴市场炙手可热，涵盖直播、短视频的海外社交产品，正成为文化交流传播的新阵地，中国文化和创作加速融入世界舞台。

　　据悉，年会由文化和旅游部指导，中国演出行业协会主办，网络表演（直播）分会承办。会上还发布了《直播与短视频行业未成年网络保护白皮书（2023）》。

来自：工人日报

模块六

数据分析可视化

【学习目标】

【知识目标】
（1）了解数据报表的制作过程
（2）熟悉数据图表的类型以及不同图表适用场景
（3）熟悉数据分析报告的制作过程

【能力目标】
（1）能够结合数据进行数据报表制作
（2）能够完成数据图表的美化
（3）能够制作可视化数据分析报告

【素质目标】
（1）具备较好的数据安全意识和较强的数据判断能力
（2）具备严谨的数据分析态度和良好的职业道德
（3）具备较强的系统化思维和文字表达能力

【思维导图】

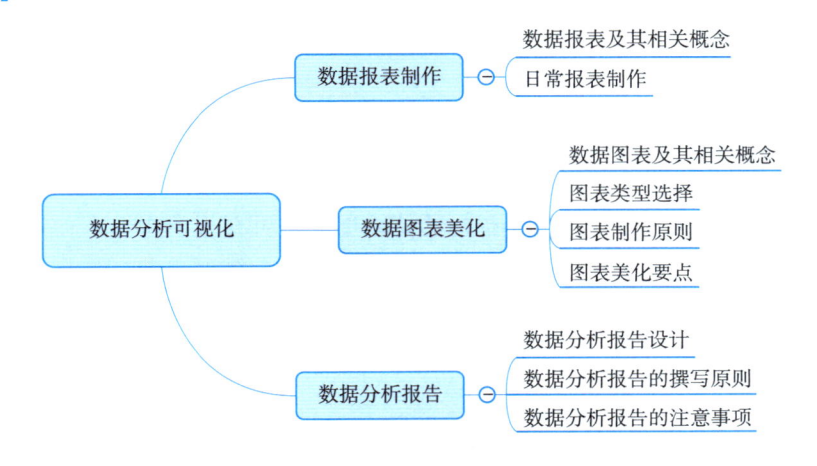

```
                              ┌─ 数据报表及其相关概念
              ┌─ 数据报表制作 ─┤
              │               └─ 日常报表制作
              │
              │               ┌─ 数据图表及其相关概念
              │               ├─ 图表类型选择
数据分析可视化 ─┼─ 数据图表美化 ─┤
              │               ├─ 图表制作原则
              │               └─ 图表美化要点
              │
              │               ┌─ 数据分析报告设计
              └─ 数据分析报告 ─┼─ 数据分析报告的撰写原则
                              └─ 数据分析报告的注意事项
```

任务一　数据报表制作

头脑风暴

对企业各个方面的数据分析已经成为大数据时代企业经营管理活动不可缺少的一项工作

内容。对数据进行分析，能够为企业的经营活动起到一定的指导作用，从而进行数据统计分析的报表就应运而生。设计数据报表，是为了对数据进行可视化呈现，让其他人更直观地理解数据含义。数据报表的作用在于用数字形式呈现，数字呈现的作用在于展示现状，明确与目标的差距，进而用于后续改善方案及行动计划，亦或调整目标。那么，如何制作数据报表呢？

知识储备

一、数据报表及其相关概念

数据报表是用表格的形式呈现电商企业运营过程中特定时间段的各项数据，作为一种信息组织和分析的有利手段，报表一方面有利于了解经营动态，进行整体评估；另一方面可以统计数据，便于随时查找，也能够为经营策略的调整提供系统的参考信息。

为了使数据报表的功用最大化，在制作报表的过程中，需要保证报表框架的合理性，统计数据的准确性、及时性，具体过程如下。首先，需要明确数据汇报需求，数据报表的制作需要围绕电子商务日常数据汇报需求展开，明确需要达成的分析目标，如网店运营分析、销售分析、用户分析、竞品分析等，据此形成日、周、月报表。第二，需要构思报表大纲，针对确定的分析目标，构思报表的大纲，即从哪些维度来构建数据分析逻辑。第三，需要选择报表数据指标，确定了报表的维度后，选择其中的重要数据指标。此外，还需要结合报表的目标用户选择数据指标，目标用户的职务决定了其关注数据指标的差异，如一线运营人员更关注有利于开展工作的具体而细致的指标；决策层领导相比较而言更关注结论性指标。最后，搭建报表框架，根据报表的分析目标和选定的指标，确定相适应的展现形式，在 Excel 中完成报表框架的搭建。

二、日常报表制作

（一）日报表框架搭建

日报表是对电商企业每日各类数据指标的持续追踪，可在报表中综合体现各个维度的关键指标，如流量、销售、转化等；也可结合汇报需求就某个维度单独搭建日报表框架，如广告投入日报表、营销活动日报表等。

日报表建议采用列表式，各类数据指标按照表头顺序平铺式展示，便于查看，搭建的框架示例如图 6-1 所示。

图 6-1　店铺数据日报表

（二）周报表框架搭建

周报表相对于日报表而言，需要体现一周的统计数据，并与上周数据进行比较，计算环比增长率，对其中的异常数据进行分析，可将分析结果简单呈现在报表中，搭建的框架示例如图 6-2 所示。

	A	B	C	D	E	F	G	H	I
1	店铺数据周报表								
2	日期	访客数	浏览量	跳失率	支付买家	支付金额	转化率	客单价	退款金额
3	第28周（2023/7/1-2023/7/9）								
4	第29周（2023/7/10-2023/7/16）								
5	环比								
6	第30周（2023/7/17-2023/7/23）								
7	环比								
8	第31周（2023/7/24-2023/7/30）								
9	环比								
10	第32周（2023/7/31-2023/8/6）								
11	环比								
12	第33周（2023/8/7-2023/8/13）								
13	环比								

图 6-2　店铺数据周报表

（三）月报表框架搭建

月报表需要展现月度运营的重要信息，包括销售、流量、转化、推广等方面。月报一般提交给管理层人员，其更为关注结果性指标，这里以结果性指标为例搭建月报表框架，如图 6-3 所示。

	A	B	C	D	E	F	G	H
1	店铺数据月报表							
2	日期	访客数	浏览量	跳失率	转化率	客单价	销售额	毛利率
3	2023年6月							
4	2023年7月							
5	环比							
6	分析总结							
7	访客数							
8	浏览量							
9	跳失率							
10	转化率							
11	客单价							
12	销售额							
13	毛利率							
14	其他							

图 6-3　店铺数据月报表

（四）市场分析报表

市场分析需要结合行业发展数据、市场需求数据、目标客户数据、竞争对手销售及活动数据展开，各类数据采集的方法已在模块二中进行了详细的讲解，这里需要结合分析需求选中数据指标并搭建框架，如图 6-4 所示。

店铺市场数据表									
行业数据	时间	行业总销售额	行业平均利润	行业增长率	行业访客数	行业搜索点击率	行业加购人数	行业卖家数	行业客单价
	2023年6月								
	2023年7月								
	2023年8月								
竞争对手A	时间	销售额	客单价	热销商品数	毛利率	行业分析			
	2023年6月								
	2023年7月								
	2023年8月								
竞争对手B	时间	销售额	客单价	热销商品数	毛利率	竞争对手分析			
	2023年6月								
	2023年7月								
	2023年8月								

图 6-4 店铺市场数据表

（五）运营分析报表

运营报表需要综合呈现客户行为数据、推广数据、交易数据、服务数据、采购数据、物流数据、仓储数据，与日、周、月报表类似，在制作报表时需要结合分析目标灵活选择数据指标，如图 6-5 所示。

店铺流量数据表

统计日期	终端类型	流量来源	来源明细	访客数	人均停留时长（秒）	下单买家数	下单转化率	支付买家数	支付转化率	支付金额	UV价值
2023-02-01 - 2023-02-28	无线端	付费流量	直通车								
2023-02-01 - 2023-02-28	无线端	付费流量	智钻								
2023-02-01 - 2023-02-28	无线端	淘内免费	手淘搜索								
2023-02-01 - 2023-02-28	无线端	自主访问	购物车								
2023-02-01 - 2023-02-28	无线端	自主访问	我的淘宝								
2023-02-01 - 2023-02-28	无线端	淘内免费	手淘淘金币								
2023-02-01 - 2023-02-28	无线端	淘内免费	淘内免费其他								
2023-02-01 - 2023-02-28	无线端	淘内免费	手淘其他店铺商品详情								
2023-02-01 - 2023-02-28	无线端	淘内免费	手淘首页								
2023-02-01 - 2023-02-28	无线端	付费流量	淘宝客								
2023-02-01 - 2023-02-28	无线端	淘内免费	手淘旺信								
2023-02-01 - 2023-02-28	无线端	淘内免费	手淘消息中心								
2023-02-01 - 2023-02-28	无线端	淘内免费	手淘拍立淘								
2023-02-01 - 2023-02-28	无线端	淘内免费	手淘找相似								
2023-02-01 - 2023-02-28	无线端	淘内免费	手淘其他店铺								
2023-02-01 - 2023-02-28	无线端	淘内免费	手淘我的评价								
2023-02-01 - 2023-02-28	无线端	淘内免费	手淘微淘								
2023-02-01 - 2023-02-28	无线端	淘内免费	手淘问大家								
2023-02-01 - 2023-02-28	无线端	淘内免费	支付宝小程序-每日必抢								
2023-02-01 - 2023-02-28	无线端	淘内免费	WAP淘宝								
2023-02-01 - 2023-02-28	无线端	淘内免费	阿里体育-红包赛								
2023-02-01 - 2023-02-28	无线端	淘内免费	手淘社区								
2023-02-01 - 2023-02-28	无线端	自主访问	直接访问								
2023-02-01 - 2023-02-28	无线端	淘内免费	手淘淘宝头条								
2023-02-01 - 2023-02-28	无线端	淘内免费	手淘扫一扫								
2023-02-01 - 2023-02-28	无线端	淘外网站	淘外网站其他								
2023-02-01 - 2023-02-28	无线端	付费流量	聚划算								

图 6-5 店铺流量数据表

（六）产品分析报表

产品报表的制作围绕相关产品行业数据、产品盈利能力数据展开，框架搭建示例如图 6-6 所示。

	A	B	C	D	E	F	G	H	I	J
1					店铺产品数据表					
2	品类	时间	访客数	详情页跳出率	销售数量	销售金额	退货率	客单价	支付买家数	毛利率
3	连衣裙	2023年6月								
4		2023年7月								
5		2023年8月								
6	T恤	2023年6月								
7		2023年7月								
8		2023年8月								
9	牛仔裤	2023年6月								
10		2023年7月								
11		2023年8月								

图 6-6　店铺产品数据表

任务实践

一、任务要求

电子商务企业在日常运营过程中，需要及时统计相关运营数据，形成日、周、月报表，既有利于了解经营状况，又可为日常的经营分析提供参考数据。某店铺需要重点围绕日常运营数据展开，记录店铺每日数据变化，并汇总数据，进一步形成周报表和月报表。

制作数据报表前需要明确需求，确认报表的大纲，即在报表中需要呈现哪些数据维度，并根据确定的维度选择其中重要的数据指标呈现在报表框架中。因电商运营每日会产生大量数据，全部呈现在报表中不仅工作量巨大，而且会使报表数据庞杂、重点模糊，很难应用在具体工作中，因此需要有目的地呈现重要数据。完成数据指标的选择及报表框架的搭建后，运营人员将每日采集的数据导入，即可完成日常运营数据报表的制作。

二、任务实施

步骤1，构思数据报表大纲并选择数据指标。

为提升整体运营水平，报表中呈现的数据不仅应围绕访客数、浏览量、跳失率、支付转化率等推广数据和客单价、销售量、销售额、投资回报率等销售数据，还应包括客户复购率、客户留存率等客户数据和库存数量、库存金额、订单满足率等供应链数据。企业在运营过程中产生的运营数据包括客户数据、推广数据、销售数据、供应链数据等维度，在制作报表时要围绕这些维度，从中选取重要的数据指标，表 6-1 所示。

表 6-1　运营数据指标

一级指标	客户数据	推广数据	销售数据	供应链数据
具体指标	客户复购率	访客数	客单价	库存数量
	客户留存率	浏览量	销售量	库存金额
		跳失率	销售额	订单满足率
		支付转化率	投资回报率	平均送货时间
			退货金额	

步骤 2，搭建数据报表框架。

确定报表中呈现的数据指标后，还需要搭建报表框架。日报表一般采用列表式，各类数据指标按照表头顺序平铺式展示，便于查看。建立"店铺运营日报表"，随后按照数据维度分别输入选定的数据指标名称及日期，搭建的报表框架如图 6-7 所示。

图 6-7　店铺运营日报表

步骤 3，数据采集与处理。

要统计店铺自身产生的数据，需要进入店铺所在平台的卖家后台，采集实时数据。该店铺在淘宝网开设了店铺，需要进入淘宝后台采集相应数据。将采集的运营日报表数据依次填入报表中，如图 6-8 所示。

图 6-8　采集数据

步骤 4，完善美化后报表。

为了使日报表的功用最大化，还需要进一步完善报表信息并对报表进行美化。首先，需要添加报表的使用说明，补充报表的时间维度和数据来源，如图 6-9 所示。

图 6-9　完善美化后报表

三、任务思考

日报表完成以后，如果还需制作周报表和月报表，需要注意哪些事项？

任务二　数据图表美化

头脑风暴

一般情况下，数据是通过图表的方式来呈现的，因为它能更加有效、直观地传递出分析师所要表达的观点。数据图表可以方便地查看数据的差异和预测趋势，使数据比较或数据变化趋势变得一目了然，有助于快速、有效地表达数据关系。那么如何进行数据图表美化呢？

知识储备

一、数据图表及其相关概念

数据图表是直观展示统计数据的图形结构，由表头和数据区两部分组成。在数据报告中使用图表可以化冗长为简洁、化抽象为具体，使得想要传达的重要信息清晰明了、通俗易懂。图表类型多样，各有不同的适用场景。

（一）图表选择原则

同样的数据，基于不同的立场和价值判断，不同的运营人员所发现的信息、得出的观点各有差异，所选用的图表类型也是不同的。为了使所选用的图表能清晰地表现数据、传递信息，需要结合以下几个原则进行操作。

（1）客观性原则，梳理并分析已统计的电子商务数据。图表的绘制依赖于数据，但仅有数据是不够的，还需要理解并分析数据，从数据中提炼出关键信息，保持数据的客观性和真实性，不可造假或人为干预。

（2）准确性原则，明确想表达的数据关系。即结合数据中提炼出的关键信息，明确图表突出展示的数据关系，如销售额比较、经营收入结构、目标客户地域分布等。

（3）一致性原则，根据想表达的数据关系选择相应的图表类型。每种图表都有相适应的数据维度及场景，如想要分析目标客户地域分布，就可以选用能展示数据分布关系的热力图。并且，同样的场景和数据关系使用同样的图表类型，保持一致性。

（二）明确数据关系

在进行图表选择前，首先需要明确数据的各种关系，通常包括构成、比较、分布、趋势和联系。

（1）构成：了解占比构成，展现不同类别数据相对于总体的占比情况。如果想表达的数据信息包括"份额""百分比"等，可以用饼状图、堆积柱形图、漏斗图等。

（2）比较：可以展示不同项目、类别间数据的比较，分成不同的场景，如：与计划目标的比较；进度完成情况；项目与项目比较；地域间数据比较。比较关系可选用柱形图、条形图等。

（3）分布：展示各数值范围内分别包含了多少项目，典型的信息包含"集中""频率""分布"等，这种情况下可以选用散点图、气泡图等；此外，还可以根据地理位置数据，通过热力图展示不同分布特征。

（4）趋势：较为常见的一种时间序列关系，展示数据如何随着时间变化而变化，每周、每月、每年的变化趋势是增长、减少、上下波动或基本不变，使用折线图可以更好地表现各项指标随时间变化的趋势。

（5）联系：主要查看两个变量之间是否表达出所要证明的模式关系，用于表达"与……有关""随……而增长""随……而不同"变量间的关系，可以选用散点图、气泡图、雷达图等。

二、图表类型选择

常用的数据图表包括柱形图、条形图、折线图、饼状图、散点图、气泡图、雷达图等。还可对数据图表进一步加工整理变成我们需要的图形，如金字塔图、矩阵图、漏斗图等。

（一）柱形图

柱形图是由一系列高度不等的长方形柱子表示数据差异、时间趋势的统计报告图，如图6-10所示。

适用场景：柱形图适用于展示二维数据集，但只有一个维度需要比较。文本维度/时间维度通常作为 X 轴，数值型维度作为 Y 轴。用于显示特定时间内的数据变化或显示各分类项目之间的比较情况，也可以用来反映时间趋势。

优势：柱形图利用柱子的高度，可直观反映数据的差异。

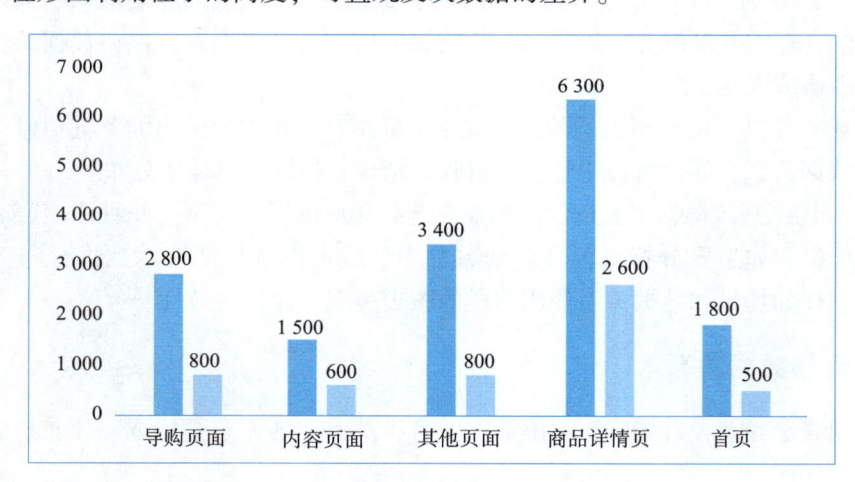

图 6-10　柱形图示例

柱形图还延伸出其他类型的图表，如堆积柱形图、瀑布图等，如图6-11所示。其中堆积柱形图不仅可以直观地看出每个系列的值，还能够反映系列的总和。

图 6-11　堆积柱形图示例

（二）条形图

条形图本质是旋转后的柱形图，如图 6-12 所示。

适用场景：常用于类别标签过长或较多的情况，显示分类项目之间的数据比较情况。

优势：每个类别数据的差异清晰、直观。

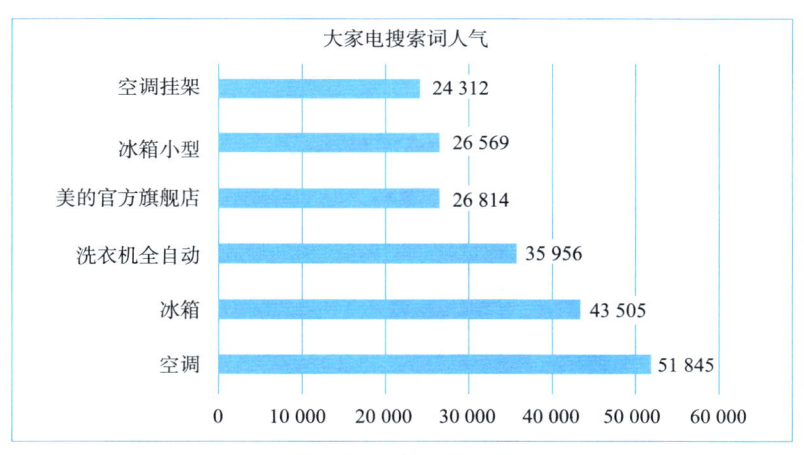

图 6-12　条形图示例

（三）折线图

折线图是将数值标注成点，并通过直线将这些点按照顺序连接起来形成的数据趋势图，折线图一般使用时间维度作为 X 轴，数值维度作为 Y 轴。

适用场景：折线图适合二维的大数据集，还适合多个二维数据集的比较。与柱形图不同，折线图更适合那些趋势比单个数据点更重要的场景。

优势：能很好地展现某个维度的变化趋势，并且可以比较多组数据在同一个维度上的变化趋势，如图 6-13 所示。

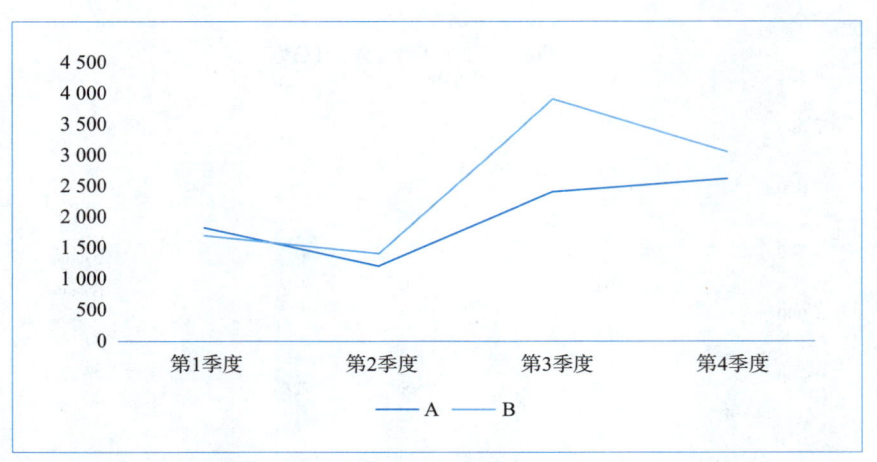

图 6-13 折线图示例

(四) 饼状图

饼状图是以饼状图形显示数据构成及占比，也称作扇形统计图。为了表示占比，饼状图需要数值维度，如图 6-14 所示。

适用场景：适用于单维度多项数据占总数据比重情况对比，以及展示各项数据大小分布情况。

优势：可展现各项数据占比情况，反映单项与单项、单项与整体的数据关系，如图 6-15 所示为复合饼图。

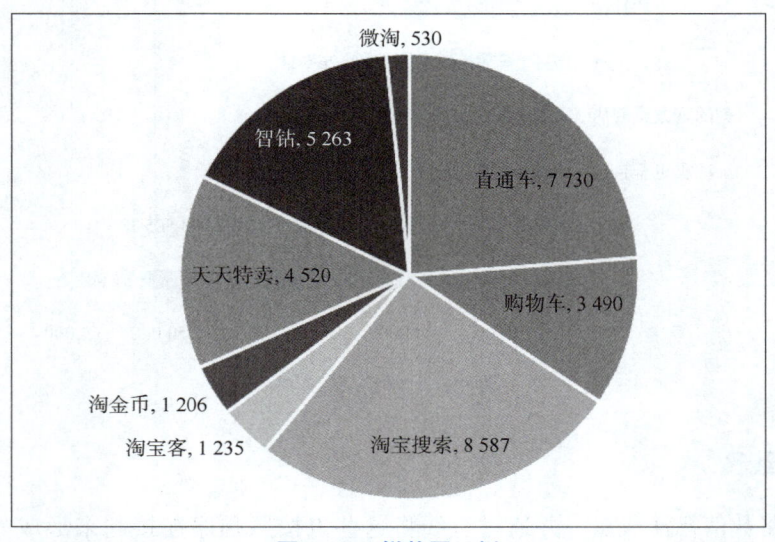

图 6-14 饼状图示例

(五) 散点图

散点图将数据以点的形式展现，以显示变量间的相互关系或者影响程度，点的位置由变量的数值决定。

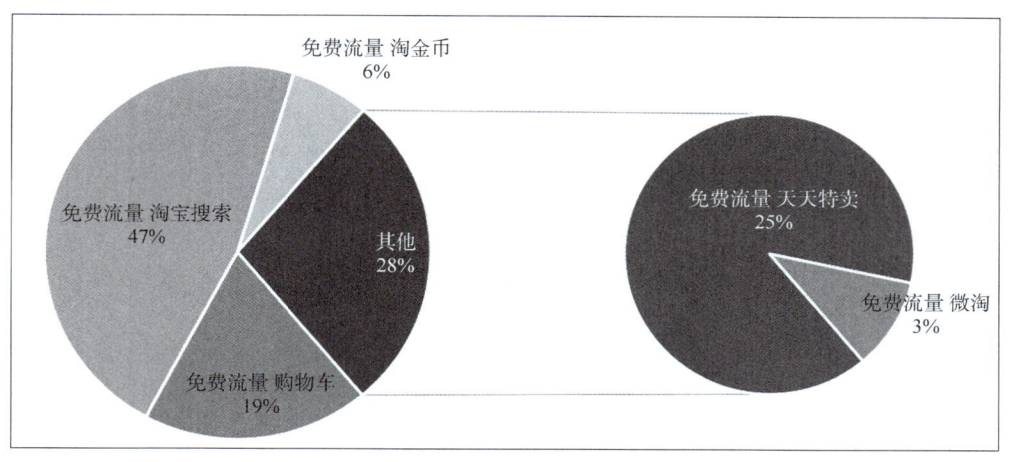

图 6-15　复合饼图

适用场景：适用于三维数据应用在只有两维数据需要集中展示和比较的场景，如图 6-16 所示。

优势：可以展示数据的分布和聚合情况，适合展示较大的数据集。

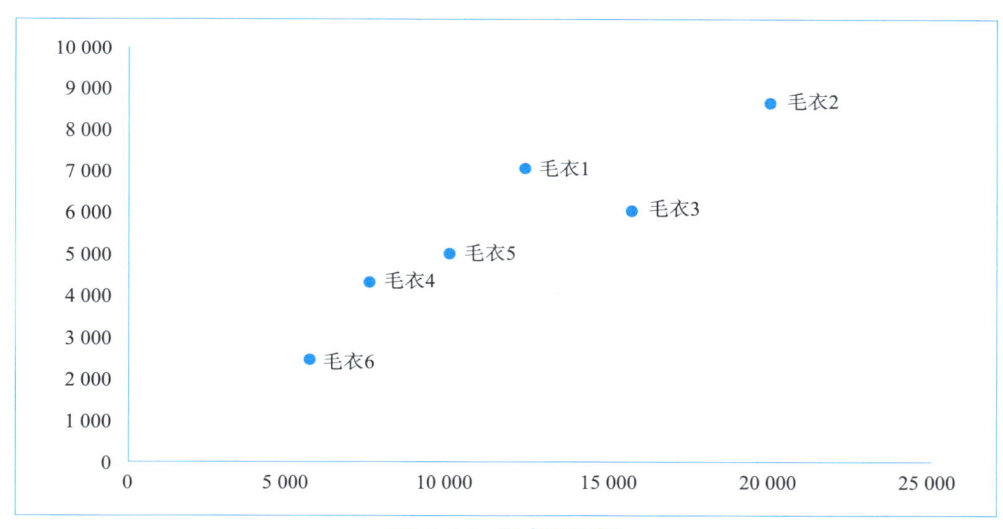

图 6-16　散点图示例

（六）气泡图

气泡图是一种变形的散点图，绘制时将一个变量放在横轴，另一个变量放在纵轴，而第三个变量则用气泡的大小来表示数值的变化。

适用场景：适用于展示三维数据之间的关系，如图 6-17 所示。

优势：可从多维度展示数据信息。

（七）雷达图

雷达图又称蛛网图，是将多个维度的数据映射到起始于同一个圆心的坐标轴上。

适用场景：适用于多维数据（四维以上），且每个维度必须可以排序，主要用来了解各

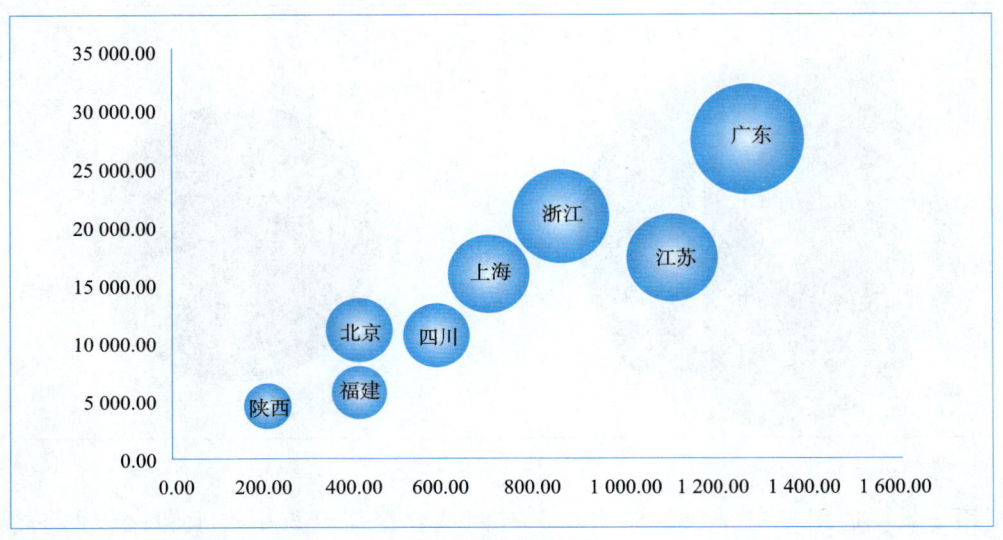

图 6-17 气泡图示例

项数据指标的变动情况及其好坏趋向，如图 6-18 所示。

优势：有利于展现某个数据集的多个关键特征。

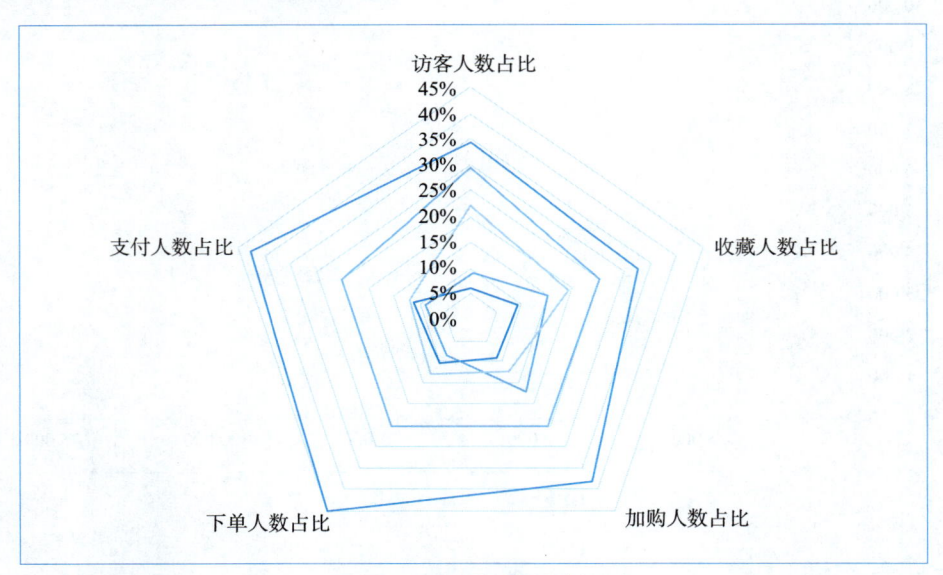

图 6-18 雷达图示例

三、图表制作原则

（一）图表信息完整

图表需要包含完整的信息，包括标题、图例、单位、脚注、资料来源等。其中，图表标题介绍图表的主题；图例展示不同项目的标识；单位是对图表中数据单位的说明；脚注是对图表中的某一元素进行说明；资料来源赋予数据可信度。

(二)图表的主题应明确,在标题中清晰体现

在图表的标题中直接说明观点或者需要强调的重点信息,切中主题,如"公司销售额翻了一番""A区产量居第二"。

(三)避免生成无意义的图表

在某些情境下,表格比图表更能有效地传递信息,避免生成无意义的图表。

(四)Y轴刻度从0开始

若使用非0起点坐标必须有充足的理由,并且要添加截断标记。

在图表制作的过程中,错误的坐标轴选择或者关键元素的缺失,会使图表的准确性下降,表意不明。我们需要结合各类图表的特性及表达的主题进行图表的制作。下面就Excel中的图表原型——柱形图、饼状图、条形图、折线图为例。

1. 柱形图

图表强调数据的准确性,柱形图Y轴刻度无特殊原因需要从0开始,即有清晰的零基线,如图6-19所示。比较分类项目时,若分类标签文字过长导致重叠或倾斜,改用条形图。同一数据系列的柱子使用相同的颜色。图表X轴不要使用倾斜的标签,增加阅读的困难性。

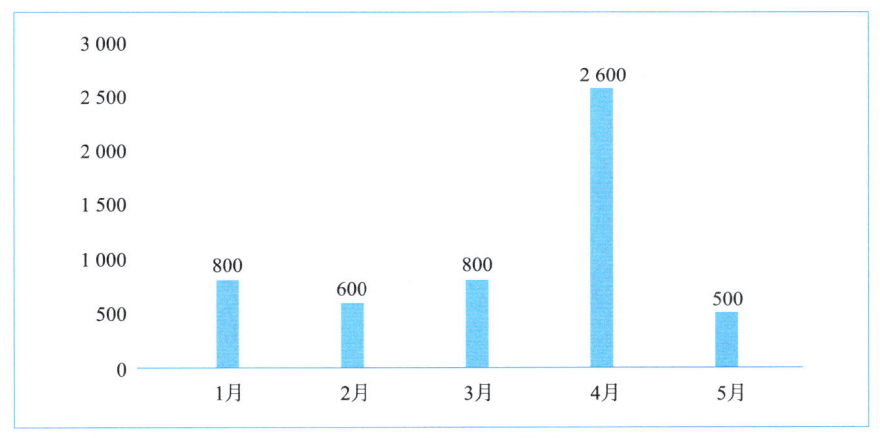

图6-19 柱形图零基线

2. 饼状图

饼状图的制作应按照用户的阅读习惯,数据从大到小进行排序,最大的扇区以时钟的12点为起点,顺时针旋转,如图6-20所示。饼状图的数据项不应过多,保持在5项以内。不要使用爆炸式的"饼图分离",对想要强调的扇区,可以单独分离出来。饼状图不建议使用图例,阅读不方便,可将标签直接标在扇区内或旁边。当扇区内使用不同颜色填充时,推荐使用白色的边框线,具有较好的切割感。

3. 条形图

分类标签特别长时,可放在数据条与条之间的空白处;同一数据系列使用相同的颜色;添加数据标签,方便阅读和理解;也可以制图前首先将数据由大到小进行排列,方便阅读,如图6-21所示。

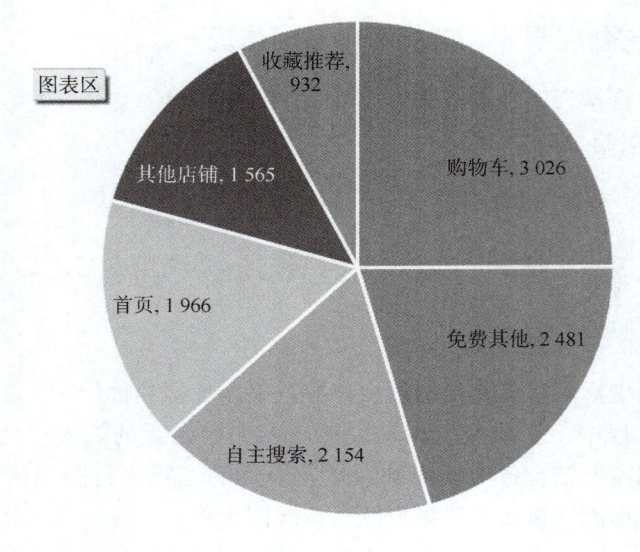

图 6-20　饼图

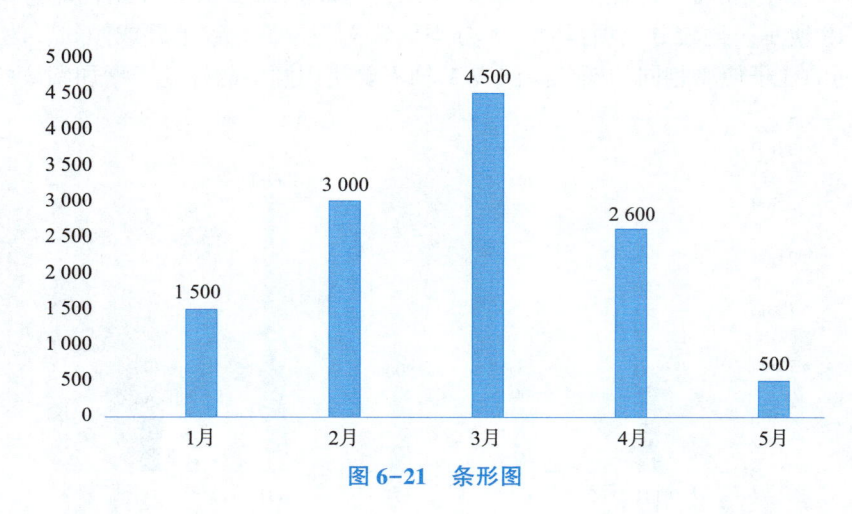

图 6-21　条形图

4. 折线图

折线图选用的折线线型要相对粗一些，需要比坐标轴、网格线更为突出。折线一般不超过五条，容易显得凌乱，数据系列过多时建议分开制图。图表 X 轴不要使用倾斜的标签，增加阅读的困难。Y 轴刻度一般从 0 开始。折线图如图 6-22 所示。

四、图表美化要点

图表制作完成后，还需要对图表进行美化，使图表简约大方，美化要点如下。

（一）最大化数据墨水比

最大化数据墨水比是指，图表中的每个元素都应有存在的意义，否则要进行删除，即在图表中增强和突出数据元素，减少和弱化非数据元素。图表中的曲线、条形、扇形等代表的

图 6-22　折线图

是数据信息，称为数据元素；网格线、坐标轴、填充色等跟数据无关的就叫作非数据元素，在制作图表时应该删除。

（二）选择合适的字体及数字格式

选用合适的字体可以增加图表的整洁感和美观度，一般情况下，图表中的中文字体推荐使用微软雅黑或宋体，数字和字母标注使用 Arial 字体更为美观。

（三）图表的色彩应柔和、自然、协调

图表的色彩运用得当可以增强图表的信息传递效果，建议在图表中使用同一色调的不同饱和度，保证配色是协调、自然的。此外，在表示强调和对比时可利用对比色，例如表示店铺产品的盈亏情况，可选用对比色如深色和浅色、暖色和冷色。

任务实践

一、任务要求

电子分析商品价格区间，有助于明确店铺客户的消费喜好，进而对店铺上架商品的定价做出调整。某店铺想了解本店铺的商品定价是否合理，客户的消费偏好在哪个价格区间。按照价格区间统计 2023 年 1—6 月的商品销量和销售额，分析不同商品价格区间的销售额占比。商品不同价格区间的销售额占比分析旨在展示数据的比较关系，在各种图表类型中，柱形图相对来说比较适合展示特定时间内的数据变化及各分类数据之间的比较情况。制作商品价格区间柱形图，可直观展示不同价格区间的销售额占比，判断客户消费偏好的同时，为商

品定价的调整提供参考依据。

二、任务实施

步骤1，数据整理与求和。

首先，计算1—6月的不同价格区间商品的总销售额，选中总销售额所在的单元格C9，输入公式"=SUM(C3:C8)"，计算出1—6月的总销售额，如图6-23所示。

店铺2023年1—6月销售统计表

价格区间/元	销售量/件	销售额/元
50~100	39	3 042
101~160	88	11 352
161~220	156	29 484
221~280	65	16 510
281~340	26	8 060
341~400	12	4 788
		73 236

图6-23 计算总销售额

步骤2，计算销售额占比。

完成总销售额的计算后，需要计算各个价格区间的销售额占总销售额的比例，在D2中输入需要计算的字段名"销售占比/%"，如图6-24所示。依次计算不同商品价格区间的销售额占比，计算后的结果如图6-25所示。

店铺2023年1—6月销售统计表

价格区间/元	销售量/件	销售额/元	销售占比/%
50~100	39	3 042	
101~160	88	11 352	
161~220	156	29 484	
221~280	65	16 510	
281~340	26	8 060	
341~400	12	4 788	

图6-24 输入字段名

店铺2023年1—6月销售统计表

价格区间/元	销售量/件	销售额/元	销售占比/%
50~100	39	3 042	4.15
101~160	88	11 352	15.50
161~220	156	29 484	40.26
221~280	65	16 510	22.54
281~340	26	8 060	11.01
341~400	12	4 788	6.54

图6-25 计算销售额占比

步骤 3，制作柱形图。

在数据表中选择 A2：A8，D2：D8 单元格区域，选择"插入"选项卡，在"图表"列表中单击"柱形图"，插入图表，结合任务背景补充图表标题，使得图表主题清晰，并进一步完善图表其他要素，此外，从数据墨水比最大化、颜色、数字格式等方面进行美化设计，如图 6-26 所示。结合制作完成的柱形图，进而分析不同商品价格区间的销售额占比。

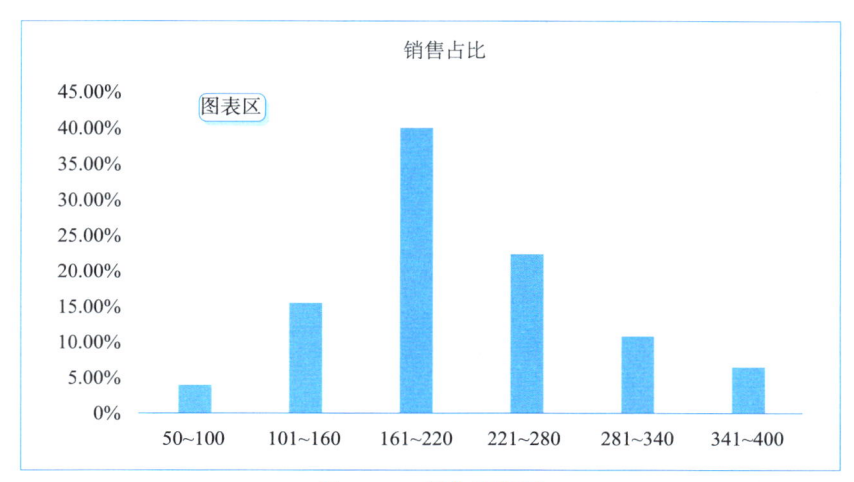

图 6-26　插入柱形图

三、任务思考

商品价格区间销售额占比分析，除了采用柱形图的呈现形式外，是否可以采用其他呈现形式，如果可以，请说明图表类型及原因。

任务三　数据分析报告

头脑风暴

数据分析报告是以定期数据分析报表为依据，反映计划执行情况，并分析其影响因素和形成原因的一种报告。数据分析报告是对整个数据分析过程的一个总结与呈现。通过数据分析报告，把数据分析的思路、过程、得出的结论及建议完整呈现出来，决策者可以根据其做出有针对性、操作性、战略性的决策。那么，数据分析报告有哪些部分呢？该如何撰写呢？

知识储备

一、数据分析报告设计

一份好的数据分析报告，首先需要结构清晰、主次分明，能使读者正确理解报告内容；其次报告需图文并茂，让数据更加生动活泼，提高视觉冲击力，有助于读者更形象、直观地看清楚问题和结论，引发思考；最后，注重数据分析报告的科学性和严谨性，可以通过报告中对数据分析方法的描述，对数据结果的处理与分析来检验，让读者清楚整个数据分析过程的严谨性。

一般情况下，数据分析报告分为引入、正文、结论三个部分（图6-27）。

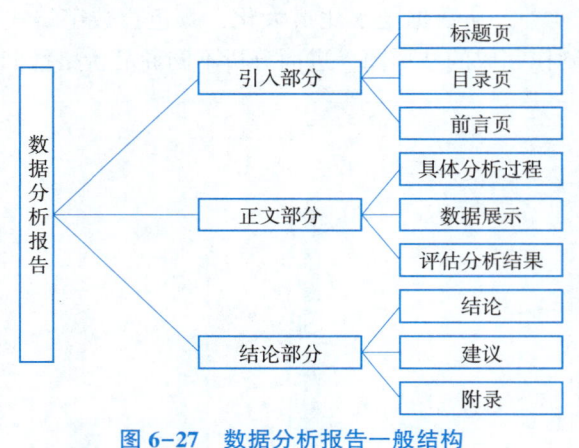

```
                    ┌── 引入部分 ──┬── 标题页
                    │              ├── 目录页
                    │              └── 前言页
数据                │
分析 ───────────────┼── 正文部分 ──┬── 具体分析过程
报告                │              ├── 数据展示
                    │              └── 评估分析结果
                    │
                    └── 结论部分 ──┬── 结论
                                   ├── 建议
                                   └── 附录
```

图6-27　数据分析报告一般结构

（一）引入部分

1. 标题页

标题页一般要写明报告的名称、数据来源、呈现日期等内容，要精简干练，引起读者的兴趣。标题是标题页的核心，需要有命中数据分析目的的效果，还应具有较强的概括性，可以用简洁、准确的语言表达出数据分析报告的核心分析方向，还可以直接将报告中的基本关系展现出来，从而加快阅读者对报告内容的了解。

2. 目录页

目录是报告中各部分内容索引和附录的顺序提要，方便读者了解报告的内容名目，目录需要清晰地体现报告的分析思路。

3. 前言页

前言页一般包括数据分析的背景、目的、思路等内容。其中，分析背景主要说明此项分析报告的背景和意义；分析目标展示分析报告要达成的目标；分析思路展示数据分析报告的内容和指标。

（二）正文部分

正文是一篇数据分析报告的核心部分，必须与分析思路相结合，要以严谨科学的论证，确保观点的合理性和真实性。正文部分要以图文并茂的方式将数据分析过程与分析结果进行展示，不仅需要美观，还需要统一，不要加入太多的样式，从而给人留下不严谨的感觉。读者通过报告正文部分了解数据反映的情况，从而分析、研究问题的基本情况。

（三）结论部分

数据分析报告要有明确的结论和建议，可以作为决策者在决策时重要的参考依据，其措辞须严谨、准确。结论对整篇报告起到综合和总结的作用，应该有明确、简洁、清晰的数据分析结果。报告的建议部分是立足数据分析的结果，针对企业面临的问题而提出的改进方法，建议主要关注保持优势及改进劣势等方面，要密切联系企业的业务，提出切实可行的建议。

另外，有的报告还需要附录。但是在数据分析报告中，附录并不是必备的，可根据需求进行撰写。一般来说，在附录中补充正文应用的分析方法、展示图形、专业术语、重要原始数据等内容，帮助读者更好地理解数据报告中的内容。

二、数据分析报告的撰写原则

（1）规范性原则。数据分析报告，要以数据说话，所使用的数据单位、名词术语一定要规范、标准统一、前后一致，要与业内公认的术语一致。所使用指标的数据来源要有清晰的说明，从数据管理系统采集的要说明系统名称，在现场测量的要说明抽样方式、抽样量和测量时间段等。

（2）突出重点原则。数据分析报告一定要突出数据分析的重点。在各项数据分析中，应根据分析目标重点选取关键指标，科学专业地进行分析。此外，针对同一类问题，其分析结果也应当按照问题重要性的高低来分级阐述。

（3）谨慎性原则。数据分析报告的撰写过程一定要谨慎，基础数据必须真实、完整，分析过程必须科学、合理、全面，分析结果要可靠，内容要实事求是，不可主观臆测。

（4）创新性原则。创新对于分析报告而言，一是要适时地引入新的分析方法和研究模型。在确保数据真实的基础上，提高数据分析的多样性，从而提高质量。一方面，可以用实际结果来验证或改进它们；另一方面，也可以让更多的人了解全新的科研成果。二是要倡导创新性思维。提出的优化建议在考虑企业实际情况的基础上，要有一定的前瞻性、操作性、预见性。

总之，一份完整的数据分析报告，应当围绕目标确定范围，遵循一定的前提和原则，系统地反映存在的问题及原因，从而进一步找出解决问题的方法。

三、数据分析报告的注意事项

（1）数据分析要基于可靠的数据源。
（2）数据分析报告尽量图表化，且风格统一。
（3）数据分析报告分析结论要明确、精简、有逻辑，并具有可读性。

任务实践

一、任务要求

某创业团队计划以云南当地特产为产品在淘宝平台开设店铺，现需要分析云南特产整体的市场环境，进而确定店铺选品，为店铺开业做好筹备。该团队需要对云南特产的客户搜索情况、市场容量、活跃店铺类型、产品价格区间等数据进行分析，为给创业投资人看到具体的分析结果，需要编写市场环境分析报告对以上问题一一阐述、论证。

二、任务实施

步骤1,设计数据分析报告结构。

数据分析报告具有一定的结构,但是这种结构并不是一成不变的,不同的数据分析师、不同性质的数据分析及不同的需求,得到的数据分析报告也有不同的结构。例如,可以设计一个"总—分—总"的数据分析报告结构。

步骤2,数据分析报告各部分内容设计与撰写。

(一) 引入部分

1. 标题页

标题页需要写明报告名称、数据来源、呈报日期等内容,学员完成标题的拟定,并将结果填入表6-2中。

表6-2 标题页

报告名称:
数据来源:
呈报日期:

2. 目录页

目录是报告中各部分内容索引和附录的顺序提要,方便读者了解报告的内容名目,目录需要清晰地体现出报告的分析思路。学员将报告中的主要章节名称填入表6-3中,形成报告目录。

表6-3 目录页

目录

3. 前言页

前言对最终报告是否能解决业务问题,给决策者决策提供有效依据起决定性作用。前言是分析报告的一个重要组成部分,主要包括分析背景、分析目的及分析思路三个方面。

(1) 分析背景:阐述分析的主要原因、分析的意义及其他相关信息,如行业发展现状等内容,完成分析背景内容的编写填入表6-4。

表6-4 前言页

分析背景:

（2）分析目的：数据分析报告中陈述分析目的是为了让报告的阅读者了解开展此次分析能带来何种效果，可以解决什么问题。请将分析目的填入表6-5。

表6-5 分析目的

分析目的：

（3）分析思路：用来指导后期如何进行一个完整的数据分析，即确定需要分析的内容或指标。请将分析思路填入表6-6。

表6-6 分析思路

分析思路：

（二）正文部分

1. 关键词搜索分析

通过生意参谋"搜索词"分析，完成对"云南特产"等相关关键词的搜索分析，分析结果如下：

（1）"云南特产"搜索词分析（图6-28~图6-32）。

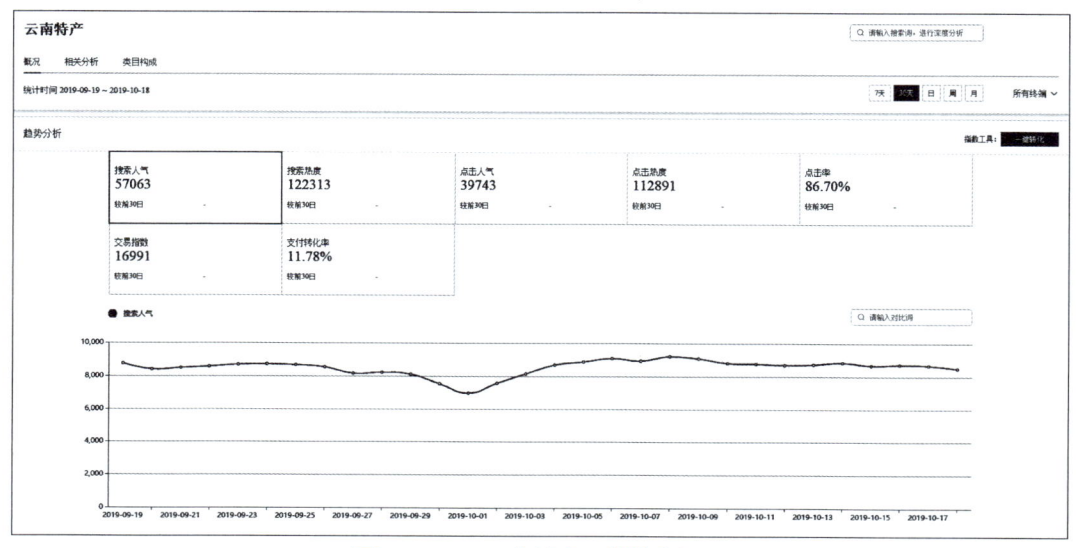

图6-28 "云南特产"的搜索概况

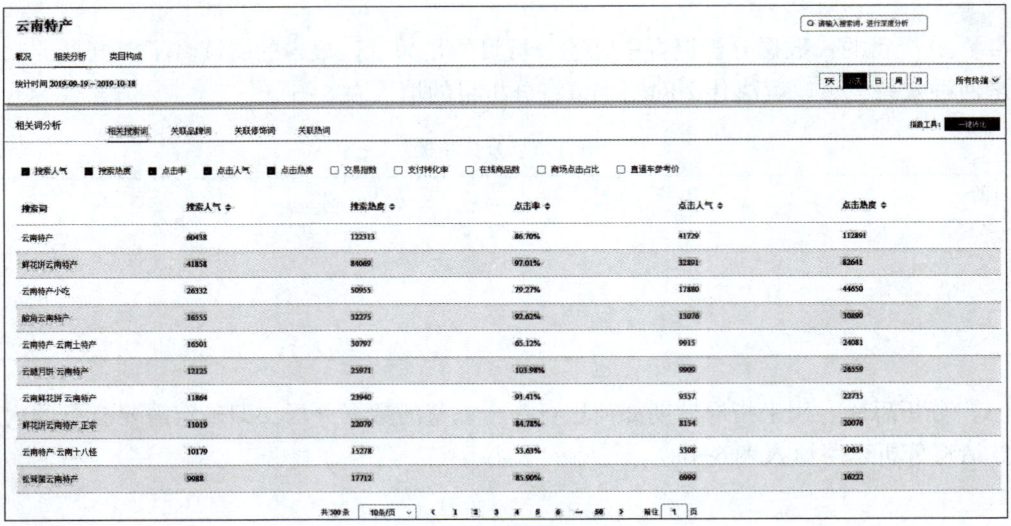

搜索词	搜索人气	搜索热度	点击率	点击人气	点击热度
云南特产	60438	122313	86.70%	41729	112891
鲜花饼云南特产	41858	84069	97.01%	32891	82641
云南特产小吃	26332	50955	79.27%	17880	44650
酸角云南特产	16555	32275	92.62%	13076	30890
云南特产 云南土特产	16501	30797	65.12%	9915	24081
云腿月饼 云南特产	12125	25971	103.98%	9909	26559
云南鲜花饼 云南特产	11864	23940	91.41%	9357	22735
鲜花饼云南特产 正宗	11019	22079	84.78%	8154	20076
云南特产 云南十八怪	10179	15278	53.63%	5308	10634
松茸菌云南特产	9088	17712	85.90%	6999	16222

图 6-29 “云南特产”的相关搜索词 1

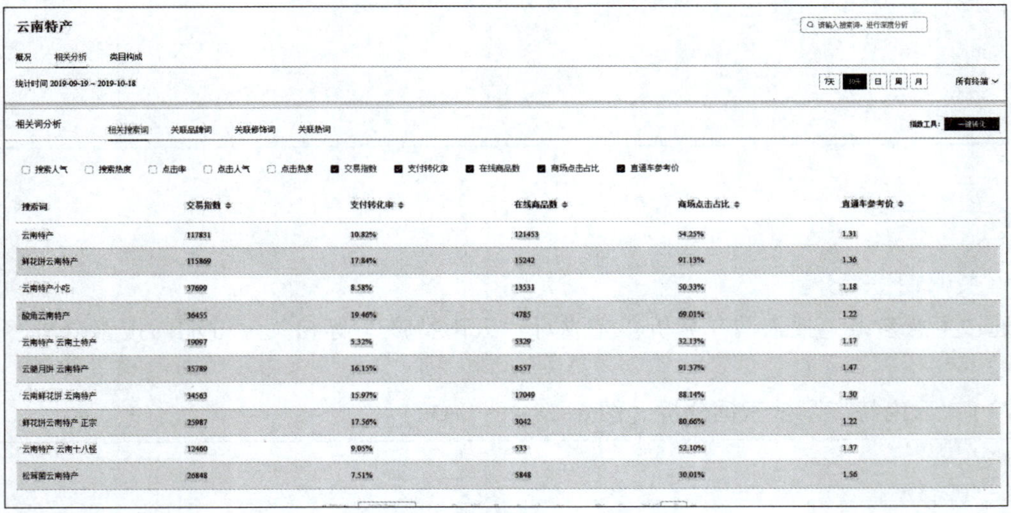

搜索词	交易指数	支付转化率	在线商品数	商场点击占比	直通车参考价
云南特产	117831	10.82%	121453	54.25%	1.31
鲜花饼云南特产	115869	17.84%	15242	91.13%	1.36
云南特产小吃	37699	8.58%	13531	50.33%	1.18
酸角云南特产	36455	19.46%	4785	69.01%	1.22
云南特产 云南土特产	19097	5.32%	5329	32.13%	1.17
云腿月饼 云南特产	35789	16.15%	8557	91.37%	1.47
云南鲜花饼 云南特产	34563	15.97%	17049	88.14%	1.30
鲜花饼云南特产 正宗	25987	17.56%	3042	80.66%	1.22
云南特产 云南十八怪	12460	9.05%	533	52.10%	1.37
松茸菌云南特产	26848	7.51%	5848	30.01%	1.56

图 6-30 “云南特产”的相关搜索词 2

查看图 6-29 和图 6-30“云南特产”的相关搜索词结果，将“云南特产”相关关键词（按照全网搜索热度排序）填入表 6-7 中。

表 6-7 “云南特产”相关关键词（按照全网搜索热度排序）

序列	关键词
1	
2	
3	
4	
5	
6	
7	
8	
9	
10	

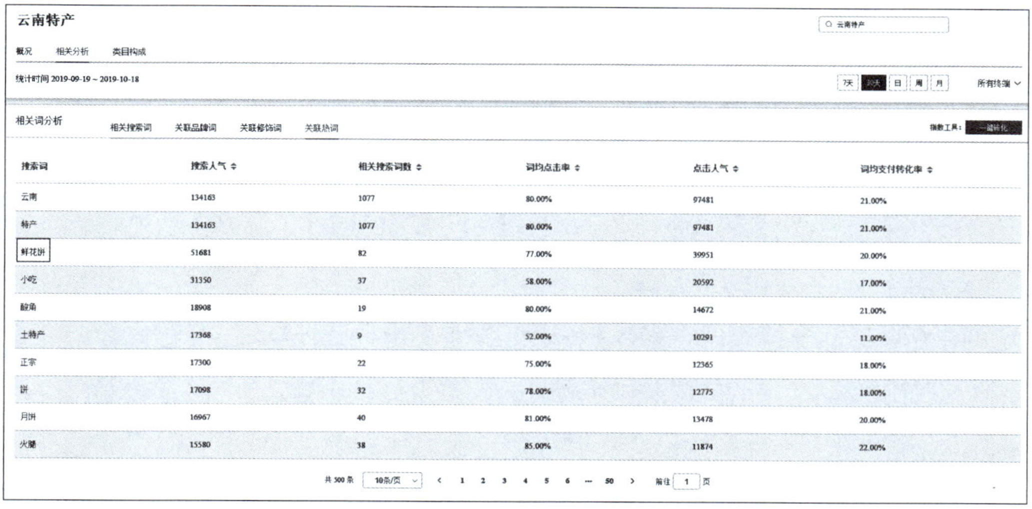

搜索词	搜索人气	相关搜索词数	词均点击率	点击人气	词均支付转化率
云南	134163	1077	80.00%	97481	21.00%
特产	134163	1077	80.00%	97481	21.00%
鲜花饼	51681	82	77.00%	39951	20.00%
小吃	31350	37	58.00%	20592	17.00%
酸角	18908	19	80.00%	14672	21.00%
土特产	17368	9	52.00%	10291	11.00%
正宗	17300	22	75.00%	12365	18.00%
饼	17098	32	78.00%	12775	18.00%
月饼	16967	40	81.00%	13478	20.00%
火腿	15580	38	85.00%	11874	22.00%

图 6-31　“云南特产”的关联热词

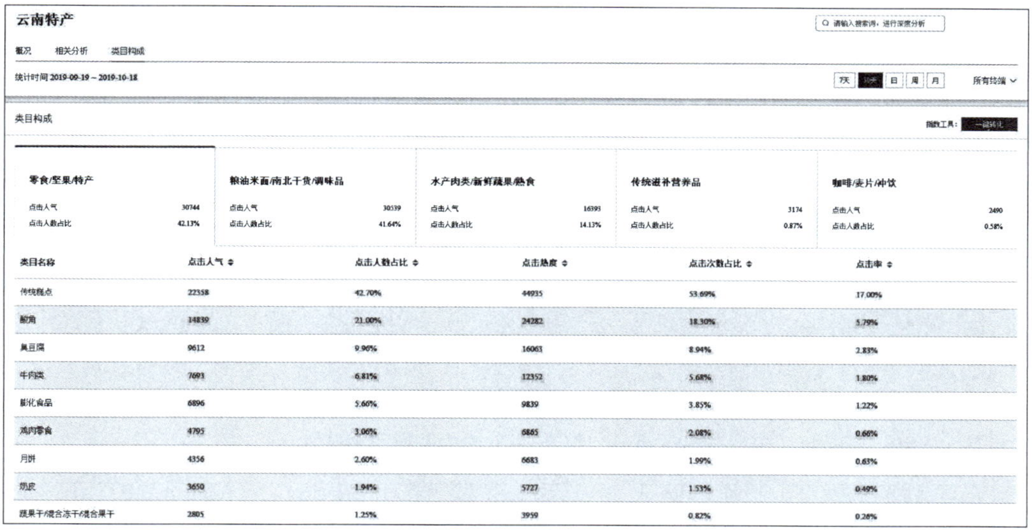

类目	点击人气	点击人数占比
零食/坚果/特产	30744	42.13%
粮油米面/南北干货/调味品	30539	41.64%
水产肉类/新鲜蔬果/熟食	16393	14.13%
传统滋补营养品	3174	0.87%
咖啡/麦片/冲饮	2490	0.58%

类目名称	点击人气	点击人数占比	点击热度	点击次数占比	点击率
传统糕点	22358	42.70%	44935	53.69%	17.00%
酸角	14839	21.00%	24282	18.30%	5.79%
臭豆腐	9612	9.96%	16063	8.94%	2.83%
牛肉类	7693	6.81%	12352	5.68%	1.80%
膨化食品	6896	5.66%	9839	3.85%	1.22%
鸡肉零食	4795	3.06%	6865	2.08%	0.66%
月饼	4356	2.60%	6683	1.99%	0.63%
奶皮	3650	1.94%	5727	1.53%	0.49%
蔬果干/混合冻干/混合果干	2805	1.25%	3959	0.82%	0.26%

图 6-32　“云南特产”类目构成

查看图 6-28 至图 6-32“云南特产”的搜索词查询结果，可以明确“云南特产”搜索概况，对“云南特产”的搜索情况做简单的描述，并分析“云南特产”相关关键词中哪一款产品是搜索热度最高的，将分析结果填写在下列横线处。

____

____

____

（2）通过“云南特产”搜索词分析，选择搜索热度较高的关键词进一步进行搜索词分析，以下以“鲜花饼”为例进行展示，如图 6-33～图 6-36 所示。

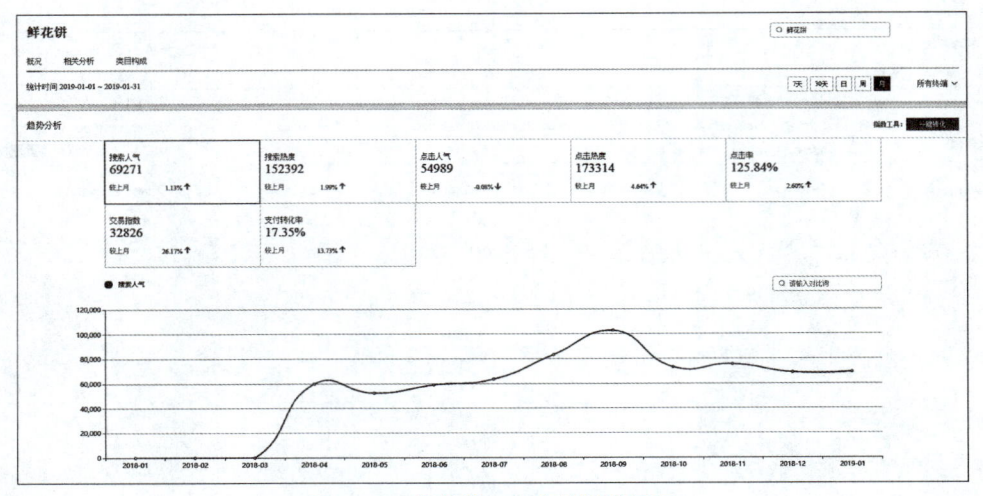

图 6-33　鲜花饼一年内的搜索概况

图 6-34　"鲜花饼"的相关搜索词 1

图 6-35　"鲜花饼"的相关搜索词 2

搜索词	搜索人气 ⇕	相关搜索数 ⇕	词均点击率 ⇕	点击人气 ⇕	词均支付转化率 ⇕
鲜花饼	138947	628	87.00%	107610	17.00%
云南	64115	165	77.00%	49282	19.00%
嘉华	55329	65	98.00%	43015	16.00%
特产	51906	89	77.00%	40127	20.00%
潘祥记	43994	61	68.00%	29632	17.00%
玫瑰	15099	52	88.00%	11561	20.00%
正宗	14025	15	75.00%	10184	19.00%
花	13885	40	72.00%	11393	13.00%
旗舰店	11804	13	113.00%	7882	15.00%
橙	11149	9	118.00%	9631	13.00%

图 6-36 "鲜花饼"的关联热词

查看图 6-33 至图 6-36 "鲜花饼"的相关搜索词结果，将"鲜花饼"相关关键词（按照全网搜索热度排序）填入表 6-8 中。

表 6-8 "鲜花饼"相关关键词（按照全网搜索热度排序）

序列	关键词
1	
2	
3	
4	
5	
6	
7	
8	
9	
10	

查看图 6-33 至图 6-36 中"鲜花饼"的搜索词查询结果，可以明确"鲜花饼"的搜索概况，结合图 6-36 的关键词搜索热度，对"鲜花饼"的搜索情况做简单的描述，并分析"鲜花饼"在哪个时间段是需求旺季，将分析结果填写在下列横线处。

_____
_____
_____

2. "云南特产"全类目下活跃店铺类型分析

"云南特产"全类目下有销量的活跃店铺数是 2 142 个，其中，天猫店铺 857 个，占比

40%；C店1 285个，占比60%，如图6-37所示。学员选择合适的图形对活跃店铺类型进行直观展示，并简单描述分析结果。

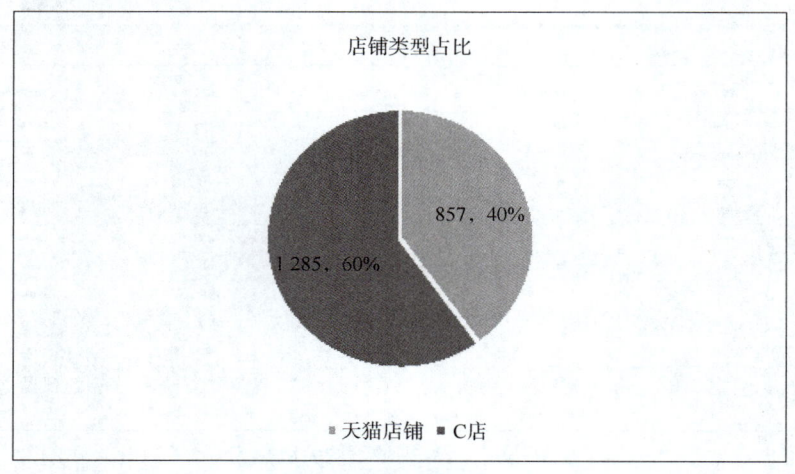

图6-37 店铺类型占比

3. "云南特产"全类目下活跃店铺信誉分析

已知全类目下活跃店铺信誉分析如表6-9所示，选择合适的图形对店铺类型占比进行直观展示，并简单描述分析结果。

表6-9 全类目下活跃店铺信誉分析

序列	信誉	个数	总数	占比/%
1	1钻	10	916	1.09
2	2钻	12	916	1.31
3	3心	3	916	0.33
4	3钻	19	916	2.07
5	4心	1	916	0.11
6	4钻	51	916	5.57
7	5心	3	916	0.33
8	5钻	35	916	3.82
9	天猫	367	916	40.06
10	未知	215	916	23.47
11	1皇冠	41	916	4.48
12	1金冠	10	916	1.09
13	2皇冠	62	916	6.77
14	3皇冠	24	916	2.62
15	4皇冠	47	916	5.13
16	5皇冠	16	916	1.75

4. "云南特产"全类目下单品价格区间分析

已知全类目下单品价格区间分析如表6-10所示，需要完成价格区间分布的图形制作，并简单描述分析结果。

表 6-10　全类目下单品价格区间分析

序列	价格	数量	总数	占比/%
1	0~10	74	916	8.08
2	10~20	204	916	22.27
3	20~50	412	916	44.98
4	50~100	121	916	13.21
5	100~150	20	916	2.18
6	150~200	34	916	3.71
7	200~300	33	916	3.60
8	300~500	16	916	1.75
9	500~1 000	2	916	0.22

5. "云南特产"全类目下促销折扣分析

已知全类目下促销折扣分析如表 6-11 所示，需要完成宝贝折扣分析图制作，并简单描述分析结果。

表 6-11　全类目下促销折扣分析

序列	折扣	数量	总数	占比/%
1	0~1 折	19	2 192	0.87
2	1~2 折	69	2 192	3.15
3	3~3 折	196	2 192	8.94
4	3~4 折	222	2 192	10.13
5	4~5 折	315	2 192	14.37
6	4~6 折	800	2 192	36.50
7	6~7 折	125	2 192	5.70
8	6~8 折	86	2 192	3.92
9	8~9 折	130	2 192	5.93
10	不打折	230	2 192	10.49

6. "云南特产"全类目宝贝所在地分布分析

已知全类目宝贝所在地分布分析如表 6-12 所示，需要完成宝贝所在地分布图制作，并简单描述分析结果。

表 6-12　全类目宝贝所在地分布分析

序列	地区	数量	总数	占比/%
1	安徽	1	916	0.11
2	北京	6	916	0.66
3	福建	6	916	0.66

续表

序列	地区	数量	总数	占比/%
4	广东	19	916	2.07
5	广西	2	916	0.21
6	河南	1	916	0.11
7	湖北	4	916	0.44
8	湖南	8	916	0.87
9	吉林	6	916	0.66
10	江苏	3	916	0.33
11	江西	16	916	1.74
12	辽宁	5	916	0.55
13	山东	5	916	0.55
14	陕西	1	916	0.11
15	上海	9	916	0.98
16	四川	22	916	2.40
17	天津	1	916	0.11
18	云南	796	916	86.90
19	浙江	5	916	0.54

（三）总结部分

报告的结尾是对整个数据分析报告的综合与总结，是得出结论、提出建议、解决矛盾的关键所在，它起着画龙点睛的作用。请学员将本次数据分析的结论与建议填入表6-13。

表6-13　总结部分

结论与建议：

巩固练习

一、单项选择题

1. 撰写数据分析报告时应注意（　　）。

A. 要基于可靠的数据源

B. 根据数据的特点选择图表的配色方案，风格越多样越好

C. 结论要明确、详实并有层次性，不可对未来进行预测

D. 行文保持自己的语言习惯和风格即可，展现自己的独特性

2. 日常数据监控报表可以是除（　　）外的分析目标。

A. 运营分析　　　　B. 销售分析　　　　C. 市场容量分析　　　D. 竞品分析

3. 市场数据监控报表不需要结合以下哪些数据展开？（　　）

A. 店铺运营数据　　　　　　　　B. 竞争对手销售及活动数据

C. 行业发展数据　　　　　　　　D. 目标客户数据

4. 分析父行业下各子行业的市场容量占比情况，适合选用的可视化图表是（　　）。

A. 雷达图　　　　　B. 饼状图　　　　　C. 折线图　　　　　D. 气泡图

5. 数据分析报告的前言部分一般包括除（　　）外的其他部分。

A. 分析背景　　　　B. 专业术语解析　　C. 分析目的　　　　D. 分析思路

二、多项选择题

1. 报表可以认为是一种服务手段，从用户方便查看及使用角度出发，针对不同的目标用户需要有不同的设计偏向，以下说法正确的是（　　）。

A. 对决策层人员，要直接把结果以最简单的方式呈现，并且尽量减少操作

B. 向中层管理人员展示的内容都需向决策层人员展示

C. 对管理人员，一方面要汇报问题的解决方案，一方面要协助管理者向下安排工作，解决具体问题

D. 对一线执行人员，要求报表便于使用、有针对性，解决实际工作中出现的具体问题

2. 数据分析报告，要"以数据说话"，数据规范性具体体现在（　　）。

A. 数据单位统一　　　　　　　　B. 术语统一

C. 名词前后一致　　　　　　　　D. 数据搜集时间一致

3. 关于数据监控报表设计要点，说法正确的是（　　）。

A. 面向决策层人员的报表要求：重点突出，分析详细深入

B. 数据监控报表从用户方便查看及使用角度出发，要求简洁明了、精简过程操作，突出显示结果

C. 面向执行层人员的报表要求解决具体问题，注重实用性

D. 面向管理层人员的数据监控报表要求精简，重点显示结果

4. 每份报表必须包括三个关键组成要素，下列是其组成要素的有（　　）。

A. 报表指标　　　　B. 分析维度　　　　C. 报表版式　　　　D. 报表主题

5. 数据分析报告的作用可以描述为（　　）。

A. 展现分析技巧　　　　　　　　B. 展示分析结果

C. 验证分析质量　　　　　　　　D. 提供决策参考

三、案例分析

1. 某电商品牌新入职运营人员接领导指示，需要对2021年第一季度品牌累计在天猫、京东、苏宁易购及其他线上平台产生的网络销售额占比进行分类统计并制作图表，以便在后期数据报告中使用。

运营人员采集完原始数据并进行统计后，列出统计数据表，如表6-14所示。

表 6-14 ××品牌 2021 年第一季度网络销售额占比　　　　　　　　　　单位：%

2021 年第一季度	天猫	京东	苏宁易购	其他
	43.98	36.91	12.56	6.55

因在图表中要体现数据指标的占比关系，适合选用饼状图，运营人员制作出的饼状图如图 6-38 所示。

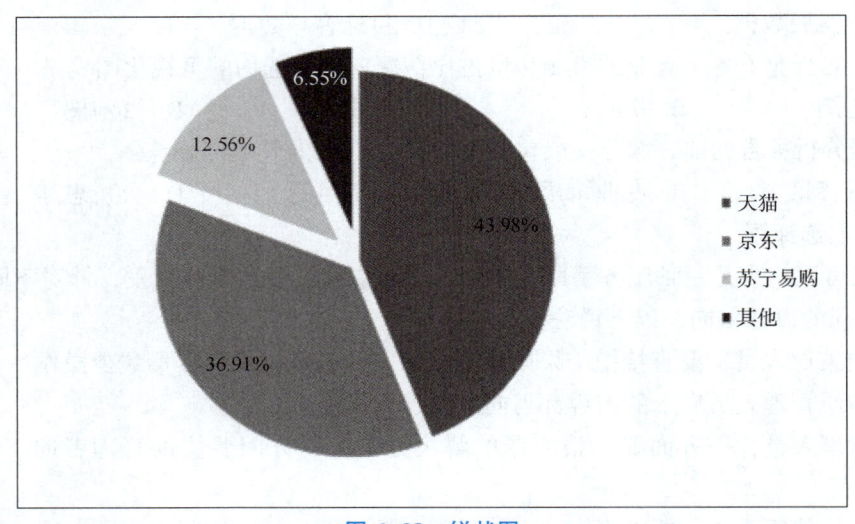

图 6-38　饼状图

整个饼状图采用高饱和度的色调区分各类。公司要求运营人员重新制作图表，请协助运营人员分析图表中存在的问题，并提出优化建议。

参考答案：

（1）图表元素缺失，没有添加标题，图表主题不明，建议在图表上方添加标题如 "2019 年第一季度网络销售额占比" 或 "2019 年第一季度天猫平台销售额占比最高"。

（2）饼状图不建议使用图例，会增加阅读的困难性，建议将数据标签直接放在扇区内或旁边。

（3）爆炸式饼状图使图表混乱，对于想要强调的扇区，建议对扇区单独分离。

（4）饼状图色彩艳丽，不够美观，建议在图表中使用同一色调的不同饱和度，保证配色是协调、自然的。

2. 小赵是某小家电品牌的分销商，在某电子商务平台开设有专营店。暑假临近，小赵的朋友小刚过来帮忙。小刚是某职校电子商务专业的在校生，专业对口，想来小赵这里实践一下，开拓眼界的同时，巩固自己的课堂所学。

小赵指派小刚监控线上专营店的运营数据。小刚记录了一周的监控数据，发现店铺的访客数整体稳中有升，但浏览量却呈下降趋势，他不知道哪里出了问题？请协助小刚分析浏览量出现异常的原因。

参考答案：

（1）查看商品关键词与商品的属性是否吻合；

（2）明确店铺中是否设置有关联销售活动；

(3) 查看商品详情页是否凸显商品卖点；
(4) 店铺装修是否美观，类目划分是否清晰。

补充阅读

推动网络强国建设取得新成效

党的二十大擘画了全面建设社会主义现代化国家、以中国式现代化全面推进中华民族伟大复兴的宏伟蓝图，提出加快建设网络强国。数字经济、数字技术具有高创新性、强渗透性、广覆盖性，为推进中国式现代化提供了强大的发展动能、重要的高质量发展路径。推进中国式现代化、加快建设网络强国，需要充分发挥数字技术的支撑作用。

新时代以来，我国数字经济蓬勃发展，取得了举世瞩目的成就。2022年，我国数字经济规模达到50.2万亿元，居世界第二，数字经济占国内生产总值的比重达到41.5%。信息化赋能中国式现代化，为实现高质量发展提供强劲引擎和加速器。新征程上，必须坚持科技自立自强，加快信息领域核心技术突破。坚持提质增效，优化数字基础设施布局，加快推动物联网、车联网、工业互联网应用，推进传统基础设施数字化改造、提升智能化水平。推动数字经济和实体经济融合发展，把握数字化、网络化、智能化方向，利用数字技术对传统产业进行全方位、全链条的改造，提高全要素生产率，充分发挥数字技术对经济发展的放大、叠加、倍增作用。

信息化的快速发展在给人类生产生活带来便利、为现代化建设提供重要支撑的同时，也给全球发展带来了挑战。习近平总书记指出："面对数字化带来的机遇和挑战，国际社会应加强对话交流、深化务实合作，携手构建更加公平合理、开放包容、安全稳定、富有生机活力的网络空间。"我们要贯彻落实习近平总书记重要讲话精神，坚持开放合作、互利共赢，在深化网信领域国际交流与合作中建设网络强国。

在数字基础设施、数字经济、数字文化、网络安全、数字治理等方面加强国际合作，有助于构建开放共赢的网络空间命运共同体。我国具有超大规模市场、海量数据资源等优势，能够为推动全球数字化发展提供助力。可开展数字基础设施建设合作，围绕5G、IPv6、云计算、人工智能等推进全球数字基础设施建设；面向发展中国家举办提升数字素养和技能的培训、公益项目，推动弥合数字鸿沟；深化数字经济国际合作，持续助推全球数字产业化和产业数字化，支持平台企业推动数字经济创新及"走出去"；加快拓展网上文化交流共享渠道，推动不同文明对话沟通、互学互鉴，推动互联网成为展示世界多彩文明的重要平台。

新一轮科技革命和产业变革正在重构全球创新版图、重塑经济结构，量子计算、人工智能等领域的科技创新成果不断涌现。共同推进科技向善、科技向上，用数字技术解决气候变化、减碳等全球性问题，能够为人类发展贡献力量。要坚定不移推进技术创新，聚集技术、数据、场景、人才等创新要素，更好营造创新生态，激发人工智能等技术的创新潜力，促进普惠发展。同时，加强对新技术所带来的潜在风险的预判和防范，及时画出"红线"和"底线"，构建包括政策法律、伦理规范、技术标准在内的治理体系，助力数字社会普惠包容发展。

来源：人民日报

参 考 文 献

[1] 北京博导前程信息技术有限公司. 电子商务数据分析基础 [M]. 北京：高等教育出版社，2019.

[2] 北京博导前程信息技术有限公司. 电子商务数据分析概论 [M]. 北京：高等教育出版社，2019.

[3] 北京博导前程信息技术有限公司. 电子商务分析导论 [M]. 北京：高等教育出版社，2020.